序|伦|财|经|文|库

B2C环境下不同反馈主体
服务补救研究

赵丽娜 ◎著

中国社会科学出版社

图书在版编目(CIP)数据

B2C环境下不同反馈主体服务补救研究/赵丽娜著. —北京：中国社会科学出版社，2019.12

（序伦财经文库）

ISBN 978-7-5203-5388-5

Ⅰ.①B… Ⅱ.①赵… Ⅲ.①网上购物—消费者行为论—研究 Ⅳ.①F713.365.2

中国版本图书馆CIP数据核字（2019）第229419号

出 版 人	赵剑英
责任编辑	王　曦
责任校对	孙洪波
责任印制	戴　宽

出　　版	中国社会科学出版社
社　　址	北京鼓楼西大街甲158号
邮　　编	100720
网　　址	http://www.csspw.cn
发 行 部	010-84083685
门 市 部	010-84029450
经　　销	新华书店及其他书店
印刷装订	北京君升印刷有限公司
版　　次	2019年12月第1版
印　　次	2019年12月第1次印刷
开　　本	710×1000　1/16
印　　张	18.5
插　　页	2
字　　数	240千字
定　　价	108.00元

凡购买中国社会科学出版社图书，如有质量问题请与本社营销中心联系调换
电话：010-84083683

版权所有　侵权必究

内容摘要

随着互联网的普及,电子商务得到了快速发展,其中从增速来看,B2C市场增长最为迅猛,将继续成为网络购物行业的主要推动力。但高速增长的背后也将泥沙俱下,B2C企业面临用户流失严重、转化率普遍偏低、新用户转化成本逐年上升和用户重复购买率逐渐下降的困境。

目前B2C网站上的在线评论已成为消费者获得产品信息的重要来源,大部分消费者在购买商品时会首先参考商品在线评论,而已购的消费者一旦遭遇了服务失误就容易传播负面评论,这时如果企业对负面评论进行有效的服务补救不仅能够消除已购消费者的负面情绪,转变消费者的态度,重新获得消费者的信任,使其成为网站的忠诚顾客,而且能给潜在消费者提供更多关于商品质量和服务的信息,有利于消除潜在消费者的感知风险,增加其对企业的初始信任进而引发首次购买意愿,成为网站的新顾客。

在服务补救研究领域中,学者们已经做了比较全面的研究,主要涉及服务补救的内涵、服务补救的措施和维度、服务补救的测量、服务补救的程序以及服务补救的效果等,证明和解释了服务补救与消费者满意、消费者忠诚、重复购买意愿之间的关系等。在以往服务补救研究中,服务补救的主体都默认为服务提供方,在网络购物环境下即为网络零售商，但随着电子商务的快速发展，在 B2C 环境下，对负面评论进行服务补救的主体不仅有网络零售商还有商品制造商，遗憾的是，鲜有针对不同服务补救主体实施的服务补救对消费者影响的差异的研究；另外，以往研究的对象主要是已购消费者，研究其受到服务补救后的满意度、重复购买意愿等，少有针对购物网站潜在消费者进行的研究，而事实上企业在 B2C 网站上对负面评论进行的服务补救不仅对已购消费者的满意度、忠诚度等有影响，对广大的潜在消费者的首次购买意愿也有影响，但这方面的研究却非常少见；而且，以往研究中基本上只针对一种商品类型进行了研究，对搜索型和体验型两类商品同时进行的研究鲜有发现。因此，本书针对这些问题进行了研究，主要研究内容和结论如下：

（1）对不同反馈主体服务补救情境对消费者购买意愿影响的体系结构进行了研究。本书针对现今 B2C 网站上对负面评论进行服务补救的反馈主体有零售商和制造商两类补救主体，把服务失误类型分为产品因素和服务因素两种类型，把商品类型分为搜索型和体验型，分别考虑了对潜在消费者和已购消费者两类人群的影响，构建了以服务失误、服务补救、感知公平理论、期望不一致理论、感知风险、TAM 模型等理论为基础的不同反馈主体服务补救情境对消费者购买意愿影响的理论模型，形成不同反馈主体服务补救情境对消费者购买意愿影响的体系结构，为后续章节的实证研究奠定基础，也为后续学者的研究提供参考。

（2）采用情境模拟实验方法，针对搜索型和体验型两类商品，对不同反馈主体服务补救情境下对潜在消费者的首次购买意愿影响做了实证研究。根据现实情况设计实验情境，通过文献回顾设计变量测量工具，利用情境模拟实验采集相关数据并进行分析，研究显示对于 B2C 网站上的负面评论不同反馈主体进行服务补救时对潜在消费者的感知有用性、感知易用性、感知风险、初始信任、产品态度和首次购买意愿的影响有显著差别。研究结果建议，虽然对搜索型和体验型两类商品在个别变量上的影响有所区别，但总的来说，对于因产品因素引起的服务失误，制造商进行的补救比零售商进行的补救对潜在消费者的首次购买意愿影响更大，而制造商和零售商同时进行的补救对潜在消费者的首次购买意愿影响要大于制造商单独进行的补救；对于因服务因素引起的服务失误，零售商进行补救对消费者形成首次购买意愿的影响大于制造商的补救。

（3）采用情境模拟实验方法，针对搜索型和体验型两类商品，对不同反馈主体服务补救情境下对已购消费者的重复购买意愿影响做了实证研究。根据现实情况设计实验情境，通过文献回顾设计变量测量工具，利用情境模拟实验采集相关数据并进行分析，研究显示针对消费者的负面评论不同反馈主体进行的服务补救对已购消费者的感知公平、期望不一致、持续信任、满意度和重复购买意愿的影响有显著差别。研究结果建议，对于体验型商品，制造商和零售商同时进行补救的情境对已购消费者在感知公平、期望不一致、持续信任、满意度、重复购买意愿上的影响要比制造商和零售商单独补救的效果好，而制造商单独补救与零售商单独补救的效果差异不大；对于搜索型商品，总体来说，三种补救情境对已购消费者在感知公平、期望不一致、持续信任、满意度、重复购买意愿上的影响制造商和零售商同时进行补救的效果要比制造商和零售商单独进行补救的效果好，而制造商单独进行的补救在公平感知上要略胜于零售商单独进行补救的效果；对于服务因素引起的服务失误，对搜索型和体验型商品来说，零售商对负面评论进行补救对已购消费者的感知公平、期望不一致、持续信任和重复购买意愿等方面的影响都要优于制造商的补救。

（4）通过结构方程模型分析得到，对于潜在消费者来说，感知有用性、感知易用性与初始信任和产品态度呈显著正相关关系，感知风险与初始信任和产品态度呈显著负相关关系，初始信任和产品态度与首次购买意愿呈显著正相关关系，而感知有用性、感知易用性和感知风险完全通过初始信任和产品态度影响首次购买意愿。

（5）通过结构方程模型分析得到，对于已购消费者来说，结果公平、程序公平和互动公平与持续信任和满意度呈显著正相关关系，期望不一致与持续信任和满意度呈显著正相关关系，持续信任和满意度与重复购买意愿呈显著正相关关系。

（6）对网络购物消费者在使用商品在线评论时的行为习惯进行了研究。以往针对在线评论对消费者的感知有用性影响因素研究中，研究者基本仅采用传统的线性回归模型进行分析，但这些影响因素和消费者的感知有用性之间不一定都是线性关系，而神经网络比回归模型能更好地处理数据之间的非线性关系。因此，本书利用传统线性回归模型和神经网络模型两种方法深入研究了在线评论对消费者的感知有用性的影响因素，得出了评论的情感倾向对消费者感知有用性有重要影响的结论；并且与以往实证研究不同，本书开发了一个模拟在线购物平台进行实验，采集消费者在线购物时的行为数据，经过研究发现在线评论的情感倾向中消费者更重视负面评论，为避免负面评论对消费者造成的不良影响，企业应及时对负面评论进行补救。

本书弥补了现有服务补救领域研究中的不足，扩展了现有的服务补救研究，主要贡献和创新如下：

（1）构建了不同反馈主体服务补救情境对消费者购买意愿影响模型。针对目前在B2C环境下，对负面评论进行反馈的主体不仅有网络零售商还有制造商及其组合的这种新兴现象，本书构建了不同反馈主体服务补救情境对消费者购买意愿影响模型，并对不同反馈主体进行服务补救的情境对消费者购买意愿影响的差异进行了检验，弥补了网络购物环境的服务补救研究中单一补救主体研究的不足，扩展了网络购物环境中的服务补救研究。

（2）对不同反馈主体服务补救对潜在消费者和已购消费者的影响

分别进行了研究。与以往研究不同，根据 B2C 网站上对负面评论进行的补救信息是公开的特点，在研究不同反馈主体服务补救对消费者购买意愿影响时，不仅研究了对已购消费者重复购买意愿，而且研究了对潜在消费者首次购买意愿的影响，弥补了现有服务补救研究的不足。

（3）针对不同商品类型进行了研究。目前相关研究都采用 Nelson (1970) 对商品的分类方法，将商品分为搜索型和体验型商品，但在现有服务补救的实证研究中基本都是针对一种商品进行的，基本没有考虑对于不同类型的商品进行服务补救的措施和效果之间的差别。因此，本书分别对体验型和搜索型商品进行了实证研究，探讨了不同类型的商品在服务补救措施和效果方面的差别。

（4）在研究中考虑了对消费者信任的分阶段影响。根据信任生命周期，信任可以分为初始信任和持续信任，对于在 B2C 网站购物的潜在消费者，经过信息搜集与评估，会对商品及网站形成初始信任，进而形成首次购买意愿，如若消费者在购买商品或服务时经历了服务失误，但经过企业的服务补救又再次对企业形成的信任则为持续信任，持续信任会导致消费者的重复购买意愿，但现有研究中基本上只考虑了消费者的一种信任，鲜有考虑消费者信任的分阶段影响，本书构建了分阶段的消费者信任模型和测量工具，并分别进行了实证研究，具有一定的创新性。

此外，本书研究成果可以应用到 B2C 企业对负面评论的服务补救中，指导企业根据不同的服务失误类型采用不同的主体进行补救，对 B2C 企业在增加新顾客、减少用户流失、增加重复购买意愿等现实问题上有一定的指导作用，能够帮助 B2C 企业在激烈竞争中保持优势，实现更大盈利，具有一定的现实意义。

Abstract

With the development of internet, e-commerce has been rapid development, and B2C market growth is the most rapid and will continue to become the main driving force of the internet shopping industry. But the new problems arise along with the rapid growth of B2C, such as user account is seriously decreased, conversion rate is generally low, new user conversion cost is rising year by year and the user repurchase rate is gradually decreased.

The online reviews of B2C website has become an important source of information for consumers to obtain product information. Most consumers will first refer to the online reviews, and the negative reviews will be easily spread when consumers suffered a failure service. Most information shows that consumers pay more attention to the negative reviews, and think that negative reviews have the higher authenticity and reference value. The service recovery of negative reviews is not only able to eliminate these negative emotions of consumers, change the attitude of consumers, regain the trust of consumers, and make the consumers become loyal customers of website, but also provide more information of the quality and service for the potential consumers, eliminate the perceived risk of potential consumers, increase the initial trust of potential consumers in the business, and lead to the first purchase of potential consumers.

In the field of service recovery, scholars have done a comprehensive research, which mainly involves the connotation of service recovery, service recovery methods and dimensions, service recovery measures, service recovery procedures, the effect of service recovery and so on, and which proves and explains the relationship between customer satisfactions, customer loyalty and repurchase intention. In the past research, the main service provider of the service recovery is the retailers. However, with the rapid development of e-commerce, in the B2C environment, the main service provider of the service recovery is not only retailers but also manufacturers. But unfortunately, the research of the difference effect of the purchase intention of consumers for the different service providers of the service recovery is very lack. In addition, the research is mainly focused on the purchased consumers, such as the satisfaction, repurchase intention and so on. But in fact, the service recovery affects not only the purchased consumers but also the potential consumers, but the research for potential consumers is very rare. Based on those problems, this paper provides the following research contents and conclusions:

(1) This paper constructs a model forthe effect of the purchase intention of consumers for the service recovery of different service providers. Based on the two kinds of main service providers: retailers and manufacturers for service recovery, and considered the effect of purchased consumers and potential consumers, this paper constructs a theoretical model for the effect of the purchase intention of consumers for the service recovery of different service providers, which is based on service failure, service recovery, perceived equity theory, inconsistent expectation theory, perceived risk, TAM model and so on. And this paper also forms a system structure for the

effect of the purchase intention of consumers for the service recovery of different service providers, which lays the foundation for the subsequent chapters of the empirical researches and also provides a reference for the follow-up study.

(2) Based on the simulation scenario experiment method, for search product and experience product, this paper researches on the effect of the purchase intention of potential consumers for the service recovery of different service providers. According to the actual situation, a simulation scenario experiment is designed, through the reference review to design variables measuring tool, through the simulation experiment to collect relevant data and analysis. The experiment results show that the different service providers have significantly different effect on the perceived usefulness, perceived ease of use, perceived risk, initial trust, product attitude and purchase intention of potential consumers. Based on the experiment results, this paper suggests that for search product and experience product, although the effect is different on several variables, but overall, for failure service caused by product factors, the service recovery of manufacturers has a greater effect than the retailers on the first purchase intention of the potential consumers, and the service recovery of manufacturers and retailers have a greater effect than the only manufacturers on the first purchase intention of the potential consumers; for failure service caused by service factor, the service recovery should be carried out by the retailers.

(3) Based on the simulation scenario experiment method, for search product and experience product, this paper researches on the effect of the purchase intention of purchased consumers for the service recovery of different service providers. According to the actual situation, a simulation scenario experiment is designed, through the reference review to design variables

measuring tool, through the simulation experiment to collect relevant data and analysis. The experiment results show that the different service providers have significantly different effect on the perceived equity, inconsistent expectation, continuous trust, satisfaction and repurchase intention of purchased consumers. Based on the experiment results, this paper suggests that for experience product, the service recovery of manufacturers and retailers have a greater effect than the single service provider on the perceived equity, inconsistent expectation, continuous trust, satisfaction and repurchase intention of the purchased consumers, and the difference of the effect of only manufacturers or only retailers is not significant; for search product, the service recovery of manufacturers and retailers have a greater effect than the single service provider on the perceived equity, inconsistent expectation, continuous trust, satisfaction, repurchase intention of the purchased consumers, and the service recovery of manufacturers has a greater effect than the retailers on the fair perception of the purchased consumers; for failure service caused by service factor, for search product and experience product, the service recovery of retailers has a greater effect than the manufacturers on the perceived equity of three dimensions, inconsistent expectation, continuous trust and repurchase intention of the purchased consumers.

(4) Based on the analysis of structural equation model, for the potential consumers, perceived usefulness and perceived ease of use are significantly positively related with initial trust and product attitude, perceived risk is significantly negatively related with initial trust and product attitude, initial trust and product attitude are significantly positively related with the first purchase intention, perceived usefulness, perceived ease of use, and perceived risk are not related with the first purchase intention.

(5) Based on the analysis of structural equation model, for the pur-

chased consumers, result equity, procedural equity and interactive equity are significantly positively related with continuous trust and satisfaction, inconsistent expectation is significantly positively related with continuous trust and satisfaction, continuous trust and satisfaction are significantly positively related with repurchase intention.

(6) This paper researches on the behavior habits of online shopping consumers on the online reviews. In the past, the research is only based on the traditional linear regression model analysis for the factors of online reviews, but the factors and the perceived usefulness of consumers are not necessarily linear, and the neural network is better than the regression model to deal with the nonlinear relationship of data. Therefore, this paper researches on the perceived usefulness of consumers on the online reviews based on the traditional linear regression model and neural network model, and gets the conclusion that the emotional tendency of the reviews have an important effect on the perceived usefulness of consumers; and different with the past empirical researches, this paper develops a simulation platform to collect the data of online shopping behavior for consumer. The research of the collected data shows that the consumers pay more attention to the negative reviews. In order to avoid the negative effect for consumers on negative reviews, companies should timely do the service recovery for the negative reviews.

This paper fills the shortage of the existing researches in the field of service recovery, and extends the existing researches of service recovery. The main contributions and innovations are as follows:

(1) This paper constructs a model forthe effect of the purchase intention of consumers for the service recovery of different service providers. In the past research, the main service provider of the service recovery is the retailers. However, with the rapid development of e-commerce, in the B2C

environment, the main service provider of the service recovery is not only retailers but also manufacturers. But unfortunately, the research of the difference effect of the purchase intention of consumers for the different service providers of the service recovery is very lack. This paper constructs a model forthe effect of the purchase intention of consumers for the service recovery of different service providers, and verifies the difference effect of the purchase intention of consumers for the different service providers of the service recovery, and fills the shortage of the single service provider of service recovery researches, and also expands the service recovery researches in the network shopping environment.

(2) This paper researches separately on the effect of potential consumers and purchased consumers for the different service providers of the service recovery. In the past, the researches of service recovery is mainly for purchased consumers on satisfaction, repurchase intention and so on, and is lack for potential consumers of shopping sites. And in fact, in the B2C website the service recovery of negative reviews affects both purchased consumers and potential consumers, but the research in this field is very lack.

(3) This paper researches on the difference effect for the different types of produces of service recovery. Based on the classification method of Nelson (1970), the product is classified as search product and experience product. But the existing researches of service recovery only focus on the single type product, and there are no researches to analysis of the measure and effect of service recovery for different types of products. Therefore, this paper researches on the difference effect for the different types of produces of service recovery.

(4) This paper researches on the staged effect of consumers trust. According to the life cycle of trust, trust can be classified as initial trust and

continuous trust. After the collection and evaluation of information, the potential consumers of the B2C website will form the initial trust of products and websites, and then form the first purchase intention. If consumers have the failure service in the purchase of products or services, after the service recovery of providers, the regain trust of consumer is called continuous trust. Continuous trust can lead to the repurchase intention of consumers, but the existing researches only consider the single trust of consumers, and don't consider the staged effect of the consumers trust. According to the life cycle of trust, this paper classifies trust as initial trust and continuous trust, and constructs a staged model of consumers trust and measurement tool, and carries out separately the empirical researches, and has a certain innovation on the research of consumers trust.

In addition, the research results of this paper can be applied to the B2C companies on the service recovery of negative comments, and conduct companies to use different service providers to deal with different failure services in service recovery, and have a certain guiding role to increase new consumers, reduce the loss of consumers, increase the repurchase intention and so on, and help B2C companies to maintain their advantages in the competition and to achieve greater profit. The research results of this paper have some practical significance.

目　录

第一章　绪论 …………………………………………………（1）
　第一节　研究背景与意义 ……………………………………（1）
　　一　研究背景 ………………………………………………（1）
　　二　研究问题 ………………………………………………（5）
　　三　研究意义 ………………………………………………（9）
　第二节　研究方法与研究内容 ………………………………（11）
　　一　技术路线 ………………………………………………（11）
　　二　研究内容 ………………………………………………（13）
　第三节　研究的创新性尝试 …………………………………（15）

第二章　文献综述 ……………………………………………（18）
　第一节　服务失误研究现状 …………………………………（18）
　　一　服务失误的定义 ………………………………………（18）
　　二　服务失误的类型 ………………………………………（19）
　　三　电子商务环境下服务失误 ……………………………（20）
　　四　小结 ……………………………………………………（21）
　第二节　服务补救研究现状 …………………………………（21）
　　一　服务补救的定义 ………………………………………（21）

二　服务补救的措施和维度 …………………………………… (24)
三　服务补救的作用与影响 …………………………………… (25)
四　B2C 环境下的服务补救研究 ……………………………… (26)
五　小结 ………………………………………………………… (27)
第三节　理论基础 …………………………………………………… (28)
一　感知公平理论 ……………………………………………… (28)
二　期望不一致理论 …………………………………………… (30)
三　技术接受模型 ……………………………………………… (31)
四　感知风险理论 ……………………………………………… (34)
五　小结 ………………………………………………………… (37)
第四节　消费者购买意愿影响研究 ………………………………… (37)
一　信任 ………………………………………………………… (38)
二　顾客满意 …………………………………………………… (41)
三　消费者购买意愿相关研究 ………………………………… (43)
四　小结 ………………………………………………………… (46)
第五节　本章小结及本书研究方向 ………………………………… (47)

第三章　消费者在线评论使用行为研究 ……………………………… (50)
第一节　在线评论感知有用性实证研究 …………………………… (50)
一　引言 ………………………………………………………… (50)
二　理论基础 …………………………………………………… (52)
三　基于回归方法的在线评论感知有用性研究 ……………… (54)
四　基于 BP 神经网络的在线评论感知有用性研究 ………… (63)
第二节　消费者在线评论使用偏好分析 …………………………… (70)
一　模拟在线购物平台开发 …………………………………… (71)
二　实验流程 …………………………………………………… (72)
三　数据分析与结论 …………………………………………… (74)

第三节　负面评论的服务补救分析 …………………………（74）
第四节　本章小结 ………………………………………………（76）

第四章　不同反馈主体服务补救情境对消费者购买意愿的影响：理论模型与研究假设 …………………………（77）

第一节　理论模型 ………………………………………………（77）
第二节　研究设计 ………………………………………………（79）
　一　研究方法 …………………………………………………（79）
　二　实验情境设计 ……………………………………………（81）
　三　实验产品选择 ……………………………………………（83）
第三节　研究假设 ………………………………………………（85）
　一　不同反馈主体服务补救情境对潜在消费者的影响 ……（85）
　二　不同反馈主体服务补救情境对已购消费者的影响 ……（96）
第四节　本章小结 ……………………………………………（108）

第五章　不同反馈主体服务补救情境对潜在消费者购买意愿的影响：实证检验 …………………………………（110）

第一节　实验设计与实施 ……………………………………（110）
　一　实验设计 ………………………………………………（110）
　二　测量工具 ………………………………………………（113）
　三　数据获取与样本概况 …………………………………（118）
第二节　探索性因子分析 ……………………………………（120）
第三节　信度分析 ……………………………………………（122）
第四节　验证性因子分析 ……………………………………（124）
　一　拟合度检验 ……………………………………………（125）
　二　效度检验 ………………………………………………（127）
第五节　数据分析与假设检验 ………………………………（129）

一　主效应检验 …………………………………………………（129）
　　二　路径分析 ……………………………………………………（144）
　　三　中介效应检验 ………………………………………………（151）
第六节　本章小结 …………………………………………………（155）

第六章　不同反馈主体服务补救情境对已购消费者购买意愿的影响：实证检验 …………………………………………（158）
第一节　实验设计与实施 …………………………………………（158）
　　一　实验设计 ……………………………………………………（158）
　　二　测量工具 ……………………………………………………（160）
　　三　数据获取与样本概况 ………………………………………（163）
第二节　探索性因子分析 …………………………………………（164）
第三节　信度分析 …………………………………………………（166）
第四节　验证性因子分析 …………………………………………（168）
　　一　拟合度检验 …………………………………………………（168）
　　二　效度检验 ……………………………………………………（168）
第五节　数据分析与假设检验 ……………………………………（171）
　　一　主效应检验 …………………………………………………（171）
　　二　路径分析 ……………………………………………………（187）
第六节　本章小结 …………………………………………………（194）

第七章　主要结论与展望 …………………………………………（197）
第一节　主要结论 …………………………………………………（197）
第二节　管理启示 …………………………………………………（203）
　　一　B2C企业应重视负面评论并给予相应补救 ………………（203）
　　二　根据不同的服务失误类型，建议不同的主体进行补救……（204）
　　三　补救信息应增加专业性 ……………………………………（205）

  四 补救措辞应谦虚、礼貌 …………………………（205）
 第三节 不足和展望 ………………………………………（206）

参考文献 ……………………………………………………（207）

附录 …………………………………………………………（236）
 附录 A 实验产品选择问卷 ……………………………（236）
 附录 B 潜在消费者调查问卷 ……………………………（238）
 附录 C 已购消费者调查问卷 ……………………………（253）
 附录 D 模拟在线购物平台部分代码 ……………………（262）

第一章 绪论

第一节 研究背景与意义

一 研究背景

随着互联网的迅猛发展,互联网与传统产业相结合已经成为新的产业趋势,其中在零售、电子商务等领域,过去这几年都可以看到和互联网的结合。2014年,中国网民数量达6.49亿,网站400多万家,电子商务交易额超过13万亿元人民币[①]。在全球网络企业前10强排名中,有4家企业在中国,互联网经济成为中国经济的重要增长点。《2014 我国网络购物交易市场规模数据分析》[②] 指出,2014年中国网络购物市场数据显示,2014年中国网络购物市场增长迅猛,其交易规模达到2.8万亿元人民币,增长了48.7%。根据国家统计局2014年全年社会消费品零售总额数据,2014年网络购物交易额大致相当于社会消费品零售总额的10.7%,年度线上渗透率首次突破10%。中国网络购物持续增长,2011—2018年中国网络购物市场交易规模如图1-1所示。

---

① 参见深圳特区报,http://sztqb.sznews.com/html/2015-02/10/content3147000.htm。
② 参见艾瑞咨询,http://news.iresearch.cn/zt/246308.shtml。

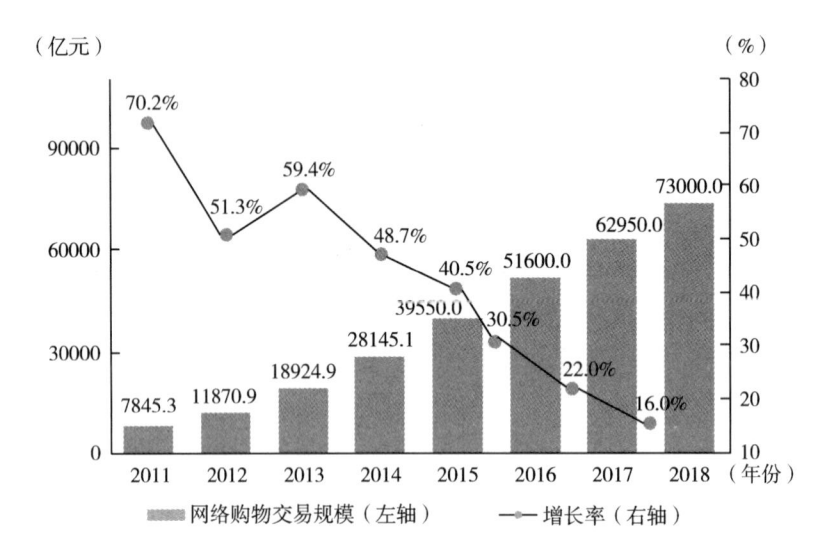

图 1-1　2011—2018 年中国网络购物市场交易规模

据《2014 我国网络购物交易市场规模数据分析》，2014 年 B2C 交易规模在中国网络购物市场中达到了 12882 亿元，在整体网络购物市场交易规模的比重达到 45.8%，比 2013 年增长了 5.4%。2014 年 B2C 市场增长了 68.7%，而 C2C 市场增长了 35.2%，从增速上来看，B2C 市场远高于 C2C 市场，B2C 将继续推动网络购物行业的发展。从 B2C 发展的前景来看，伴随着网络购物用户日趋理性的购物行为和购物意识，影响消费者购物决策的主要因素将是产品品质和企业的服务水平。

从网络购物市场看，B2C 市场在网络购物整体中的占比将持续提升。增长趋势如图 1-2 所示。

虽然网络购物需求旺盛，使得京东、当当等电商平台发展迅猛，但是电商业绩高速增长的背后也隐藏着巨大的危机，电商企业面临困境。

1. 严重流失的网络购物用户

电商企业面临越来越严重的网络购物用户流失困境，最领先的电商网站的用户流失率接近 10%，而长尾电商则面临流失更多用户的困境。图 1-3 显示了 2012 年主要购物网站用户流失率。

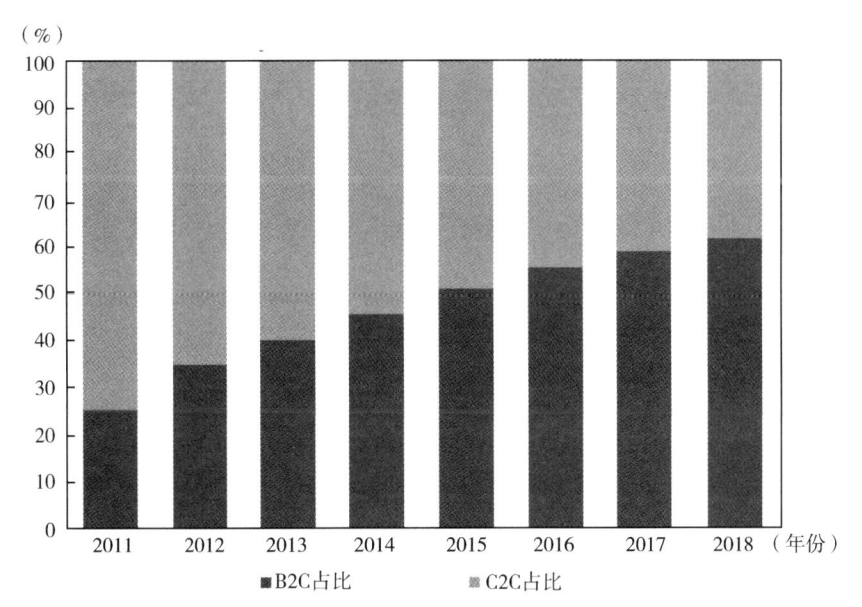

图 1-2　2011—2018 年中国网络购物市场交易规模结构

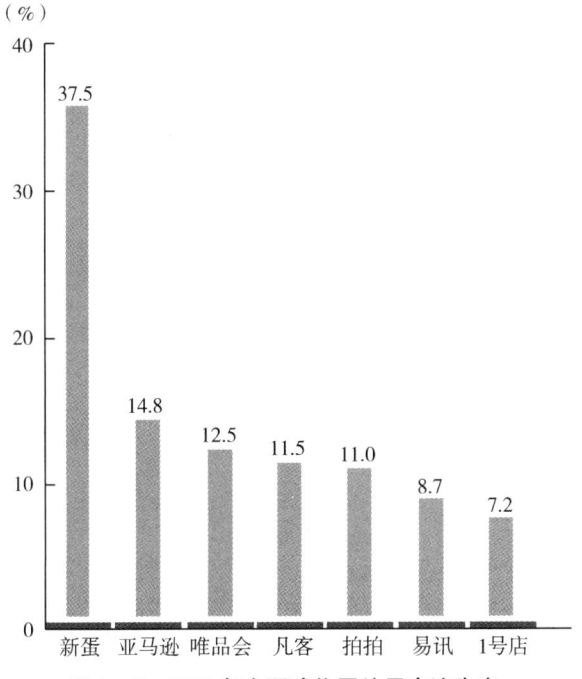

图 1-3　2012 年主要购物网站用户流失率

资料来源：CNNIC：《2012 年中国网络购物市场研究报告》，2013 年 3 月。

网络购物网站日趋丰富，再加上各网站之间的价格战等竞争方式，使得消费者可选择的余地越来越多，也导致消费者只在单一网站购物的概率减少，消费者在各电商平台之间的转换成本较低。据统计，2012年用户只使用一个购物网站的比例仅为51.1%。如图1-4所示。

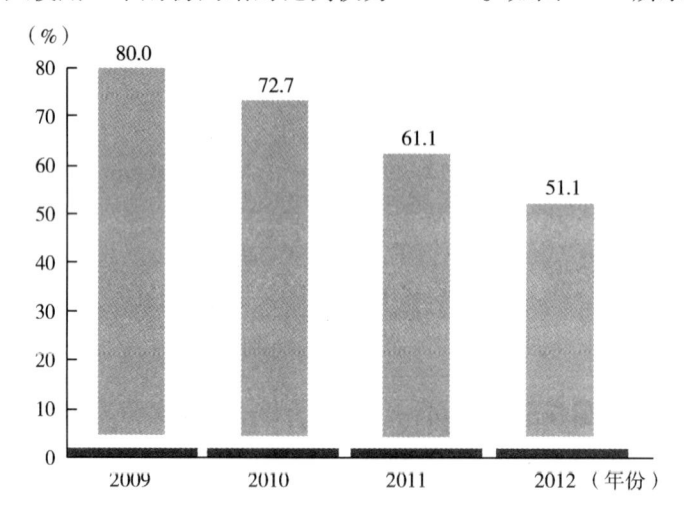

图1-4 2009—2012年用户只使用一个购物网站的比例

资料来源：CNNIC：《2012年中国网络购物市场研究报告》，2013年3月。

2. 普遍偏低的转化率

网络购物消费者浏览产品页面的平均时间普遍减少，但并未提高电商企业的转化率，对于领先的电商企业来说，从产品浏览页面到真正付款购买页面的转化率也仅仅只有1%。主要B2C网站转化率如表1-1所示。

表1-1　　　　　　主要B2C网站转化率　　　　　　单位：%

	访问到放入购物车	放入购物车到下单	下单到在线支付
行业平均	4.5	32.6	25.1
京东商城	9.0	38.9	29.4
当当网	9.0	35.8	36.4

续表

	访问到放入购物车	放入购物车到下单	下单到在线支付
凡客诚品	6.4	39.1	29.0
1号店	7.7	26.6	8.3

资料来源：中国电子商务研究中心，2012年9月。

3. 日益增加的新用户转化成本

中国电商企业数量逐年增加，从数据上来看，2012年比2011年增加了20%，但网络购物用户却并未增长太多，2012年网络购物用户比2011年仅增加了24%。

因此，电子商务行业的竞争也随之加大。2009年获得一个新用户的成本是20元左右，但到了2012年，获得新用户的成本增加到100元以上，涨幅增长迅速。

获取新用户的成本越来越高，而领先的电商企业又吸引了大量的新增网络购物用户，因此竞争越来越激烈。

4. 网络购物忠诚度逐渐下降

随着电商企业的逐渐增加，消费者的选择增多，消费者在多家电商平台之间频繁转换，消费者对一家电商企业的忠诚度在逐渐下降，大部分电商网站的重复购买率逐渐减少，用户的流失率逐渐增加。

那么，在高速增长的电子商务行业，如何增加新用户，留住老用户，提高重复购买率就成为急需解决的问题。

二 研究问题

随着电子商务的迅速发展，在线评论已成为当代消费者获得产品信息的重要来源，在线评论信息往往能反映出商品或服务的质量（Gao G., Greenwood B. N., Agarwal R., et al., 2015），有研究指出61.7%的消费者在购买商品时会首先参考商品在线评论（宋晓兵，2011）。

消费者一旦遭遇了服务失误，就会产生失落、不信任、不满意等负面情绪，进而会引发负面评论的传播（Baumeister, Dhavale & Tice, 2003），Chatterjee 和 Patrali（2001）研究证明，消费者在进行网络购物时更重视负面评论，并且认为负面评论真实性更高，更具有参考价值。但是有学者研究指出，如果企业进行有效的服务补救则可以获得一次消除消费者负面情绪的机会，转变消费者的态度，进而重新获得消费者的信任（Gronroos, 1988b）。多项研究指出，有效的服务补救能够减少消费者的不满，甚至能够比之前更加满意，进而成为忠诚顾客，引起重复购买意愿（Hart, Sasser & Heskett, 1990；Berry, 1995；Smith & Bolton, 1998；张圣亮, 2009），甚至有些学者研究发现，对于遭遇服务失误的消费者，如果企业能做好服务补救工作，可以消除消费者的不满，甚至会比没有遭遇过服务失误的消费者对企业的服务更加满意，对企业更加忠诚，进而引发正面的口碑传播，这种现象称为服务补救悖论（Hart, Heskett & Sasser, 1990；McColloug & Bharadwaj, 1992）。另外，因为针对负面评论的补救也显示在商品网站上，因此有效的服务补救对潜在消费者也有很重要的影响，可以让潜在消费者获得更多关于商品的信息，弥补负面评论带来的不信任感，减少潜在消费者的风险感知，增加初始信任，进而促进首次购买意愿，使潜在消费者转化为网站顾客。但现有研究中鲜有针对服务补救对潜在消费者购买意愿影响的研究。

服务补救研究一直是学术界研究的热点，以往对服务补救的研究主要涉及服务补救的内涵、服务补救的措施和维度以及服务补救的效果等，服务补救的主体（即实施服务补救的企业或个人）都默认为服务提供方，例如，若是服务失误发生在饭店，则服务补救的主体即为饭店的管理人员或者服务员；若是在网络购物环境，则服务补救主体即为网络商店客服人员。但随着网络购物环境的发展和变化，已经出现了一些新兴的现象，例如，在 B2C 网站上对负面评论进行反馈的主体不仅有传统的零售商（网站客服代表），还有制造商（商品厂家代表），如图 1-5 所示，但鲜有针对此现象的相关研究。

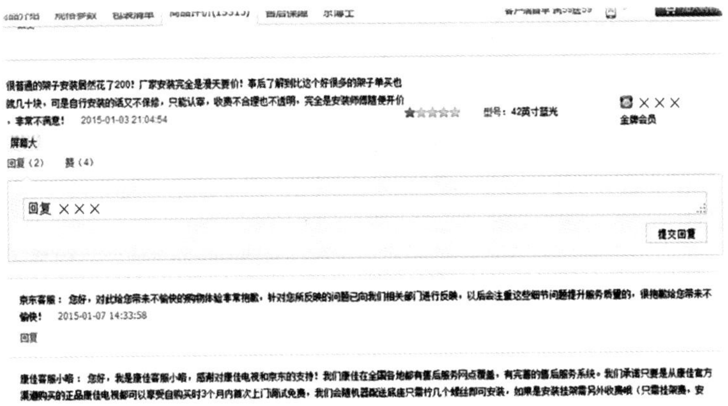

图 1-5 B2C 网站两种服务补救主体

资料来源：京东网站，2015 年 6 月。

而且，以往研究中基本上只针对一种商品类型进行了研究，对搜索型和体验型两类商品同时进行的研究鲜有发现。

因此，本书针对已有研究中需要进一步探讨的内容，主要研究了以下问题：

其一，商品在线评论的哪些因素会影响潜在消费者？潜在消费者是否真的很重视负面评论？

以往针对在线评论影响消费者的感知有用性因素研究中，研究者基本仅采用传统的线性回归模型进行分析，但这些影响因素和消费者的感知有用性之间不一定都是线性关系，而神经网络模型比线性回归模型能更好地处理数据之间的非线性关系，因此，本书利用传统线性回归模型和神经网络模型两种方法来深入研究在线评论对消费者的感知有用性，以得到准确结论。并且，开发一个模拟在线购物平台进行实验，研究消费者在在线购物时使用在线评论的行为偏好，用真实实验数据检验消费者是否真的很重视负面评论。

其二，针对负面评论的服务补救对潜在消费者和已购消费者分别有何影响？

以往的服务补救的研究对象都是针对已购买商品的消费者，研究其接受补救后的满意度、重复购买意愿等，少有针对购物网站潜在消费者的研究，而事实上，企业在 B2C 网站上对负面评论进行的补救不仅已购消费者可以看见，而且广大的潜在消费者也可以看见。这些补救信息对潜在消费者又有什么影响呢？本书将针对潜在消费者和已购消费者两个不同的群体进行研究。

其三，不同反馈主体的服务补救行为对消费者的影响是否会有不同？在特定的服务失误背景下，哪一种反馈主体实施的服务补救效果会更好？

传统的服务补救研究都默认实施服务补救的主体就是服务提供方，对于网络购物环境，服务补救主体即是网络零售商。但随着电子商务的发展，在 B2C 环境下，对负面评论进行补救的主体不仅有网络零售商，还有制造商。本书将采用模拟情境实验法，针对不同服务失误类型由不同的反馈主体实施的服务补救对消费者的购买意愿影响进行实证研究。

其四，不同的商品类型是否会对服务补救的效果产生不同的影响？

目前相关研究都采用 Nelson（1970）对商品的分类，将商品分为搜索型和体验型商品，但在现有服务补救的实证研究中基本都是针对一种商品进行的，基本没有考虑对于不同类型的商品进行服务补救的措施和效果是否会有区别，因此，本书将分别对体验型和搜索型商品进行实证研究，探讨不同类型的商品在服务补救措施和效果方面的差别。

三 研究意义

1. 理论意义

在服务补救研究领域中，学者们已经做了比较全面的研究，主要涉及服务补救的内涵、服务补救的措施和维度、服务补救的测量、服务补救的程序以及服务补救的效果等，证明和解释了服务补救与顾客满意、顾客忠诚、重复购买意愿之间的关系等。

以往服务补救研究中，都默认服务补救的主体为服务提供方，但随着电子商务的快速发展，在B2C环境下，对负面评论进行补救的主体不仅有网络零售商还有制造商，遗憾的是，现有研究鲜有针对采用不同反馈主体进行补救对消费者影响的差异的研究；另外，以往研究主要是针对已购消费者进行的，研究其接受补救后的满意度、重复购买意愿等，少有针对购物网站潜在消费者的研究，而事实上，企业在B2C网站上对负面评论进行的补救不仅对已购消费者有影响，对广大的潜在消费者也有影响，而这方面的研究却非常少见。因此，本书对这些缺陷进行了研究，弥补了现有服务补救的不足。主要研究贡献如下：

（1）研究了不同反馈主体对服务失误进行补救时对消费者购买意愿的影响，弥补了网络购物环境服务补救研究中单一补救主体的不足，扩展了网络购物环境中的服务补救研究。

（2）研究不同反馈主体进行的服务补救对消费者购买意愿的影响时，同时研究了对潜在消费者和已购消费者的购买意愿影响，对服务补救的影响研究更加全面，扩充了网络购物环境中的服务补救研究。

（3）现有网络购物服务补救实证研究中基本没有考虑不同商品类型的区别，本书则针对搜索型和体验型两类商品进行实证研究，弥补了现有研究的不足，对后续学者的研究提供参考。

（4）利用传统线性回归模型和神经网络模型两种方法深入研究在线评论对消费者的感知有用性影响，得到的结论更加准确。并且，开发了一个模拟在线购物平台进行实验，以真实实验数据研究消费者在在线购物时使用在线评论的行为偏好，对现有在线评论研究做了补充。

2. 现实意义

在"互联网+"计划的指导下，电子商务将得到迅猛发展，其中B2C市场的增长最快，将继续推动网络购物行业的发展。但高速增长的背后也将泥沙俱下，竞争非常激烈。B2C企业面临用户流失严重、转化率普遍偏低、新用户转化成本逐年上升和用户重复购买率逐渐下降的困境。增加新用户，留住老用户是所有B2C企业努力的方向。

从B2C发展的前景来看，伴随着网络购物用户日趋理性的购物行为和购物意识，影响消费者购物决策的主要因素将是产品品质和企业的服务水平。

目前B2C网站上的在线评论已成为消费者获得产品信息的重要来源，有研究指出商品评论中的情感倾向对消费者有显著影响（Ghose & Ipeirotis，2007；Susan & David，2010；Pavlou & Dimoka，2006；郝媛媛，叶强和李一军，2010；赵丽娜，2015）。2010年全球著名的市场监测和数据分析公司尼尔森发布的一份调查报告指出，约有62%的中国网民表示，他们愿意分享与产品相关的负面评论，而全球网民的这一比例则为41%。也有一些学者通过实证研究指出，负面评论对消费者在制定购买决策时起到很关键的影响作用，认为负面评论容易影响商家的品牌形象，影响消费者的感知风险、对商家的信任和降低消费者的购买意愿（Hannon & McKerma-Harmon，1995；Sen S. & Lerman D.，2007；单初和鲁耀斌，2010），但如果企业能对负面评论进行有效的补救则能够消除消费者的负面情绪，重新获得消费者的信任（Gronroos，1988b），使其成为网站的忠诚顾客（Hart，Sasser & Heskett，1990；Berry，1995；Smith & Bolton，1998；张圣亮，2009），而且能给潜在消费者提供更多关于商品品质和服务的信息，有利于消除潜在消费者的感知风险，增加其对企业的初始信任进而引发首次购买意愿，成为网站的新顾客。

已有研究证实，获得新顾客的成本比保留现有顾客的成本要高出5—6倍，企业要付出约16倍的成本，才能从新顾客这里获得与原有顾客相等的利润（Tax & Brown，1998）。对于一个服务型企业，在特定的情况下，每有5%的保留顾客的增加就会使利润获得100%的增长（Reicheld & Sasser，1990）。

本书的研究成果可以应用到B2C企业对负面评论的补救中，指导企业根据不同的服务失误类型针对不同的主体进行补救，以帮助潜在消费者对商品信息更全面了解，减少其感知风险，增加初始信任进而促成首次购买意愿；并且可以增加已购消费者的公平等感知，增加对企业的持续信任和满意度，进而形成重复购买意愿。因此，本书的研究成果对B2C企业在增加新顾客、减少用户流失、增加重复购买意愿等现实问题有一定的指导作用，能够帮助B2C企业在激烈竞争中保持优势，实现更大盈利。因此，本书具有一定的现实意义。

第二节 研究方法与研究内容

一 技术路线

本书的技术路线如图1-6所示，首先，发现B2C网站上有不同反馈主体对负面评论进行补救的现象，然后检索文献，发现目前还没有针对不同主体进行补救的研究，而且研究对象默认是已购消费者，目前服务补救研究尚未跟上时代发展的步伐，因此决定从不同反馈主体服务补救对潜在消费者和已购消费者的购买意愿影响研究入手，提出本书要研究的问题。其次，为了准确得知商品在线评论对消费者的影响及消费者在使用在线评论时的行为偏好，本书利用传统线性回归

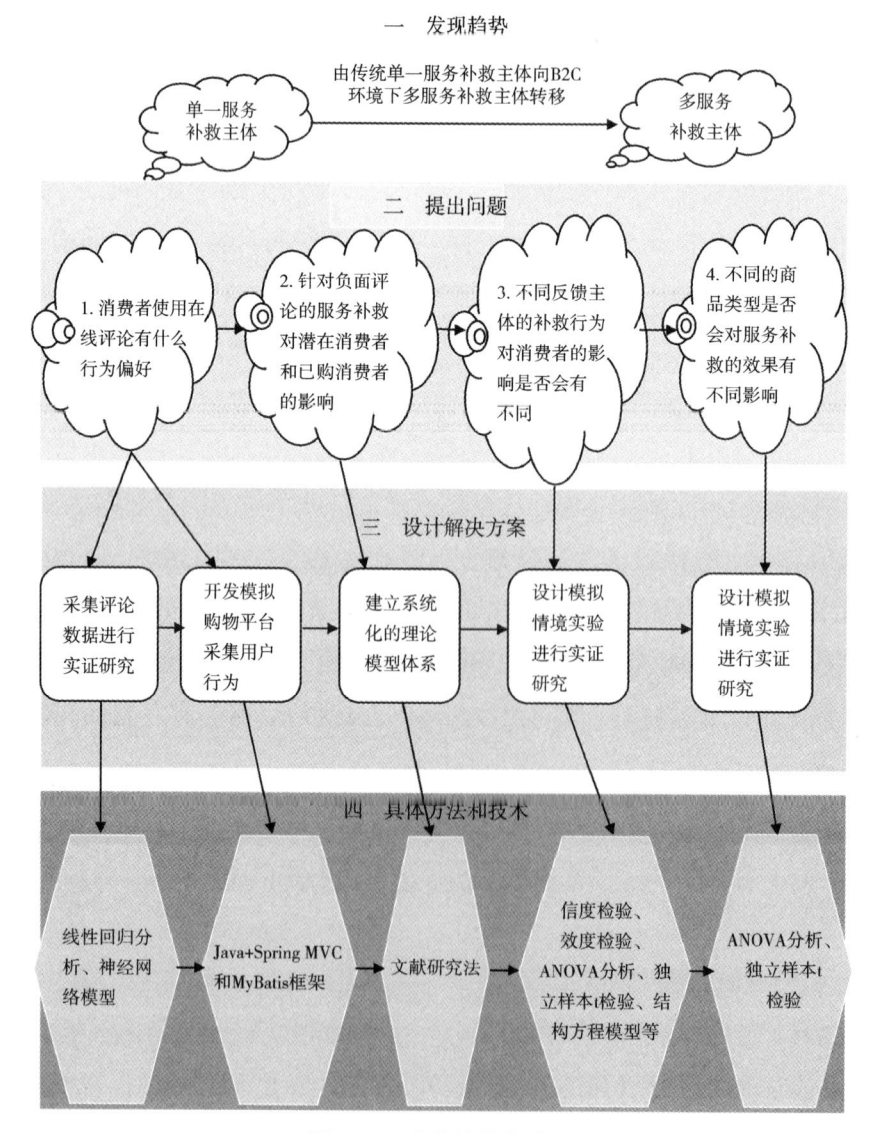

图1-6 本书的技术路线

模型和神经网络模型两种方法来深入研究在线评论对消费者的感知有用性影响,并且使用 Java 语言,整合 Spring MVC 和 MyBatis 框架,并且使用 MySql 5.1.73 数据库开发了一个模拟在线购物平台进行实验,采集消费者行为数据,研究消费者在在线购物时使用在线评论的行为偏好,用真实实验数据检验得出消费者确实很重视负面评论、企业需要对负面评论进行补救的结论。再次,对国内外人量的服务补救及网络购物相关研究文献进行回顾,提出基于 TAM 模型、感知风险理论、感知公平理论、期望不一致理论、信任生命周期理论等研究模型,并提出相关假设。从次,进一步采用模拟情境实验方法,利用信度检验、效度检验、ANOVA 分析、独立样本 t 检验、结构方程模型等分析技术分别对不同主体服务补救情境对潜在消费者和已购消费购买意愿的影响进行了实证研究,在实证研究过程中将商品分为体验型商品和搜索型商品分别进行检验,得出假设检验结果。最后,根据研究成果对企业提出建议。

二 研究内容

本书围绕不同反馈主体服务补救情境对消费者购买意愿影响进行了系统的理论研究,沿着"提出问题、验证提出问题、研究问题和应用问题"的思路,主要研究内容框架如图 1-7 所示:

第一章为绪论。阐述论文研究的背景、要研究的问题和研究的意义。对研究内容和框架进行阐述和说明。最后,总结主要创新点。

第二章为文献综述。从服务补救发生的原因即服务失误开始进行文献的回顾和梳理,对服务失误、服务补救、感知公平理论、期望不一致理论、感知风险理论等进行了系统的文献梳理,为第四章构建理论模型奠定了基础。

第三章作为后续理论研究的前提,从消费者对商品在线评论的感

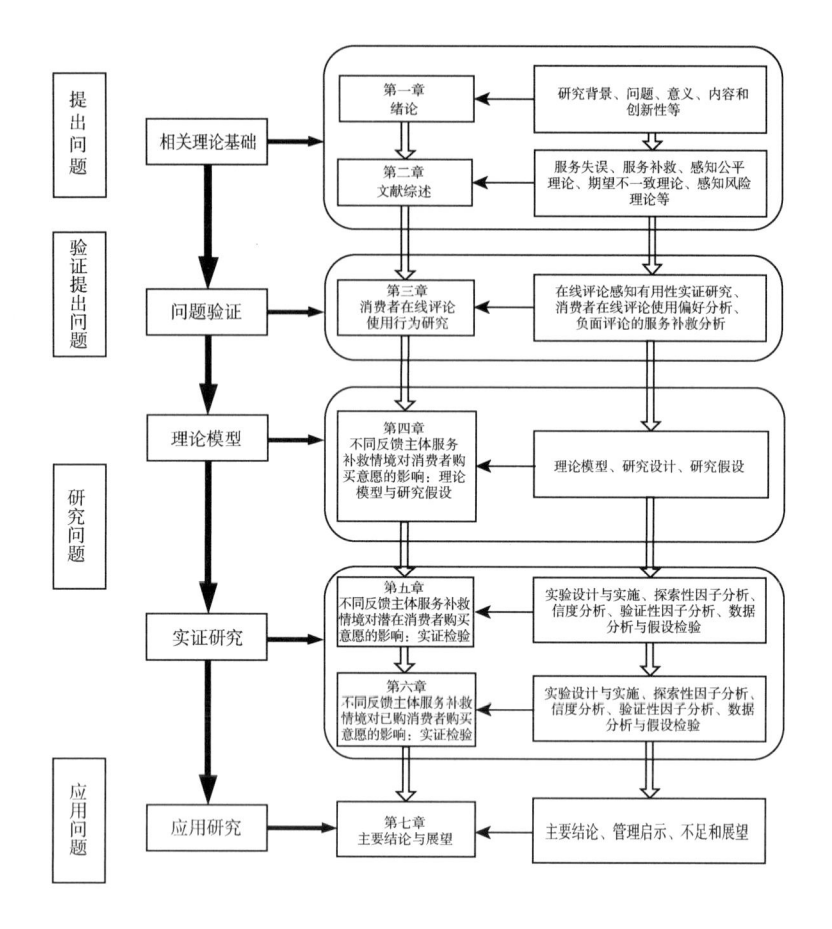

图 1-7 本书的研究内容与结构框架

知有用性研究出发，得知在线评论的情感倾向对消费者对评论内容的感知有用性有重要影响，进而开发模拟购物网站，采集消费者在浏览购物网站时的行为数据进行分析，发现消费者在在线评论的情感倾向中最重视负面评论，接下来对负面评论的服务补救现状及意义进行了分析，指出为避免负面评论对消费者造成的不良影响，企业应及时对负面评论进行补救，并说明根据现今 B2C 网站上出现的对不同反馈主体进行服务补救的新兴现象，之后的章节将研究其对消费者购买意愿的影响，与第四章进行衔接。

第四章主要是理论演绎、提出假设和确定研究方法。基于第三章的研究结果：B2C企业亟须对负面评论进行补救，根据第二章梳理的理论基础并结合B2C企业的发展现状，构建了不同反馈主体服务补救情境对消费者购买意愿影响研究的理论模型，并提出了相关假设，最后确定了本书采用模拟情境实验研究的方法和实验产品。

第五章主要是针对潜在消费者影响的实证检验。本章根据实际情况设计实验情境，并对相关变量进行了测量，对采集的数据进行了信度检验和效度检验，通过主效应检验和路径分析对第四章提出的假设进行了检验，并得出了相关结论。

第六章主要是针对已购消费者影响的实证检验。采取与第五章同样的方法，对第四章提出的假设进行了检验，并得出了相关结论。

第七章为主要结论和展望。主要对本书的主要结论进行总结，为企业有效进行服务补救提出了管理启示，对本书的不足进行了说明并对未来研究进行了展望。

第三节　研究的创新性尝试

本书针对B2C企业服务补救，以服务失误、服务补救、感知公平理论、期望不一致理论、感知风险理论及技术接受模型等为理论基础，对不同反馈主体补救情境对消费者购买意愿的影响进行了理论分析和实证研究。本书采用了规范的实证研究步骤和方法，通过模拟情境实验采集数据，对数据进行检验和分析，最终得到研究结果。与已有研究相比，本书的主要贡献和创新如下：

（1）构建了不同反馈主体服务补救情境对消费者购买意愿影响模型。以往服务补救研究中，服务补救的主体都默认是服务提供方，但随着电子商务的快速发展，在B2C环境下，对负面评论进行补救的主体不仅有网络零售商还有制造商，遗憾的是，现有研究中鲜有针对不同补救主体进行补救对消费者购买意愿影响差异的研究。本书构建了不同反馈主体服务补救情境对消费者购买意愿影响模型，并对不同补救主体进行补救对消费者购买意愿影响的差异进行了检验，弥补了单一补救主体研究的不足，扩展了网络购物环境中的服务补救研究，具有一定的创新性。

（2）对不同反馈主体服务补救对潜在消费者和已购消费者的影响分别进行了研究。以往服务补救研究主要是针对已购消费者，研究其接受补救后的满意度、重复购买意愿等，少有针对购物网站潜在消费者的研究，而事实上，企业在 B2C 网站上对负面评论进行的补救不仅对已购消费者有影响，对广大的潜在消费者也有影响，而这方面的研究却非常少见。因此，本书在考虑服务补救对消费者影响时把消费者分为潜在消费者和已购消费者两种人群，分别对这两种人群的影响进行了研究，弥补了现有服务补救的不足，具有一定的创新性。

（3）在研究中考虑不同商品类型的服务补救影响的差别。目前相关研究都采用 Nelson（1970）对商品的分类，将商品分为搜索型商品和体验型商品，但在现有服务补救的实证研究中基本都是针对一种商品进行的，没有考虑对于不同类型的商品进行服务补救的措施和效果是否会有区别，因此，本书分别对体验型商品和搜索型商品进行了实证研究，探讨了不同类型的商品在服务补救措施和效果方面的差别，具有一定的创新性。

（4）考虑了消费者信任的分阶段影响。根据信任生命周期，信任可以分为初始信任和持续信任，对于在 B2C 网站购物的潜在消费者，经过信息搜集与评估，会对商品及网站形成初始信任，进而形成首次购买意愿，如若消费者在购买商品或服务时经历了服务失误，但经过企业的服务补救又再次对企业形成的信任则为持续信任，持续信任会导致消费者的重复购买意愿，但现有研究中基本上只考虑了消费者的一种信任，鲜有考虑消费者信任的分阶段影响，本书根据信任的生命周期把信任分为初始信任和持续信任，构建了分阶段的消费者信任模型和测量工具，并分别进行实证研究，具有一定的创新性。

第二章　文献综述

本章系统整理了相关的研究文献，对服务补救及其相关理论进行了回顾：（1）服务失误的定念、类型及电子商务环境下的服务失误研究；（2）服务补救的定念、措施、维度、作用与影响及 B2C 环境下的服务补救研究；（3）服务补救领域的主流理论：感知公平理论、期望不一致理论及应用于网络购物环境下的主流模型和理论：技术接受模型和感知风险理论；（4）消费者购买意愿及其影响因素的相关研究。论述了当前 B2C 环境下服务补救研究的不足，并提出了本书研究内容。

第一节　服务失误研究现状

一　服务失误的定义

很多文献中，在描述服务失误时，常会用到"服务失败"一词，其实质是相同的，因此，本书中出现的"服务失误"和"服务失败"为同一含义。很多学者从不同的角度对服务失误的概念进行了阐述，但没有一个统一的解释，最早由 Gronroons（1988）提出，企业的服务没有达到消费者的期望即为服务失误；Bitner 等（1990）认为在提供服务的过程中企业的服务质量低于消费者的预期则发生服务失误；Parasuraman等（1991）认为，服务失误为企业提供的服务没有达到消费者的最低要求标准；Fisk等（1993）认为，如果消费者对服务的评价标准高于企业提供的服务，那么消费者就认为此为服务失误，以上文献都认为发生服务失误与消费者对服务的预期有关。还有一些学者从消费者满意的角度对服务失误进行了定义，提出让消费者感到不满意的服务即是服务失误（Hays & Hill，2001；Keaveney，1995）。Smith和Bolton（1999）将两者结合起来，认为企业的服务如果没有达到消费者的预期并没有令消费者感到满意，那么就属于服务失误。

二 服务失误的类型

Bituer、Booms和Tetreault（1990）在对航空公司、旅馆、餐饮行业的研究中发现服务失误主要有三大类型：服务系统失误、对消费者需求的反应失误和员工个人行为失误。后来，Bituer等继续深入研究此问题，发现还有一种情况也属于服务失误的类型，即服务失误是由消费者引起的，也就是说服务失误有时并不完全是由企业或员工引起的，还有可能是由于消费者自身引起的。

较多学者采用了Gronroos（1998）的观点，把服务失误的类型归为结果失误和过程失误，认为服务质量包括结果质量和过程质量（Keaveney，1995；Smith、Bolton & Wagner，1999；Hoffman, Kelley & Rotalsky，1995；Maxham & Netemeyer，2002a；范秀成、刘建华，2004）。结果失误主要指核心服务出现问题，顾客没有得到所期望的结果，包含主要技术内容；过程失误主要指服务过程中出现的失误，顾客在被服务的过程中对服务感到不满意。Smith、Bolton和Wagner（1999）依据社会交换理论，认为人们总是希望得到等价的交换，这些交换包括经济交换和符号交换，财物（金钱、产品）和时间等属于经济交换，而心理和社会地位等方面属于符号交换。相应地，服务失误给顾客带来的损失也主要包括经济利益损失和符号利益损失，经济利益损失主要与结果失误相关，符号利益损失主要与过程利益相关。

三　电子商务环境下服务失误

随着互联网技术的迅速发展和人们思维方式的转变，现在电子商务越来越盛行，但电子商务属于在线交易，其主要依托互联网技术完成，而传统零售业主要是依靠人际接触提供服务，因此两者有本质不同（Forbe 等，2005）。在电子商务环境下，商品缺乏实体展示、在线交易缺乏安全性、顾客与电子商务网站缺乏人际接触与实时沟通（Meuter 等，2000），而是以网页导航、信息呈现等技术所取代，这些特点导致了电子商务环境下的服务失误和补救与传统零售业的不同（Holloway & Beatty，2003）。Holloway 和 Beatty（2003）也指出，电子商务环境与传统购物环境有所不同，但是针对传统环境的服务失误研究也适用于电子商务环境。

Holloway 和 Beatty（2003）的研究认为，电子商务环境下的服务失误主要有六个方面：商品配送、在线支付、网站设计、商品质量、客户服务和安全与隐私。Holloway 和 Beatty（2008）在对消费者的满意程度对比上研究发现，电子商务最可能出现四个方面的服务失误：网站的布局和交互、网站系统的稳定性、对消费者的服务、网站的安全和隐私。Forbes 等（2005）将电子商务服务失误划分为：对产品缺陷/网站系统缺陷的响应，如产品质量问题、产品与网站描述不符、产品包装问题、网站系统问题等，对消费者需求/要求的响应，如消费者特殊要求、消费者要求未满足、消费者自身错误等。侯如靖、张初兵和易牧农（2012）指出，我国目前网络零售业还不成熟，消费者在线购物经常会遭遇服务失误，主要是产品问题和服务问题。

电子商务网站一般都设有评价系统，允许消费者发表有关商品的评论，由于电子商务自身的特点，消费者在经历服务失误后会在电子商务网站上发布负面评论（Ian，2005a，2005b），大量的用户或潜在消费者可以通过网站获取这些信息（Parka & Kim，2008），这些信息具有强大的力量，能对企业造成不好的影响，甚至能重创企业的根基（Lau & Ng，2001）。

四　小结

通过对文献的梳理，可知服务失误与消费者对服务的预期和感知满意有较强关联。服务失误类型主要有结果型和过程型，服务失误给顾客带来的损失也主要包括经济利益损失和符号利益损失，经济利益损失主要与结果失误相关，符号利益损失主要与过程利益相关。电子商务环境下服务失误主要与产品问题和服务问题有关，产品问题属于结果型失误，服务问题属于过程型失误，而消费者遭遇服务失误通常会以发布负面评价形式来发泄情绪，负面评价对企业具有不良影响，因此，服务失误发生后企业应进行相应的服务补救。

第二节　服务补救研究现状

一　服务补救的定义

服务补救概念最早由英国航空公司提出，它们把服务补救定义为"组织为了抵消由于服务失误或者失败而产生负面影响的努力"。Bell 和 Zemke（1987）把服务补救定义为："当服务提供者发现服务失误时，为了满足顾客期望所做的努力的全过程"，这个概念是从顾客期望的角度提出的。1988 年，Gronroos 给出了服务补救的概念，认为服务补救等同于顾客抱怨处理。此后，很多学者也对服务补救进行了研究，并认为服务补救不仅仅是顾客抱怨处理。相关概念整理如表2-1所示：

表2-1　　　　　　　　　服务补救概念整理

文献来源	概念定义
Gronroos（1988a）	当发生顾客抱怨时，服务提供方针对顾客抱怨而采取的一切活动，故也称为顾客抱怨处理
Hart、Heskett 和 Sasser（1990）	企业进行服务补救的目的就是要消除顾客的抱怨，并以此来得到顾客的信任
Kelly、Hoffman 和 Davis（1993）	服务补救是在发生服务失误后，企业所采取的一系列的弥补措施
Kelly 和 Davis（1994）	服务补救是企业因为服务失误而采取弥补行为，是挽留顾客和避免失去顾客的主要手段
Johnston 和 Hewa（1997）	服务补救是服务提供组织采取的一系列行动，目的是为了减少服务过程中给顾客造成的伤害
Tax 和 Brown（1998）	服务补救是一种管理过程，即发现服务失误、对失误原因进行分析、进行定量分析、对服务失误进行评估、采取行动进行弥补的一系列活动过程
Smith、Bolton 和 Wagner（1999）	服务补救不单纯等于处理顾客的抱怨，对于顾客没有提出抱怨的情况企业也会进行处理
Gronroos（2000）	修正了服务补救的概念，将其定义为"针对服务失误服务提供者所采取的行动，目的是希望消费者从不满意状态转变为满意状态"
Maxham & Netemeyer（2002）	服务补救是基于系统内部原因对服务失误进行弥补的行动
韦福祥（2002）	服务补救是在出现服务失误时服务企业及时和主动地做出一些反应的行为
陈忠卫、董晓波（2005）	服务补救的概念分为广义的和狭义的
王增民、胡伟、潘煜（2014）	服务补救是企业在发生服务失误后及时、主动地采取一些弥补的措施，其目的在于提高消费者的满意度和忠诚度，并且不仅仅是一次补救行动，还能够提高整个企业的服务质量，形成持续的服务改进机制

资料来源：笔者整理。

从服务补救的概念研究中可以看出，最初服务补救仅仅被看成是对顾客抱怨的处理，把服务补救等同于顾客抱怨（Gronroos，1988a；Hart，Heskett & Sasser，1990），但之后学者们发现服务补救的内涵不局限于顾客抱怨，更是一种管理过程（Tax & Brown，1998；Smith，Bolton & Wagner，1999），随后 Gronroos 也对自己的概念进行了修正。接下来学者们继续研究，从归因理论的角度进行分析，认为服务补救是基于系统内部原因对服务失误进行弥补的行动，并且以后把同样原因的失误发生可能性降到最低（Maxham & Netemeyer，2002）。陈忠卫、董晓波（2005）综合前人研究成果，把服务补救概念分为广义和狭义之分，广义的服务补救是指服务组织的所有人员对服务过程中出现的服务失误进行弥补的一系列行为，希望能和顾客保持一个长期的关系。而随着服务补救的发展，服务补救已经被认为不仅仅是一次补救行动，而是上升到了一种管理过程，是一种能够对服务失误进行及时、主动地补救的行为（Smith 等，1999；韦福祥，2002；王增民等，2014；等等）。

另外，从服务补救概念的深入研究中，也可以发现其一直与顾客的"满意""信任"和"重复购买意愿"等感知行为密不可分，如 Bell 和 Zemke（1987）从顾客期望的角度把服务补救定义为"当服务提供者发现服务失误时，为了满足顾客期望所努力完成弥补行动的全过程"；Hart、Heskett 和 Sasser（1990）认为"企业进行服务补救的目的就是要消除顾客的抱怨，并以此来得到顾客的信任"；Gronroos（2000）对服务补救概念进行修正，认为"针对服务失误服务提供者所采取的行动，目的是希望消费者从不满意状态转变为满意状态"；韦福祥（2002）提出，服务补救是在出现服务失误时服务企业及时和主动地做出一些反应的行为，其目的是通过这些补救行动将由于服务失误而给消费者带来的不满意的负面影响降到最低。

二 服务补救的措施和维度

国内外的学者对服务补救的措施和维度的研究做了很多工作,并且得出了一些研究结论,对企业进行服务补救有积极的指导作用。Bell 和 Zemke（1987）将服务补救措施列为五个步骤:道歉、及时修复、移情、象征性赔偿和后续跟踪。Goodwin 和 Ross（1989,1992）研究证实,道歉和补偿（如赠品、折扣或退款等）能够减少顾客因服务失误而产生的不良情绪。Smith、Bolton 和 Wagner（1999）经过对餐馆和旅馆的服务失误研究认为,道歉、快速响应、补偿等企业对服务补救的相关制度能提升顾客的满意度。Boshoff（2005）将补救措施分为:与顾客沟通、对员工进行授权、对顾客进行回馈、一定程度的补偿、相应的解释和有形展示（包括服务人员着装统一、企业环境整洁等）。还有一些学者针对电子商务环境下服务补救进行了研究,Zeithaml 等（2002）开发了电子服务质量量表并基于此提出了多渠道沟通、对失误快速进行响应、对损失进行适当补偿三个服务补救措施。Forbes 等（2005）指出 11 种网络购物服务补救类型:道歉、对错误进行纠正、给予适当折扣、纠正错误加实际补偿、给予更换商品、给予赔偿货款、给予赔偿部分货款、令人不满意的纠错、不采取补救措施、通过实体店换货、不合适的补救。郑秋莹、范秀成（2007）认为服务补救维度分为补偿、快速回应、道歉。Chang & Wang 经研究认为服务补救维度分为道歉、及时发现失误并弥补、沟通解释和适当赔偿。常亚平等（2012）研究发现,电子商务环境下的服务补救措施可以归纳为:对失误进行解释、与消费者沟通、企业建立相应制度和对补救结果进行反馈。Chang 和 Wang（2012）研究了网络购物中未按时发货的服务失误案例,发现道歉、及时发现失误并弥补、沟通解释和适当赔偿在服务补救措施中最为关键。等等。

三 服务补救的作用与影响

消费者一旦遭遇了服务失误,就会产生失落、不信任、不满意等负面情绪,进而会传播负面评论(Baumeister & Dhavale & Tice,2003),但是有学者研究指出,有效的服务补救为企业提供了一次机会,能够消除消费者的这些负面情绪,转变消费者的态度,进而重新获得消费者的信任(Gronroos,1988b)。Hart、Sasser 和 Heskett(1990)研究指出,有效的服务补救能够减少消费者的不满,甚至能够比之前更加满意,进而成为忠诚顾客。Berry(1995)认为,消费者对服务补救效果的满意可以增加其对企业的整体满意感,引发其对公司整体服务质量的感知。Smith 和 Bolton(1998)经过研究发现,有效的服务补救可以增加消费者的重复购买意愿。张圣亮(2009)等也研究指出,积极的服务补救行为和消费者正面口碑传播意愿和重复购买意愿呈正相关关系。赵占波、张钧安和徐惠群(2009)深入探讨服务补救质量对客户满意、客户信任和客户忠诚的影响,并通过实证研究发现,服务补救质量对客户感知价值、满意和信任均会产生正向影响。

甚至有些学者研究发现,对于遭遇服务失误的消费者,有效的服务补救能起到消除消费者负面情绪的作用,甚至会比没有遭遇过服务失误的消费者对企业的服务更加满意,对企业更加忠诚,进而引发正面的口碑传播,这种现象称为服务补救悖论(Hart,Heskett & Sasser,1990;McColloug & Bharadwaj,1992)。

从社会交换理论角度来看,社会交换主要有两个维度:经济性维度和符号性维度。服务补救主要是从这两个维度来对消费者的经济损失和符号损失进行弥补,从而获得消费者满意和重复购买意愿的交换过程(Homans,1968;Berscheid,1989)。

四 B2C 环境下的服务补救研究

在电子商务模式中 B2C 是直接面向消费者的，是以自主销售为主并以商品进销差价为主要收入的网站（钟舒凌，2012）。随着互联网应用的普及，以及网络购物的方便、便捷，越来越多的用户选择在网络上进行购物，根据艾瑞咨询的调查数据，2014 年，B2C 交易规模在中国网络购物市场中达到了 12882 亿元，在整体网络购物市场交易规模的比重达到 45.8%，比 2013 年增长了 5.4%，促使传统企业产生更迫切的加入互联网的需求，未来将有更多的传统企业入驻开放的 B2C 平台。

在 B2C 环境下，消费者主要以网页导航来搜索商品，网站以图片和文字形式呈现商品，消费者与网站缺乏人际接触与实时沟通（Meuter 等，2000），消费者通过浏览图片、文字与商品评论来决定是否购买商品，消费者仍然感觉交易存在较高风险（Nena Lim，2003）。负面的在线评论容易损害品牌形象，将大大降低潜在消费者选择该品牌商品的可能性（Lundeen，Hannon & McKerma-Harmon，1995）。因此，企业应对服务补救策略予以重视，避免因服务失误而引起的负面商品评论给企业带来的不利影响。

已有研究者对网络购物环境下的服务补救做了大量研究，大多数研究者都认为服务补救与消费者的信任、满意和重购意愿有显著相关。Holloway、Wang 和 Parish（2005）在网络购物环境下研究了服务补救效果，将购物经验设置为调节变量，并发现消费者如果拥有较少的购物经验则更容易对服务补救感到满意，服务补救效果不好更容易引起负面口碑的传播，对于拥有较丰富的购物经验的消费者，如果其对服务补救感到满意的话则更可能产生重购意愿；Chia-Chi Chang（2008）认为，网络商家令人满意的服务补救可以挽回 90% 以上的消费者，并能增加其重购意愿；郑秋莹、范秀成（2007）在当当网、卓越和蔚蓝商城三家知名B2C网店上投放问卷，经分析研究得出，电商企业在实施服务补救时要注重消费者的公平性感知，快速回应和补偿相配合能强化服务补救的效果，快速回应和道歉相结合能使得消费者的满意度更高；Sousa和Voss（2009）对网络银行的服务进行了研究，认为服务失误负向影响消费者忠诚意愿，正确的服务补救与消费者满意正相关，而消费者满意又正向影响其忠诚意愿；张初兵、侯如靖和易牧农（2014）通过情境实验对网络购物消费者进行问卷调查，研究发现适当经济补偿、快速回应、灵活的交互程序及良好的关系质量都会改变消费者的满意度，进而对消费者的重复购买意愿产生影响。

五　小结

通过对相关文献的梳理可知，服务补救的概念从单纯地解决顾客抱怨所采取的措施到被视为一种管理过程，从被动进行到主动进行，经历了一系列的发展过程。

服务补救的维度，在传统行业中企业服务补救主要是要与顾客进行沟通、解释、道歉和补偿来挽回由于服务失误而给顾客心理和经济上造成的损失，而在电子商务环境下，由于商品没有实体展示、顾客缺少与网站客服人员面对面交流的机会等特点，因此在服务补救中增加了制度这一维度，这是电子商务环境购物的特殊特点所决定的。

服务失误虽然会引发消费者的消极情绪，但是有效的服务补救却能弥补因服务失误而给消费者带来的不满意等情绪，进而把消费者转变成忠诚顾客，引发消费者的正面口碑传播意愿和重复购买行为，尤其在网络购物中，消费者本身感知风险就比较高，更应该注重对服务失误进行服务补救。因此，企业进行服务补救是具有积极意义的。

第三节 理论基础

服务补救研究一直是学术界的热点，对服务补救的研究主要涉及服务补救的内涵、服务补救的措施和维度以及服务补救的效果等，并且在研究中已经形成了以感知公平理论、期望不一致理论等为主流的研究理论体系，下面对服务补救中涉及的这些理论进行详细介绍。

一 感知公平理论

（一）感知公平理论概述

感知公平来源于社会交换理论和公平理论。社会交换理论认为，人类的一切行为都受到能够带来报酬或奖励的交换活动的支配，人类的一切社会活动都可以视为一种交换。公平理论是由美国心理学家约翰·斯塔希·亚当斯（John Stacey Adams）于1965年提出的。该理论是研究人的动机和知觉关系的一种激励理论，认为员工的激励程度来源于对自己和参照对象的报酬和投入的比例的主观比较感觉。

Huppertz 等（1978）在营销领域使用了公平理论，研究发现顾客会权衡自己的价格付出和所得到的服务体验，当自己的价格付出与所得到的服务体验相当时顾客才会感觉是公平的；Clemmer（1988）将公平理论应用于服务研究领域，认为在服务领域该理论同样具有一定的普适性，认为影响消费者满意的重要因素是感知公平，企业应该重视消费者的感知公平；Oliver（1997）认为感知公平可以应用在任何有投入和产出的交换过程之中。

Jeffrey 等（1993）在服务补救领域首先运用了公平理论，认为在经历服务失误后，可以用感知公平相关数值预知消费者的行为意向；消费者在经历服务失误后，希望通过服务补救来获得补偿，这是一种交换过程，消费者希望在服务补救中被公平对待，如果其感受到公平就会重新获得满意。Tax、Brown 和 Chandrashekaran（1998）认为虽然公平理论起源于社会心理学，但是为服务补救领域提供了重要的理论基础。郑秋莹和范秀成（2007）认为网上零售业服务补救通过感知公平影响消费者满意和行为意向。侯如靖、张初兵和易牧农（2012）认为对于在线消费者，感知公平显著影响其后悔情绪，因此对服务补救后的行为意向产生显著影响。张初兵等（2014）在网络零售的情境下，重点考察了感知公平和情绪及行为意向的关系，研究发现感知公平对消费者情绪有显著影响，直接或间接通过情绪影响消费者行为意向。

在学术界公平理论已成为服务补救研究的理论基础。

（二）感知公平的维度

关于感知公平的维度，学者们进行了大量的研究，主要有一维度、两维度、三维度和四维度之分，最初感知公平研究主要集中在分配公平（即结果公平）上，Thibaut 和 Walker（1975）通过研究感知公平在决策、司法中的应用得出，人们不仅关注结果公平还关注司法过程中的公平，过程公平指的是关于顾客对组织决策者所使用的政策、程序以及尺度的知觉公平，这种公平水平将影响争端和协议的结果。随后，Bies 和 Moag（1986）认为人际交往中的感知公平也对人们的态度和行为有很大影响，应该把交互公平从过程公平中分离出来，交互公平指的是程序公平中的礼貌、尊重等；Clemmer（1993）认为交往应该是诚实、礼貌、友好的。至此，感知公平的三维度构面形成，很多学者都应用感知公平的三维度划分。后来，Ambrose 等（2007）又将感知公平的维度增加了一个信息公平维度。

由于在交换活动中公平主要涉及三个方面的内容：资源分配结果、决策制定过程以及限制结果的程序和人际互动的质量，所以在服务补救领域，学者们通常把感知公平划分为三个维度：结果公平（分配公平）、程序公平（过程公平）和互动公平（交换公平）（Tax, Brown &

Chandrashekaran，1998；Smith，Bolton & Wagner，1999）。结果公平指的是消费者对在服务补救中所得到的补偿结果（经济性补偿或符号性补偿）的公平性感知（Blodgett，1997；Tax，Brown & Chandrashekaran，1998）；程序公平指的是消费者对补救的过程的公平性感知，包括响应速度、补救程序灵活性等（Blodgett，1997）；互动公平指的是消费者在被补救时与企业方接触的过程中所感受到的礼貌、尊重等感知，包括礼貌、同情心、道歉等（Bies & Moag，1986；McColl-Kennedy & Sparks，2003）。

二 期望不一致理论

来源于消费者满意的期望不一致理论认为，消费者在购买商品前通过商品的宣传、过去的购买经验、商家的承诺等会对即将购买的商品或者服务形成一个期望，当商品或服务购买过程结束后，会将这个期望与实际购买的商品或服务过程的真实质量感知进行比较，如果商品或服务的质量感知超过了预期，那么就会形成满意；如果商品或服务的质量感知没有达到预期，那么不满意就会形成；真实感知与期望差距越大，那么满意或不满意的程度就会越高（Oliver，1980）。

期望不一致理论经由奥立弗（Oliver）提出以后，在很多领域都得到了应用，例如著名的 ECSI（欧洲消费者满意度指数）和 ACSI（美国消费者满意度指数）。Kotler（1996）也指出顾客的期望与产品感知之间的差距所形成的个体感觉愉悦或失望的程度是引起满意度的重要变量。虽然也有一些学者对期望不一致理论产生了质疑，主要集中在对"期望"的概念理解上的偏差和期望在满意度影响的效力上，但是事实上该理论仍然是营销学上被广泛应用的一个基本范式。

期望不一致理论被广泛地应用在服务补救领域，Tse 和 wilton（1988）研究发现在给定的服务补救水平下，消费者对服务补救质量的期望越高，服务补救后的满意度就会越低；Boshoff（1997）在研究中运用了期望不一致理论，认为遭遇服务失误后，消费者会对服务补救有一个期望，并把这个期望与企业服务补救质量进行比较，从而形成对服务补救的满意程度，并提出了服务补救质量量表（RECOVSAT）；Andreassen（2000）应用期望不一致理论研究了服务补救满意的前因因素，包括服务补救期望、服务补救质量、公平性、补救不一致等；McCollough、Brerry 和 Yadav（2000）以期望不一致理论为基础，构建了服务补救满意理论模型，受到学者的广泛认可，该模型把消费者期望和服务补救质量评价之间的差距认为是服务补救差距，并认为消费者满意是服务补救质量、消费者期望和服务补救差距三个变量的函数；郑秋莹和范秀成（2007）对网上零售业的服务补救进行研究发现，顾客的期望差距与满意度之间呈负相关关系；马双（2011）对网络购物背景下影响服务补救满意的因素进行了研究，认为期望不一致部分、间接地影响服务补救和补救后的满意程度，也就是说消费者满意不仅直接受服务补救影响，并且间接通过期望不一致性受到影响。

三 技术接受模型

（一）技术接受模型概述

技术接受模型（简称 TAM 模型）最初由戴维斯（Davis）于 1985 年在其博士论文中提出，如图 2-1 所示。根据这个模型，一个潜在用户是否真正能使用一个给定的系统被假定为全部由其使用态度决定，而使用态度反过来又是感知有用性和感知易用性两个主要因素的函数。感知易用性对感知有用性有一个因果作用。外部刺激直接影响感知有用性和感知易用性。其中，感知有用性是指一个个体相信使用一个专门的系统将增加他/她的工作成绩的能力；感知易用性是指一个个体相信使用一个专门的系统将使他/她的身心更轻松的能力。

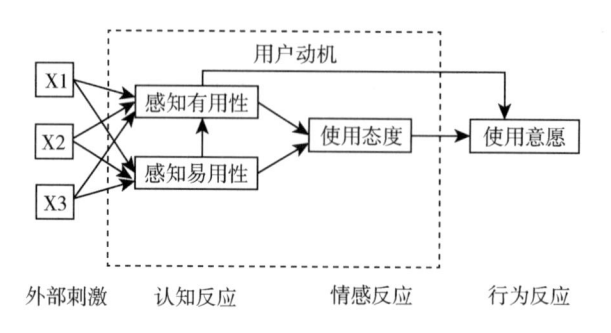

图 2-1 TAM 模型

此后，Davis 对技术接受模型进行了多次修改（Davis，1989；Davis，1993；Davis，1996），Davis（1993）认为使用态度决定系统的实际使用，而使用态度又受感知有用性和感知易用性影响，感知有用性和感知易用性受外部刺激影响。自 TAM 模型提出以来，学者一直对感知易用性、感知有用性、使用态度和使用意愿之间的相关性存在不同的见解，Davis（1996）认为使用态度只是情绪体现，并不能完全传达感知有用性和感知易用性对使用意愿的影响，因此，对 1993 年提出的模型进行了修改，去掉了使用态度，而直接是使用意愿决定最终实际使用；Venkatesh 和 Davis（2000）在技术接受模型中加入一系列外部变量，构建了扩展的 TAM2 模型。

TAM 模型被学者们广泛应用在信息技术接受与使用意愿的研究中（Igbaria et al.，1997；Gefen and Straub，1997；Gefen et al.，2003；Kowatsch and Maass，2010），而更多的情况是学者们借鉴了 TAM 模型中的部分变量。Yousafzai（2007）整理了 1989—2004 年发表在 *MIS Quarterly* 等信息科学领域国际知名期刊上的应用 TAM 模型的文章，对其应用进行了分析，并整理了这些文章中的路径系数的显著情况，其中，感知有用性对使用态度的影响，涉及的文章是 54 篇，研究得出不显著的是 1 篇，占 2%；感知易用性对使用态度的影响，涉及的文章是51篇，研究得出不显著的是8篇，占16%；感知有用性对使用意愿的影响，涉及的文章是89篇，研究得出不显著的是8篇，占9%；感知易用性对使用意愿的影响，涉及的文章是60篇，研究得出不显著的是19篇，占32%；使用态度对使用意愿的影响，涉及的文章是44篇，研究得出不显著的是4篇，占9%；感知易用性对感知有用性的影响，涉及的文章是137篇，研究得出不显著的是20篇，占15%。由此，从大量的研究中可以得出，感知有用性会显著影响使用态度和使用意愿，感知易用性对使用态度和使用意愿的影响没有感知有用性那么显著。

（二）TAM模型在网络购物环境中的应用

很多学者基于TAM模型在网络购物环境中的有用性和方便性来研究在线消费者的态度和行为，大部分研究者认同网络购物环境中的有用性和方便性对消费者购物行为有影响。Chau、Au和Tam（2000）基于TAM模型阐述了电子商务网站内容展示和网络购物意愿之间的关系，电子商务网站越能清晰、快速地展示信息内容，网站设计越便于使用，消费者越会给网站较高的评价，因此也更会产生较高的购物意愿；Gefen和Straub（2000）基于TAM模型研究了电子商务中感知有用性和感知易用性对消费者态度的影响，研究指出感知有用性与消费者态度相关性较强，而感知易用性对消费者态度的影响效果随任务的不同会发生变化，当消费者对网站搜索和使用技术熟练后，感知易用性对态度的影响就减少了；Koufaris（2002）将TAM模型和FLOW理论相结合，加入产品涉入度、使用网站技巧等变量研究消费者网上行为，通过实证研究发现感知有用性和网站购物娱乐性与消费者在线购买意愿呈显著正相关性，而感知易用性与消费者在线购物意愿不相关；Vijayasarady（2004）在其论文中把TAM模型应用在网络购物中研究消费者在线购物意图，除了感知有用性和感知易用性外，还加入了兼容性、隐私性、安全性、规范信念和自我效能等变量，通过对281位消费者数据的收集和分析，得出兼容性、感知有用性、感知易用性和安全性都与消费者在线购物意图有显著相关关系，但是与隐私性无关。此外，消费者在线购物态度、规范信念和自我效能显著影响消费者在线购物意愿。

四 感知风险理论

（一）感知风险简述

1960 年，感知风险被哈佛大学的鲍尔（Bauer）运用到消费者研究领域，它是从心理学被引用过来的。他认为感知风险是消费者购买行为中的不确定性，这种不确定性是指消费者在购买商品时也无法预测购买的结果是否能令人满意，很有可能会得到不满意的结果。鲍尔认为感知风险包含两个方面：购买结果不满意的风险，如商品质量问题；决策错误引起损失的风险，如社会经济地位的损失等。另外，鲍尔提出的感知风险存在于消费者的主观（认识到）意识中，而不是存在于客观（真实世界）中。

Cox（1967）继鲍尔之后对感知风险的概念继续研究，使用了风险量和风险利害关系两个概念，他认为消费者感知风险都在"消费者的行为是有目标导向的"这个假设下，消费者的感知风险是由两个变量决定的函数：（1）当消费者的购买行为无法确定是否能满足其购买目标时就产生了感知风险；（2）当消费者完成购买行为后，其购买的商品或服务没有满足其购买目标时也会产生感知风险。

继 Cox 之后，Cunningham（1967）继续研究了感知风险的概念，提出了感知风险的双因素，即损失具有不确定性、结果具有危害性。损失的不确定性是指消费者对可能发生的损失的主观判断，这种主观判断主要由消费者主观知觉决定；结果的危害性是指发生损失结果的危害程度。消费者对不确定性的主观判断越高并对结果的危害性越重视的时候，消费者的感知风险就会越高。

Cox（1967）和 Cunningham（1967）的定义遭到了很多学者的质疑，Sjoberg（1980）认为风险这个词概念非常模糊，并且或多或少地把一些特殊的含义赋予了它，他认为感知风险很少把产品的可能性和结果结合在一起；Stone 和 Winter（1987）把感知风险看成是损失的期望值；Bettman（1973）把感知风险分为固有风险和操作风险，固有风险是指产品本身所具有的特定风险，操作风险是指消费者进行品牌选择时所具有的风险，Bettman（1973）的研究推动了感知风险理论的发展；Dowling 和 Staeling（1994）提出综合感知风险模型，归纳了对消费者感知风险的认识，把消费者购物完成后的一些不良心理状态归结为感知风险。

（二）感知风险的维度

学者们对感知风险的维度进行了大量的研究，Cox（1967）认为感知风险的维度有经济损失和社会心理损失；Cunningham（1967）认为感知风险维度主要包括社会后果、经济损失、时间风险和产品质量风险；Roselius（1971）认为感知风险维度有时间、身体伤害、自我和金钱等方面的损失；Bettman（1973）认为感知风险维度有固有风险和处理风险；Jacoby 和 Kaplan（1972）认为感知风险维度包括金钱、产品效果、心理感受、身体伤害和社会损失等方面的风险；Peter 和 Tarpey（1975）在 Jacoby 和 Kaplan 基础上增加了时间风险维度；Valla（1982）指出，消费者感知风险主要包括技术、经济、物流、服务和供应商；Murray、Keith 和 Jhon（1990）认为感知风险维度有资金、产品效果、心理感受、社会损失和时间损失等方面的风险；Mitchell（1998）建立了双组分模型，认为在感知风险方面有四个维度，主要包括经济、健康、时间和社会心理方面的损失；Cases（2002）认为感知风险维度有产品效果、时间、资金、物流、社会、隐私、支付安全等方面的风险；Sandra、Forsythe 和 Bo Shi（2003）认为感知风险维度有财务、产品效果、心理、时间和方便等方面损失的风险。

(三) 网络购物中的感知风险及其维度

网络购物作为消费者购买的一种形式必然也存在感知风险,在网络购物环境下,商品缺乏实体展示、在线交易缺乏安全性、顾客与电子商务网站缺乏人际接触与实时沟通(Meuter et al.,2000),都导致消费者感知风险的增加。Salam(1998)认为事先评估网上购物可能造成的财产损失即为感知风险;Sandra 等(2003)将消费者主观估计网上购物的损失定义为感知风险;井淼(2005)认为网络购物感知风险是在线消费者在购买商品之前对未来可能遭受的损失的主观预期;于丹等(2006)认为感知风险是在线消费者对不利后果的程度和概率的主观预期。

对于网上购物感知风险的维度,学者们在传统的感知风险维度的基础上也进行了很多探索。Korgaonkar 等(1999)认为网络购物感知风险主要有两个最重要的风险:经济风险、隐私风险。Jarvenpaa 和 Tractinsky(1999)认为四个因素影响网络购物感知风险:(1)网上商品的商品价值,包括商品的质量和价格;(2)网上购物的体验;(3)网站的服务质量,包括网站的反应、承诺和可靠性;(4)网络安全性,包括隐私泄露等。Bhatnagar 等(2000)对在线消费者与传统消费者进行了比较,发现在线消费者更注重网络购物的内在风险,如信用卡风险、商品质量不确定的风险。Featherman 和 Pavlou(2003)认为网络购物感知风险主要有时间风险、功能风险、心理风险等六种。Lee(2004)经实证研究发现,网络零售商的可信任度(信誉、诚意等)、网络环境的可信任度(技术能力保障、可靠性和媒介条件)和网络购物的安全性(网站安全保障和第三方支付)等是影响网络购物意愿的重要因素。董大海、李广辉和杨毅(2005)提出在网络购物中感知风险的四个维度:网络商家的服务、不真实货品、个人隐私和其他方面。井淼、周颖和吕巍(2006)编制了感知风险维度度量表,该量表适合中国网络购物环境,包含商品功能、经济损失、社会损失、心理损失、身体伤害、时间损失等方面的感知风险，此外还有针对网络购物环境的隐私泄露和服务方面的风险，这八个维度能大致测量出网上购物的总体风险。詹志方和王辉（2009）认为网络购物主要有功能、经济、时间等八个方面的感知风险。

五 小结

通过对文献的梳理可知，在学术界公平理论已成为服务补救研究的理论基础，感知公平分为结果公平、过程公平和互动公平，也已经成为比较公认的维度划分方法。因服务失误概念本身就与消费者的预期和满意有关，因此，期望不一致理论也常用在服务补救研究领域。故本书在对已购消费者的研究中也采用了感知公平理论和期望不一致理论。

因在网络购物环境中，消费者不能真实地感受到商品或服务的质量，主要的购买决策都依靠网络上的信息来决定，因此 TAM 模型被广泛应用于网络购物研究中，从网络购物环境中的有用性和方便性来研究在线消费者的使用态度和使用意愿。而网络购物环境中消费者的感知风险比较高，消费者主要担心商品或服务的质量方面的问题会造成经济损失及时间损失等，因此，本书在对潜在消费者的研究中主要应用 TAM 模型和感知风险作为理论基础。

第四节 消费者购买意愿影响研究

消费者购买意愿属于消费者行为意愿，是态度理论中的一个重要概念，Ajzen（1991）认为比起信念等，人的行为更受意愿驱使，因此，研究消费者购买行为首先要了解消费者购买的意愿。本小节将对消费者购买意愿及与其相关的影响因素——信任和顾客满意——进行介绍。

一 信任

（一）信任的定义

信任是人类社会交往的基础，在网络购物环境中由于买卖双方都是通过网络平台完成交易，信任就显得尤为重要。Hoffman 等（1996）指出"归根到底，一个商业网站要想与消费者建立一种交易关系，最有效的途径就是获得消费者的信任"。同样的，Urban、Sultan 和 Qualls（1999）也指出"对于互联网，基于信任的市场是成功的关键"。

信任也一直是学术界讨论的热点问题，关于信任的定义不同领域也给出了不同的定义。在市场营销领域，Schurr 和 Ozanne（1985）相信一个组织的承诺是可靠的并且这个组织在交换关系中将实现它的义务；Crosby、Evans 和 Cowles（1990）认为信任是消费者相信销售人员能以一种让消费者长期获利的方式与消费者联系的信心；Morgan 和 Hunt（1994）认为信任是对交换双方诚实和可靠性的信心感知；Doney 和 Cannon（1997）认为信任是消费者对销售人员的可信性（对销售人员的陈述能被相信的期望）和善意（销售人员对消费者的福利感兴趣的程度）的感知。

在网络购物环境中，学者比较认可的信任概念是 Mayer 等（1995）给出的：在被信任方能够被信任方掌控的背景下，信任方能够不顾这种优势，在利益可能受损的情况下仍然能把自己的缺点显现出来。该定义强调了信任是一种主观意愿，同时是与信任方、被信任方有关的一种关系，并且有一种风险性隐藏在关系中；Corbitt 等（2003）认为在线信任是在有风险的网络环境中，信任者对被信任者不暴露自身弱点的一种期望；电子商务领域普遍认同 McKnight 等（2002）给出的定义，其认为"信任是信任方在多大程度上对被信任方表现出能力、善意、正直及可预测性行为的信心"，这里的能力是指被信任方能够满足信任方的需要和利益的能力，善意是指被信任方在行事时能够从信任方的角度出发，正直是指被信任方的诚实和恪守承诺，可预测性行为是指被信任方是否能一直保持行为的一致性。

（二）信任的分类

以往研究中学者们依据不同的原则对信任进行了分类，主要有两种类型：

1. 初始信任和持续信任

根据建立信任时间的长短把信任分为初始信任和持续信任，有学者基于社会交换理论，认为在交易过程中，随着时间的推移，信任方对被信任方的信任程度会发生改变，当双方初次进入信任关系时即产生了初始信任（McKnight，Cummings & Chervnay，1998）；Jarvenpaa 和 Leidner（1999）及 Corritore、Kracher 和 Wiedenbeck（2003）也把信任分为初始信任和持续信任。从在线消费者浏览网页到实施首次购买的时间过程即为在线初始信任的时间范畴。Mcknight 等（2011）根据理性行为理论，区分了信任的含义并设计了初始信任概念模型，发现对组织的最初信任受其初始表现影响；Pavlou（2004）和 Kim（2012）对初始信任进行了研究，认为企业吸引消费者进行首次购买主要取决于其对消费者初始信任建立的能力。

2. 系统信任与特定交易信任

网络购物主要有两类不确定性影响信任，即系统不确定性和特定交易不确定性，相应地，产生了系统信任和特定交易信任（Grabner-Krautera & Kaluscha，2003）。对于 B2C 环境来说，与网络平台相关的平台设计、系统稳定性等的不确定性即为系统不确定性；特定交易不确定性指平台内的某个产品的交易中存在的不确定性，如产品质量问题、服务问题等。

通过对文献的梳理，笔者认为消费者首次在 B2C 网站上进行某一商品的购买行为是基于对网站的初始信任的，如果购买后遭遇了服务失误，但企业进行了及时有效的补救措施，再次引起消费者对企业的信任则是持续信任，在本书中所指的信任是特定交易信任。

（三）信任的维度

信任维度的划分有多种形式，大多数学者认同将信任划分为认知信任和情感信任（Johnson-George & Swap, 1982; McAllister, 1995; Swan, Bowers & Richardson, 1999; Lee, 2002; Johnson & Grayson, 2005; Komiak & Benbasat, 2006）。认知信任是指信任方对被信任方拥有值得信赖的属性（能力、诚信和真诚等）的理性期望（Komiak & Benbasat, 2004）；情感信任则是指信任方对被信任方的安全与舒适程度的感知（Komiak & Benbasat, 2004）。

信任维度也有其他划分方法，但是由于越来越多的学者将信任划分为认知信任和情感信任，而且认知信任和情感信任也与个体的认知反应和情感反应相对应，因此，本书对信任维度的划分也采用认知信任和情感信任的划分方法。

（四）网络购物中信任的主要影响因素

1. TAM 模型与信任的关系

一些学者研究了信任与 TAM 对网上消费者行为的影响，Hans van der Heijden 等（2003）从信任和技术采纳两方面对网上消费者的购买意愿进行了研究，通过对 228 名潜在消费者的信任、技术和他们的态度及购买意图的研究，发现信任通过感知风险、技术通过感知有用性直接对在线购买态度产生影响；Gefen 等（2003）通过信任和 TAM 建立了一个网上购物的整合模型，分析得出在线信任是通过几个方面建立的：(1) 零售商没有欺诈获利，(2) 网站建立安全机制，(3) 利于使用，(4) 感知易用性。Gefen 和 Straub（2004）指出感知有用性和感知易用性对信任有正向影响。Koufaris 等（2004）研究发现感知有用性和感知易用性显著影响在线消费者的信任，而信任又对消费者购买意愿有显著影响。

通过以往学者们的研究，笔者认为感知有用性和感知易用性是信任的前因因素。

2. 感知风险

学者们普遍认为在网络购物领域，感知风险是消费者信任产生的前提，没有风险，信任也无从谈及。信任可以降低风险感知，但感知风险是信任的前因（Vincent-Wayne Mitchell，1999）；Cheung 和 Lee（2002）认为，影响在线消费者对网络零售商信任判断的因素有安全性、竞争力、隐私性和诚信度，并且通过实证研究发现感知风险和信任之间呈负相关关系。

从以往研究中可以发现，在网络购物环境中消费者的感知有用性、感知易用性和感知风险对在线信任有较大影响，因此，笔者认为感知有用性、感知易用性和感知风险是在线信任的主要前因因素。

二　顾客满意

（一）顾客满意的定义

学者们对顾客满意进行研究是从20世纪60年代末开始的。最早由 Cardozo（1965）将其应用于市场营销领域。Oliver（1980）认为当顾客完成一次购买行为后，如果产品或服务能够与自己的期望相符，则会产生满意，其是一种需要得到满足的心理状态；Churchill 和 Suprenant（1982）认为满意是顾客把对产品或服务的预期与实际从产品或服务获利对比后的心理状态；Tse 和 Wilton（1988）把顾客购买前对产品或服务的期望与购买后对其质量的感知之间差异的评价称为满意；美国营销大师 Philip Kotler（2006）的定义是学者们普遍比较接受的：消费者对产品或服务的质量感知与其预期之间比较后心理的失望或满足感知。从中可以得到，感知效果和期望差距构成了满意的函数。如果消费者对产品或服务的感知效果低于预期值，顾客就会产生不满意，相反，如果消费者预期值低于感知效果，则消费者满意程度就会比较高。根据ISO9000（2008年版）《质量管理体系基础和术语》的定义，产品或者服务能满足顾客要求和期望程度时的意见即为顾客满意。

同样，在服务补救研究领域中，消费者遭遇服务失误后会对企业服务补救有一个期望，当消费者感知服务补救质量超过这个期望时消费者会对服务补救形成满意，但当消费者感知服务补救的质量没有达到期望时消费者则会对服务补救形成不满意。

（二）服务补救中顾客满意的主要影响因素

对于服务补救中满意的影响因素，学者们已做了广泛的研究，下面主要介绍一下以往研究中期望不一致和感知公平对满意的影响。

1. 期望不一致

期望不一致理论能较好地解释消费者在购买产品和服务过程中满意的形成过程，因而被研究者引入对服务补救和消费者满意之间关系的研究，认为在给定的服务补救程度下，消费者期望的服务补救质量越高，服务补救后的满意度就会越低（Tse & Wilton, 1988）。Boshoff（1997）在研究中运用了期望不一致理论，认为消费者遭遇服务失误后会对企业的服务补救有一个期望，并把这个期望与企业服务补救质量进行比较，从而形成对服务补救的满意程度，并提出了服务补救质量量表（RECOVSAT）。McCollough、Brerry和Yadav（2000）以期望不一致理论为基础，构建了服务补救满意理论模型，受到学者的广泛认可，文章提出消费者对服务补救的预期估计与其质量之间的差异为服务补救差距，并认为服务补救质量、消费者预期估计以及两者之间的差距三个变量构成了消费者满意的函数。金立印（2006）通过对民航服务业的服务补救情境实验研究得出，服务补救期望与消费者服务补救满意感知呈负相关关系，服务质量感知与消费者服务补救满意感知呈正相关关系。郑秋莹和范秀成（2007）针对网上零售业的服务补救策略进行了研究，指出消费者感知的服务补救质量和服务补救期望之间的差距负向影响消费者的满意度。马双（2011）对网络购物背景下影响服务补救满意的因素进行了研究，认为期望不一致部分影响服务补救和补救后满意，也就是说消费者满意不仅直接受服务补救影响，并且间接通过期望不一致受到服务补救的影响。

2. 感知公平

学者们针对感知公平对信任和满意的影响做了大量研究，已有研究证实感知公平是信任与满意的前因因素。有学者研究认为顾客对于服务补救的感知水平受感知公平影响，其可以解释85%的服务补救满意方差（Tax, Brown & Chandrashekaran, 1998）。Severt（2002）指出，在服务补救中，消费者的公平感知会形成消费者满意并最终影响忠诚。Maxham III 和 Netemeyer（2002）指出，满意受结果公平和交互公平影响，而不受程序公平影响。Ha 和 Jang（2009）通过对餐饮业的研究发现，感知公平的三个维度能使经历服务失误的消费者再次满意，并进行正向口碑传播。Ozgen 和 Duman（2012）指出，企业如果能提供有效的服务补救措施，可以通过感知公平来达到消费者满意的效果。郑秋莹和范秀成（2007）在对网上零售业服务补救策略的研究中应用了公平理论和期望不一致理论，认为感知公平与消费者满意呈正相关关系。杜建刚和范秀成（2007）通过真实情境录像模拟法研究证实，消费者在遭遇服务失误后，情绪由受到的服务补救中的公平感知影响，进而对消费者满意和行为产生影响。张杰（2012）通过实证研究认为分配公平和过程公平是服务补救满意的直接前因因素。

通过对文献的梳理，笔者认为感知公平是满意的前因因素。

三　消费者购买意愿相关研究

（一）消费者购买意愿概述

意愿是个人从事特定行为的主观概率，经由相同的概念延伸，以往对购买意愿的定义主要强调了消费者愿意采取特定购买行为的概率和可能性，消费者的心理、态度等受到外部刺激影响而发生变化，进而影响消费者购买意愿。

Fishbein 和 Ajzen（1975）认为消费者态度、评价及其他因素决定了消费者购买意愿，是预测消费者行为的关键因素；Mullet（1985）认为消费者对某个产品或品牌的态度，再加上外部环境的因素作用构成消费者购买意愿；Dodds（1991）等认为购买意愿指消费者购买某种特定产品的主观概率；Peter 和 Olson（1996）将消费者意愿定义为连接消费者自身与未来行为的一种陈述；Grewal、Monroe 和 Krishnan（1998）认为购买意愿是消费者在了解某种产品属性和相关其他因素后，内心产生的一种购买可能性；Zeithaml（1988）和 Yang（2009）从信息收集活动的角度对消费者购买意愿进行阐述，认为消费者购买意愿是根据自己的购买历史、偏好和对外部信息进行收集、分析、评估后而得到的，因此，消费者购买意愿是其对信息进行收集、处理后对是否购买而做的一个心理上的评估。

随着电子商务的快速发展，消费者行为理论发展中消费者网络购物行为成为研究的重点。Alba 等（1997）将在家上网完成的互动购物行为认为是消费者网络购物。Haubl 和 Trifts（2000）对消费者网络购物决策进行研究，指出网络购物与传统环境购物有很大不同，网络购物消费者不能和要购买的商品进行接触，消费者主要依靠与计算机与商家交流完成网络购物，消费者在网络搜寻信息以及制定购买决策构成了辅助消费者在网络商店进行抉择的函数。Shim 和 Eastlick 等（2001）发现，消费者搜寻网络信息方式和在网络购物经验的积累直接作用于消费者购买意愿。

（二）消费者购买意愿的主要影响因素

1. 信任

20 世纪 90 年代中期，关系营销不断兴起并发展，很多学者研究了消费者信任、购买意愿及其之间的关系，并在关系营销的理论分析框架中进行了运用。Howard 和 Sheth（1969）首次提出品牌信任的概念，把信任作为影响购买意愿的一个重要因素；Bennett 和 Harrell（1975）认为信任度在预测购买意愿时发挥着主要作用；Fred Selnes（1993）研究证明，信任是导致消费者忠诚的重要前因变量，而消费者忠诚包含了重复购买意愿；Jarvcnpaa 和 Tractinsky（2000）研究了网络商店，结果发现信任直接对消费者对网络商店的购买意愿产生影响；Lee 和 Tuthan（2001）研究发现由于在网络购物环境下，在购买商品之前消费者不能对商品有直接的接触和直观感受，因此消费者的信任成为影响消费者购买意愿的直接条件；McKnight 等（2002）通过研究指出，消费者再次购买的意愿受到消费者信任的直接影响；Lloyd 和 Mark（2004）对网络书店和网络航空票务的消费者进行实证研究，结果表明在线消费者的信任和消费者忠诚呈正相关关系，消费者忠诚包含重复购买行为意愿；Chen 和 Dhillon（2003）的研究也表明，网络商店可以通过其诚信、能力等引起消费者的信任，并且最终影响消费者对网络商店的忠诚；Sia 等（2009）的研究表明，认知信任正向影响在线书店消费者的使用意愿；李琪等（2014）对网上商店进行研究发现，卖家信誉、消费者保障机制和消费者信任立场通过影响消费者初始信任来正向影响消费者的首次在线购买意愿。

2. 满意度

Reichheld 和 Sasser（1990）研究提出，消费者如果有较高的满意度则会对企业产生较高的忠诚度，从而对企业的再次购买意愿也会随之增加；Fornell（1992）对 28 种产业进行了满意度的调查，发现消费者的重复购买意愿受到转移成本等多项因素的影响，但是仍以消费者满意度为最重要的因素；Francken（1993）认为当消费者对某产品或服务感到满意时，会产生重复购买意愿；Hesheet、Sasser 和 Leonard（1997）在其研究中得出"顾客满意度的高低会影响顾客对于企业的忠诚度"，他们对服务业进行了研究,认为在竞争激烈的服务业中,如果企业服务不能令消费者满意的话,消费者可能会散布负面评论,相反,如果消费者对企业提供的服务感到满意,反而会成为企业的忠诚支持者,并进行重复购买活动;Westbrook(1980)发现,满意是中介变量,影响再购意愿;Besty、Sijun 和 Janet(2005)认为在服务补救过程中满意度扮演了重要角色,它会影响消费者后续的态度和行为。

四 小结

通过对文献的梳理可知,对于网络购物消费者,信息搜寻和由其引出的态度对其在线购物意愿有较大的影响。消费者初次在网络上购买某一产品时,首先根据搜寻的信息进行评估,进而产生的购买意愿为首次购买意愿,如果电商企业提供的产品或服务令消费者感到满意的话,消费者会根据先前的满意对企业产生再次购买的意愿和行为(Folkes,1988)。黄菊(2011)根据消费者购买决策过程相关理论,将消费者购买周期划分为首次购买、第二次购买和惯性购买三个阶段。因此,本书根据 B2C 网站上两类购买人群潜在消费者和已购消费者的购买意愿,将消费者购买意愿分为首次购买意愿和重复购买意愿。

从以往研究中可以发现,在网络购物环境中消费者的感知有用性、感知易用性和感知风险对在线信任有较大影响,因此,笔者认为感知有用性、感知易用性和感知风险是在线信任的主要前因因素。而根据信任的生命周期,本书把信任分为初始信任和持续信任。对于信任维度也有其他划分方法,但是由于越来越多的学者将信任划分为认知信任和情感信任,而且认知信任和情感信任也与个体的认知反应和情感反应相对应,因此,本书对信任维度的划分也采用认知信任和情感信任的划分方法。

从顾客满意中可以得到,顾客满意总是与顾客的期望相关,而在服务补救过程中，出现服务失误后顾客总会对服务补救效果有一个期望，最终会用这个期望与实际的补救效果做比较，并且如前文所述在补救过程中顾客的公平感知会对顾客有较大影响，进而影响其满意度，因此笔者认为在服务补救中期望不一致和感知公平是顾客满意的主要影响因素。

信任和满意是购买意愿的前因变量，并且信任和满意都可以引起消费者的重复购买意愿。

第五节　本章小结及本书研究方向

服务补救研究一直是学术界的热点，电子商务盛行以来对于在网络环境下的服务补救研究更受重视，无论是传统购物环境还是网络购物环境下，对服务补救的研究主要涉及服务补救的内涵（Gronroos，1988a；Hart，Heskett & Sasser，1990；Kelly，Hoffman & Davis，1993；Kelly & Davis，1994；Johnston & Hewa，1997；Tax & Brown，1998；Smith，Bolton & Wagner，1999；Maxham & Netemeyer，2002；韦福祥，2002；陈忠卫、董晓波，2005；王增民、胡伟和潘煜，2014）、服务补救的措施和维度（Bell & Zemke，1987；Bitner 等，1990；Boshoff & Leong，1998；Boshoff，1999；Smith，Bolton & Wagner，1999；Zeithaml 等，2002；Boshoff，2005；郑秋莹、范秀成，2007；常亚平等，2012；Chang & Wang，2012）和服务补救的效果（Hart，Sasser & Heskett，1990；Berry，1995；Smith & Bolton，1998；张圣亮，2009；Colloug & Bharadwaj，1992）等，并且在研究中已经形成了以归因理论、感知公平理论、期望不一致理论等为主流的研究理论体系，很多研究证实了感知公平和期望不一致是影响消费者满意和信任的主要影响因素，消费者满意和信任是影响重复购买意愿的影响因素。另外，根据网络购物研究综述的梳理也发现，感知有用性、感知易用性和感知风险是影响潜在消费者信任和满意的前因因素，消费者信任和满意是形成购买意愿的前因因素。根据对文献的梳理，本书把 B2C 环境下服务失误类型分为产品因素和服务因素，把信任分为初始信任和持续信任。

已有的研究成果为本书的研究提供了良好的基础。但是，随着网络购物环境的发展和变化，关于网络购物环境中的服务补救已经出现了一些新兴的现象，现有研究中还鲜有针对这些新兴现象及其对消费者的影响进行的研究，现有研究主要有以下不足：

（1）现有研究中对服务补救的主体都默认是服务提供方，例如，若是在饭店发生服务失误，则服务补救的主体即为饭店员工或管理者；若是在网络商店的环境下发生服务失误，那么服务提供方即为网络商店客服人员或管理者。但在 B2C 环境下，服务补救的主体已经不单单是电商客服人员，目前在某些 B2C 电商网站已有商品厂家的代表进行服务补救，那么对于这两种不同的服务补救主体，哪个主体的补救效果会更好呢？针对不同的服务失误类型，哪一种主体去补救对消费者的影响更大，更能提升企业的销量与可信度呢？本书将根据这一新兴现象，设计不同的服务补救情境，实证研究不同服务失误类型下的不同的服务补救主体对消费者的购买意愿的影响。

（2）现有服务补救研究中针对的对象多为已购买商品的消费者，研究其在接受服务补救后的满意度、忠诚度等的变化，很少有针对潜在消费者的研究。而事实上，针对购物网站上的负面评论进行的反馈信息不仅能够使已购消费者重新获得对企业的信任和满意，促使其形成重复购买意愿，而且能够消除负面评论给潜在消费者带来的顾虑，从而促使潜在消费者对商品品牌和 B2C 企业形成初始信任，进而形成首次购买意愿，为 B2C 企业提供商品销量。因此，本书将消费者分为潜在消费者和已购消费者，结合 TAM 模型、感知风险理论、感知公平理论和期望不一致理论构建服务补救对消费者首次购买意愿和重复购买意愿影响模型，并且分别进行实证检验。

（3）对于网络购物服务补救实证研究中没有考虑不同商品类型的区别。目前相关研究都采用 Nelson（1970）对商品的分类，将商品分为搜索型和体验型商品，但在现有服务补救的实证研究中基本都是针对一种商品进行的，基本没有考虑对于不同类型的商品进行服务补救的措施和效果是否会有区别，因此，本书将分别对体验型和搜索型商品进行实证研究，探讨不同类型的商品在服务补救措施和效果方面的区别。

（4）现有对于服务补救效果研究中没有考虑对消费者信任的分阶段影响。信任可以分为初始信任和持续信任，对于在 B2C 网站购物的潜在消费者，经过信息搜集与评估，会对商品及网站形成初始信任，进而形成首次购买意愿，如若消费者在购买商品或服务时经历了服务失误，但经过企业的服务补救又再次对企业形成的信任则为持续信任，持续信任会导致消费者的重复购买意愿，但现有研究中基本上只考虑了消费者的一种信任，没有考虑消费者信任的分阶段影响，因此，本书将把信任分为初始信任和持续信任，构建分阶段的消费者信任模型，并分别进行实证研究。

第三章　消费者在线评论使用行为研究

随着电子商务的快速发展，消费者在网络购物时习惯参考商品的在线评论信息，但是关于一件商品的在线评论数量庞大而且质量参差不齐，那么到底哪些评论会对消费者有用？而消费者又最重视哪一种类型的在线评论？本章将分别采用回归分析方法和神经网络方法并利用亚马逊网站上商品的评论数据进行实证分析，并开发了一个模拟购物平台，通过实验采集消费者的行为数据，研究消费者在使用在线评论时的行为偏好，为现有的在线评论研究补充新的内容。

第一节　在线评论感知有用性实证研究

一　引言

随着信息技术及其应用在过去十几年中的快速发展，企业的业务流程以及消费者的行为模式也都随之发生了深刻变化。消费者通过大量的网络评论来获得关于产品的信息。据统计，截至2014年6月，中国网民规模达到6.32亿。相比于在传统环境中57.9%的消费者靠亲戚朋友推荐和57.5%的消费者靠电视广告获得产品信息，现在88%的网民会通过网络社区搜集信息，61.7%的网民通过征询网友意见来制定购买决策（宋晓兵、丛竹和董大海，2011）。

在线评论作为网络口碑的一种，定义为用户发表在公司或第三方网站上的关于商品的评价（Susan & David，2010），其对于消费者制定购买决策和电子商务网站商品的销售都具有显著的影响（Park et al，2007）。对于消费者，可以从他人对商品的评论中了解更多关于商品质量的信息；对于企业，可以从用户的在线评论中发掘出消费者对于产品的态度，并对产品质量进行更有效的管理并且可以与客户进行更有效的沟通。不管是消费者还是网络销售企业都希望通过在线评论来获得信息并有助于制定决策。然而，单一商品的在线评论数量庞大而且质量参差不齐，使得消费者很难迅速发现有用的评论，进而快速制定购买决策。

有用的在线评论是指能够帮助消费者制定购买决策的评论（Susan & David，2010）。目前，一些网站提供评论的有用性评价信息来帮助评论阅读者识别评论的价值。一些电子商务网站，提供了对在线商品评论的评价功能，在每条评论下有一条选项"这条评论对您有用吗？"，允许用户选择"是"或"否"按钮，并根据评论所得的"有用"的投票数占总投票数的比值作为评价这条评论有用程度的标准，并按此标准排序在线评论的显示位置。但高质量的在线评论很难通过这种评价机制呈现出来，从而被消费者发现，因为投票数需要时间积累，这就会使很多信息丰富的新发评论不能马上被消费者看到。另外，按照这个标准评价，大部分在线评论都是有用的，对于消费者来说信息量仍然是庞大而难以选择的（郝媛媛、叶强和李一军，2010）。

学术界对当前电子商务网站对在线商品评论的有用性评价的局限性进行了关注并提出了基于文本挖掘和信息质量评价理论的一系列解决方案（杨铭等，2012），主要集中在评论文本内容的特征选取上。Liu 等（2007）分析归纳出反映评论质量的三个重要文本特征，包括信息丰富性、可读性、情感倾向，并尝试利用这些文本特征识别出低质量的评论。Ghose 和 Ipeirotis（2007）分析了评论的主客观倾向及主客观混杂度对商品评论有用性的影响。郝媛媛等（2010）在 Ghose 和 Ipeirotis 基础上把商品类型拓展到体验型商品，进一步分析并发现评论中情感倾向、正负情感混杂度、主客观表达混杂度以及句长等与评论有用性之间的正相关关系。

还有一些学者把评论者要素考虑到在线评论有用性的影响因素中。Liu 等（2007）认为评论者的经验、评论的写作风格和评论的时效对在线评论的有用性有显著影响。Gilly 等（1998）认为评论者的专业程度和意见领导力会对评论的可信度有较大影响，从而影响他人的采纳决策。

通过对以往的研究发现，当前对在线评论感知有用性的研究还有待深入，以往研究很少同时考虑评论的文本特征和评论者影响因素，殷国鹏等（2012）对这方面研究做了有益的尝试，但是没有考虑商品类型对在线评论感知有用性的调节作用。因此，本书依据信息接受模型（Information Adoption Model，简称 IAM），从消费者感知层面出发，针对体验型和搜索型两类不同的商品，分别探讨哪些因素影响消费者对在线评论感知有用性的感知，进而构建在线评论感知有用性影响模型与理论假设，并分别用回归方法和 BP 神经网络方法进行实证验证和分析。

二 理论基础

信息经济学为解决网上顾客评价在消费者决策过程中所起的作用提供了相关的理论基础。消费者在网上购物时通常处在信息不对称的情况下，因其对商品的质量、销售者的信誉等情况并不完全了解。消费者必须在网络上通过信息搜寻行为来降低这种不确定性，因此消费者不得不衡量在网上进行信息搜寻所花费的成本和其能带来的效益，而且这种不确定性并不能因为信息搜寻行为而完全消除（Stigle，1961）。

根据信息接受模型，信息搜寻者在搜寻信息时不仅关注和搜寻内容相关的信息，而且对可靠和权威的信息源更加信任（Sussman & Siegal，2003）。信息接受模型建议信息的感知有用性由两个因素决定，即信息内容的质量和信息源的可信性，搜寻者会采纳感知有用性的信息，如图 3-1 所示。

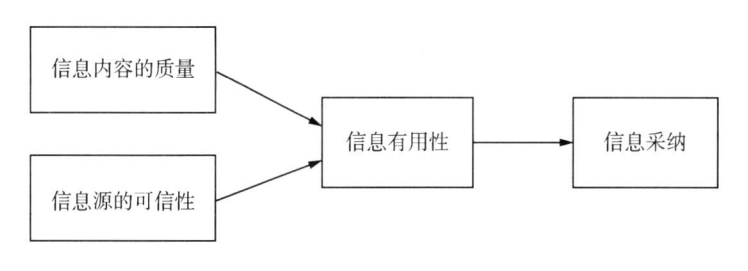

图 3-1　信息接受模型

在考虑在线评论感知有用性时还必须考虑商品类型的调节作用。Nelson（1970，1974）按照消费者在购买前获得商品质量信息的能力把商品分为体验型商品和搜索型商品。Nelson（1970，1974）认为对于搜索型商品，消费者通过大量的搜索可获得较多的商品质量信息，而对体验型商品的搜索行为和因此而获得的商品质量信息都相对较少。搜索型商品包括数码相机、手机、打印机，体验型商品包括音乐、电影、书籍和葡萄酒等（Klein，1998）。虽然由于互联网的快速发展使得搜索型商品与体验型商品的界限并不十分清晰，但在研究网络购物时商品的不同分类仍然具有重要意义，因而被广泛引用和接受（Huang P.，Lurie N. H. & Mitra S.，2009）。搜索型商品的感知质量通常由客观属性决定，因此消费者购买搜索型商品时更倾向于看到描述商品具体属性的在线评论（郝媛媛、叶强和李一军，2010）；而体验型商品的感知质量通常是由个人主观感受为主，因而体验型商品的在线评价通常比较主观，一般描述的是个人的自身体验和感受。因此，对于体验型商品，消费者会更关注表达主观体验的在线评论（郝媛媛、叶强和李一军，2010）。消费者对商品的需求信息因为商品类型不同，不同商品类型的评论，影响消费者的感知有用性的因素也不同。因此，在分析在线评论感知有用性影响因素时，必须考虑商品类型的调节作用。

三 基于回归方法的在线评论感知有用性研究

（一）概念模型

在信息接受模型基础上，结合在线评论本身的特征，构建在线评论感知有用性模型，如图 3－2 所示。评论内容特征的衡量，主要选取了评论长度、评论情感倾向和评论时效性指标；信息源可信性维度，考虑以评论者特征来衡量，主要选取了评论者可信度指标；此外，加入了有用性投票总数作为控制变量，同时考虑了商品类型的调节作用。

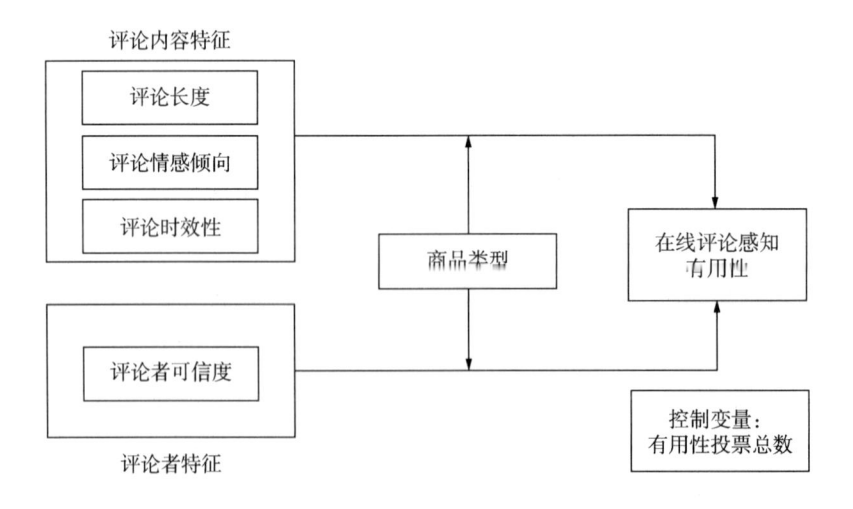

图 3－2 不同商品类型在线评论感知有用性模型

(二) 研究假设

1. 评论内容特征

(1) 评论长度

消费者在进行网络购物时通常需要在信息不对称的情况下制定购买决策，因此，消费者希望能从在线评论中获取关于商品更全面的信息，而较长的在线评论能包含更多的商品信息，Schwen（1986）发现较长的信息在消费者制定购买决策时具有更强的劝说作用。Kim 等（2006）研究证明，影响在线商品评论有用性的最佳特征是评论篇幅。Mudambi 和 Schuff（2010）的研究也证明在线评论长度可能会促进消费者浏览，提高对商品的认知度，减少不确定性，帮助消费者进行决策。郝媛媛等（2010）认为在在线影评的数据中，评论长度显著正向影响评论有用性。因此，评论长度是表征在线评论的重要特征，也是衡量在线评论感知有用性的重要指标。本书提出假设 H3.1：评论长度对在线评论感知有用性有显著正向影响。

(2) 评论情感倾向

电子商务网站通常允许消费者以星级形式对商品进行评价，一般从一星（极低等级）到五星（极高等级），反映了消费者对购买商品的情感倾向，一星代表极端负面的评价，五星代表极端正面的评价，三星则代表了中立态度。已有文献对评价情感倾向对评论感知有用性做了很多研究，Ghose 和 Ipeirotis（2007）的研究认为极端评论对评论有用性有显著影响。Mudambi 和 Schuff（2010）通过对搜索型和体验型两类商品的实证研究，得出评论极端性和评论深度显著影响消费者对商品评论的感知有用性。Pavlou 和 Dimoka（2006）发现极端评价比中立评价对消费者更有影响力。郝媛媛等（2010）通过对影评评论的研究发现积极的情感倾向（极端评价）显著正向影响评论的有用性。但也有学者持不同观点，Eisend（2006）研究发现在广告中中立评价和既有正向又有负向的混合情感的评价会使消费者更容易相信其真实性。以上研究都表明在进行评论有用性的研究中评论情感倾向是重要的影响因素之一，但随着研究对象的不同所得结论并不一致。因此，在考虑评论情感倾向对在线评论感知有用性影响时应该考虑商品类型的调节作用，潜在消费者对体验型商品质量的感知主要来源于其他消费者的评价，而这种评价具有较强的主观意识，因此评论的较强情感倾向（极端评价）对在线评论感知有用性影响较强，而对于搜索型商品来说，潜在消费者对商品基本信息可以通过网络搜寻获得，会更关注对商品的客观评价，因此评论的较强情感倾向（极端评价）对在线评论感知有用性影响不大。因此，本书提出假设 H3.2：商品类型对极端评价影响在线评论感知有用性具有调节作用，极端评价对体验型商品在线评论感知有用性影响显著，而对于搜索型商品影响不显著。

（3）评论时效性

评论时效性是指评论发表的时间长短，即发表评论时间与现在时间的时间差，时间差越小的评论表示其发表评论越及时，时效性越强。从信息质量视角出发，不少文献均认为及时性（timeliness）是影响评论内容质量的关键因素，进而影响消费者对于该评论的有用性评价（殷国鹏，2012）。对于体验型商品，由于其本身就属于时效性很强的商品，故评论的时效对其会具有显著影响，而搜索型商品时效性较弱，评论的时效对其影响也不显著。因此，本书提出假设 H3.3：商品类型对评论时效性影响在线评论感知有用性具有调节作用，评价时效性对体验型商品在线评论感知有用性影响显著，而对于搜索型商品影响不显著。

2. 评论者特征——评论者可信度

评论者是信息发送者，是主要的信息源。如果潜在消费者认为评论者可信，会易于接受评论者发布的评论，进而影响在线评论感知有用性。在传统口碑研究中，Gilly 等（1998）认为口碑发送者的专业程度会对口碑可信度有显著影响，从而对他人接受商品和今后的推荐行为产生影响。Forman 等（2008）认为在在线市场如果评论者能透露更多的个人信息，则其评论内容更容易被评论阅读者相信和接受。亚马逊网站上关于评论者信息中有一项"对商品评论的投票"，统计的是评论者发表的有用的评论数（其他消费者认为其评论有用）与其发布的全部评论数之比，这个比值一定程度上能够反映评论者发表评论的专业性和真实可靠性，以此来衡量评论者可信度。由此，本书提出假设 H3.4：评论者可信度与在线评论感知有用性之间呈现正向相关关系。

（三）变量定义与模型构建

1. 变量定义

（1）自变量

根据 Nelson 把商品类型分为搜索型和体验型两类商品，本书用一个二进制变量来表示商品类型，用"0"代表体验型商品，用"1"代表搜索型商品；评论内容包含的信息是否丰富，本书用评论长度来进行衡量，评论长度的值采用的是评论中文字的个数表示；评论情感倾向代表着评论者对商品的态度，本书采用网站对评论的评分（星级）作为代理指标；本书把从评论发表时间到抓取数据时间的累积天数作为考察评论时效性的代理指标，天数越少，时效越强；评论者可信度作为考察信息源可靠性的重要指标，采用的是亚马逊网站上统计的评论者发表的有用的评论数与其发布的全部评论数的比值作为代理指标，该值是一个 0—1 的连续值。

（2）因变量

因变量（在线评论感知有用性）采用网站上提供的认为该评论有用的投票数和总投票数相除得到的比值作为代理指标，该值是一个 0—1 的连续值。

（3）控制变量

因在线评论感知有用性的代理指标是一个比值，因此把对一条评论进行投票的投票总数作为控制变量。

模型中各变量的符号及说明见表3-1。

表3-1　　　　　　　　　变量的符号及说明

变量类型	变量名称	说明
因变量	Helpfulness	在线评论感知有用性比例（有用的投票数/总投票数）
评论内容特征变量	Length	评论长度
	Timeliness	评论时效性
	Rating	评论情感倾向
	Product Type	商品类型
评论者特征变量	Reliability	评论者可信度
控制变量	Total Vote	有用性投票总数

2. 在线评论感知有用性影响因素模型

基于以上理论假设及变量定义，本书构建在线评论感知有用性影响因素模型（见式3-1）。

$$Helpfulness = \alpha + \beta1\ Length + \beta2\ Timeliness + \beta3\ Rating + \beta4\ Total\ Vote + \beta5\ Reviewer\ Helpfuleness + \beta6\ Productype + \beta7\ Product\ Type \times Length + \beta8\ Product\ Type \times Rating + \beta9\ Product\ Type \times Timeliness + \beta10\ Productype \times Reliability + \varepsilon \quad (3-1)$$

此模型以商品类型、评论情感倾向、评论长度、评论时效性及评论者可信度作为自变量，有用性投票总数作为控制变量，对在线评论感知有用性进行回归，并且考察了各个变量与商品类型的交互效应。

（四）研究方法

本书使用网络爬虫工具，在亚马逊（中国）网站上根据近期销量排名分别抓取了体验型和搜索型两类共六种商品的评论数据。体验型商品包括书、CD和音像制品，搜索型商品包括手机、电脑和数码相机。每条评论收集的数据包括评论情感倾向、发布的时间、评论内容、评论者可信度等。时间跨度为从出现该产品评论截至2013年12月19日，共收集评论2663条，剔除个别极端数据和有用性投票数小于1的评论，得到有效样本共1027条。

总体样本数据的描述性统计详见表3-2，评论长度在152余字，有用性投票总数均值为32，评论时效性均值为250天，评论者可信度均值为0.91。在线评论感知有用性均值为0.85，表示大部分评论有用。评论情感倾向均值为3.67，说明评论趋于积极。

表3-2　　　　　　　　　总体样本描述性统计

变量	Obs	Mean	Std. Dev.	Min	Max
在线评论感知有用性	1027	0.85	0.08	0.41	1
评论长度	1027	152.89	198.06	8	2634
评论情感倾向	1027	3.67	1.51	1	5
评论时效性	1027	250	139.10	6	568
评论者可信度	1027	0.91	0.10	0.25	1
有用性投票总数	1027	32.81	236.65	2	5964

由于因变量和样本本身的受限性，本书采用Stata统计软件，使用Tobit回归模型分析不同类型商品在线评论感知有用性模型及研究假设。一方面，对于因变量的取值受限是指消费者在投票时只能投"有用"或"没用"，而不能选择其他的感受，例如"精华的"（比有用好一点）；另一方面，使用Tobit回归分析的原因是样本选择的内在有偏性，因为亚马逊上并不能表示出有多少消费者读过此评论，而只能显示有哪些用户为此评论投过票，有一些用户虽然读过评论但却未进行有用性的投票。

（五）实证研究结果与讨论

本书分别对总体样本、搜索型商品样本和体验型商品样本进行了回归分析，采用似然比（Log likelihood）和伪 R^2 系数（Pseudo R^2）作为回归模型分析的拟合优度检验，参考同类研究，拟合效果都比较好。总体样本回归分析结果见表 3-3。

表 3-3　　　　　　　　　　总体样本回归分析结果

变量	Coef.	Std. Err.	t	P>|t|
评论长度	0.0000364	0.0000166	2.20	0.028
评论情感倾向	0.0168026	0.0038856	4.32	0.000
评论时效性	0.0000399	0.0000231	1.73	0.084
评论者可信度	0.5056148	0.0561427	9.01	0.000
有用性投票总数	-0.0000162	8.67e-06	-1.87	0.062
商品类型	0.2336823	0.0537383	4.35	0.000
商品类型×评论长度	7.59e-06	0.0000215	0.35	0.724
商品类型×评论情感倾向	-0.0142909	0.0041563	-3.44	0.001
商品类型×评论时效性	-0.0000289	7.49e-06	-3.86	0.000
商品类型×评论者可信度	-0.1557773	0.0596791	-2.61	0.009
_cons	0.3782785	0.0508575	7.44	0.000

注：Log likelihood = 1334.3782；Pseudo R^2 = 0.1908。

由表 3-3 可知，评论长度、评论情感倾向、评论者可信度对在线评论感知有用性均存在显著的影响（p<0.05），其中评论者可信度对在线评论感知有用性的影响非常大（p=0.000，相关系数为0.5），说明信息源的可靠性在消费者采纳评论的过程中起到非常重要的作用。在如今评论数量庞大、评论质量参差不齐的背景下，消费者更愿意相信那些能提出真实可靠评论的评论者的意见。由交互效应的分析发现，商品类型对除评论长度以外的各因素影响在线评论感知有用性具有显著的调节作用，而评论长度在总体样本分析中对于在线评论感知有用性的影响是显著的，这说明这个因素对有用性的影响并不随商品类型不同而有所改变。评论时效性在总体样本中对有用性的影响并不显著，

但在与商品类型进行交互后，其影响变得显著（p = 0.000），表明此因素对在线评论感知有用性的影响程度随商品类型的不同而不同。

为了进一步探讨各因素对不同类型商品在线评论感知有用性影响效应，分别对两类商品评论进行回归分析，结果详见表3-4、表3-5。

表3-4　　　　　　　　搜索型商品回归分析结果

变量	Coef.	Std. Err.	t	P>|t|
评论长度	0.0000404	0.000014	2.88	0.004
评论情感倾向	0.0016003	0.0014696	1.09	0.276
评论时效性	0.0000185	0.0000222	0.83	0.405
评论者可信度	0.3631151	0.0201514	18.02	0.000
有用性投票总数	-0.0000134	8.84e-06	-1.52	0.129
_cons	0.6020219	0.0197158	30.54	0.000

注：Log likelihood = 1134.0699；Pseudo R^2 = 0.1530。

表3-5　　　　　　　　体验型商品回归分析结果

变量	Coef.	Std. Err.	t	P>|t|
评论长度	0.0000486	0.0000174	2.79	0.006
评论情感倾向	0.0152032	0.0038353	3.96	0.000
评论时效性	-0.0000153	7.24e-06	-2.11	0.036
评论者可信度	0.5277762	0.0556829	9.48	0.000
有用性投票总数	-0.0001219	0.0000558	-2.19	0.030
_cons	0.3706733	0.0502075	7.38	0.000

注：Log likelihood = 197.06367；Pseudo R^2 = 0.3723。

通过比较发现，不论对搜索型商品还是体验型商品，评论长度和评论者可信度对在线评论感知有用性均有显著的正向影响作用（p < 0.01），与总体样本分析结果一致，假设H3.1、H3.4得到验证。对于体验型商品，极端评价对在线评论感知有用性具有显著正向影响（p = 0.000），而对搜索型商品，极端评价对在线评论感知有用性影响不显

著，假设 H3.2 得到验证。对体验型商品，评论时效性对在线评论感知有用性影响显著（$p<0.05$）且与在线评论感知有用性呈现负相关关系；对搜索型商品来说，评论时效性对在线评论感知有用性影响不显著，假设 H3.3 得到验证。本章研究假设及验证结果如表 3-6 所示：

表 3-6   研究假设验证结果

	假设	结果
H3.1	在线评论长度对在线评论感知有用性有显著正向影响	验证
H3.2	商品类型对极端评价影响在线评论感知有用性具有调节作用，极端评价对体验型商品在线评论感知有用性影响显著，而对于搜索型商品影响不显著	验证
H3.3	商品类型对评论时效性影响在线评论感知有用性具有调节作用，评价时效性对体验型商品在线评论感知有用性影响显著，而对于搜索型商品影响不显著	验证
H3.4	评论者可信度与在线评论感知有用性之间呈现正向相关关系	验证

在线评论对于消费者就像是样品，只有这个样品带来的体验经验越丰富，越真实，消费者才能通过这个样品了解到商品的各个方面，进而采纳这条评论的意见，而这种信息取向只能通过大量的评论内容才能实现，一条简短的评论显然无法满足消费者的信息需求。因此，不论是体验型商品还是搜索型商品，消费者都会比较关注较长的评论，以此来获取更多反映商品质量的信息，进而制定自己的购买决策。

对于体验型商品因消费者必须靠亲身体验来衡量产品质量，所以在亲身体验前，消费者会比较关注他人的主观评论意见，因此会比较关注极端评论，而在搜索型商品中消费者可以从网络上获取商品的大概信息，在未使用商品前已经对商品的各种参数有所了解，所以会比较关注既有负面又有正面情感倾向的中立评价，而不太会关注极端评论。

评论者可信度能够反映发评者发布评论的专业水平和可靠性，其发表的商品评论具有较高的参考价值，能够对消费者对在线评论感知有用性产生显著的正向影响作用，因此，不论是体验型商品还是搜索型商品，消费者更愿意采纳高可信度的评论者发表的评论内容。

在体验型商品分析中，评论时效性与在线评论感知有用性呈负相关关系，而在搜索型商品分析中，不存在这种相关关系。主要因为对于体验型商品来说，消费者往往会关注最新的体验，来衡量商品近期的质量，所以比较注重评论时效性，离现在越近的评论，会被认为更有用。而对于搜索型商品，消费者需要了解的是与时间无关的固定化、模式化信息，所以在线评论感知有用性与时间无关。

（六）结论

研究表明，商品类型对于在线评论感知有用性具有重要的调节作用；评论者可信度显著正向影响其发表的评论的感知有用性程度；评论文本内容的篇幅越长，包含的内容越多，在线评论感知有用性水平越高；评论情感倾向对在线评论感知有用性有显著影响，且对于体验型产品，消费者更易关注极端评价；评论时效性对在线评论感知有用性也有显著影响，对于体验型商品，越及时的评论越易引起消费者对评论感知有用。

四　基于 BP 神经网络的在线评论感知有用性研究

（一）基于 BP 神经网络的在线评论感知有用性影响因素模型构建

1. 影响因素

本书在信息接受模型基础上，从信息质量和信息源可信性两个维度来考察在线评论感知有用性的影响因素。结合前人研究与在线评论本身的特征，信息质量维度以评论内容特征来衡量，主要选取了（1）评论长度（X1）；（2）评论情感倾向（X2）；（3）评论时效性（X3）；（4）商品类型（X4）；（5）评论获得总投票数（X5）。信息源可信性维度则考虑以评论者特征来衡量，主要选取了（6）评论者可信度（X6）；（7）评论者等级两个指标（X7）。

2. 构建 UPBP 模型

BP 神经网络具有自适应与自组织能力，它能够从环境中学习，并把学习的结果分布存储于网络的突触连接中。神经网络的学习是一个过程，在其所处环境的激励下，相继给网络输入一些样本模式，并按照一定的规则（学习算法）调整网络各层的权值矩阵，待网络各层权值都收敛到一定值，则学习过程结束。

本书利用 BP 神经网络的学习能力，构建了用 BP 神经网络预测在线评论感知有用性的模型 UPBP。此模型应用已有的评论样本，学习评论中各影响因素与在线评论感知有用性之间的关系，以此产生影响在线评论感知有用性的强度（Sangjae Lee & Joon Yeon Choeh，2014）。

UPBP 模型采用 BP（Back Propagation）神经网络构建。BP 神经网络是一种按误差反向传播算法训练的多层前馈网络，是目前应用最广泛的神经网络模型之一。BP 神经网络能学习和存贮大量的输入—输出模式映射关系，其学习规则是使用最速下降法，通过反向传播来不断调整网络的权值和阈值，使网络的误差平方和最小。BP 神经网络模型拓扑结构包括输入层（input layer）、隐藏层（hide layer）和输出层（output layer）。本书的目的是揭示评论中各影响因素与在线评论感知有用性之间的关系，因此，采用各个影响因素作为输入层变量，用影响在线评论感知有用性的强度作为输出层变量（Sangjae Lee & Joon Yeon Choeh，2014）。如图 3-3 所示：

为了评估输入变量和输出变量之间的影响关系，采用如下公式来进行衡量：

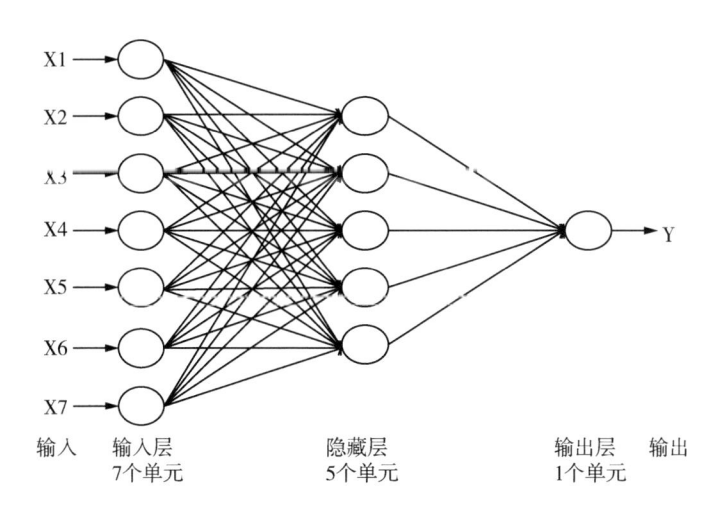

```
         X1 →  ○
         X2 →  ○         ○
         X3 →  ○         ○
         X4 →  ○         ○          ○  → Y
         X5 →  ○         ○
         X6 →  ○         ○
         X7 →  ○

         输入   输入层    隐藏层      输出层   输出
               7个单元   5个单元     1个单元
```

图 3-3　UPBP 模型

$$Y_{jt} = \frac{\sum_{h=0}^{n}(W_{hi} \times W_{jh})}{\sum_{i=0}^{m}\left|\sum_{h=0}^{n}W_{hi} \times W_{jh}\right|} \quad (3-2)$$

其中，W_{hi} 表示第 h 个隐藏单元和第 i 个输入单元之间的权重；W_{jh} 代表第 j 个输出单元和第 h 个隐藏单元之间的权重；Y_{ji} 是第 i 个输入和第 j 个输出变量之间的相对强度，表示的是第 i 个输入和第 j 个输出变量关系强度和所有的输入输出变量的总强度的比值。

BP 神经网络应用 tan-sigmoid 函数作为激发函数：

$$\text{OUT} = \frac{1}{1 + e^{-\text{NET}}} \quad (3-3)$$

其中，NET 是输入权重之和，OUT 是输出层神经元的最终输出，一般为（0，1）内连续取值。这个函数将激活值转换为输出值。

（二）基于 BP 神经网络的在线评论感知有用性影响因素模型应用

1. 样本数据采集

样本数据收集的时间是 2013 年 12 月，本书使用网络爬虫工具，采集了亚马逊（中国）网站上销量排名靠前的体验型和搜索型两类共六种商品的中文评论数据。搜索型商品包括手机、电脑和数码相机，体验型商品包括书、CD 和音像制品。每条评论采集了评论的星级、评论内容的字数、评论发布的时间、评论者等级等信息，时间跨度为 2010 年到 2013 年。本次研究共采集 2150 条评论，剔除个别极端数据后得到有效样本共 1000 条。

2. 实验过程

（1）变量设定

UPBP 模型采用各个影响因素作为输入变量，其中评论长度以评论内容的字数为代理指标；评论情感倾向以评论的星级为代理指标；评论时效性以采集日期与发评日期之间相隔的天数为代理指标；商品类型分为搜索型和体验型，搜索型设为 1，体验型设为 0；评论获得总投票数直接采用从网站采集的数据；评论者可信度以亚马逊网站上的评论者发布的有用评论比值为代理指标；评论者等级指标可以从亚马逊网站上直接采集数据。

（2）网络结构设定

由于三层 BP 神经网络可以以任意精度逼近任意映射关系，所以选用三层结构，即输入层、隐含层和输出层。

（3）神经节点数设定

输入层节点数目设为 7，即前文分析设定的影响在线评论感知有用性的 7 个影响因素变量。输出层节点设为 1，以 Y_{ji} 作为输出数据。

BP 神经网络隐含层节点数对预测精度有直接影响。节点数太少，学习过程不收敛，无法完成精确预测；节点数太多会导致神经网络学习时间长而且可能出现过度拟合的现象。因此，选择合适的节点数才能使 BP 神经网络的性能得到最好发挥。但目前对于隐含层节点数的设定仍没有统一的标准，有实验发现，当隐含层节点数在输入层节点数和输出层节点数之间时，尤其靠近输入节点数时，网络收敛速度较快。本书经过多次试验发现当隐含层节点数为 5 时，BP 神经网络的均方误差最小,即对函数的逼近效果最好,因此,把隐含层节点数设定为5。

3. 实验参数设置

本书采用 MATLAB R2010b 的 BP 神经网络工具箱来进行实验,用 prestd 函数对样本数据作归一化处理,利用 prepca 函数对归一化后的样本数据进行主元分析,剔除了一些数据。用 newff 创建 BP 神经网络,隐含层神经元传递函数为 tansig,输出层神经元传递函数都是 purelin,训练函数为 trainlm,最大训练次数为 10000 次,学习速率初始值为 0.1,训练结束的目标精度为 0.001,动量因子的初始值为 0.9。

4. 网络训练结果

在确定了输入、隐含、输出神经元数目以及传递函数、误差精度要求后,借助于 MATLAB R2010b 的 BP 神经网络工具箱,对神经网络进行训练后得到理想的模型,训练过程中的误差值收敛和拟合度见图 3-4 和图 3-5。

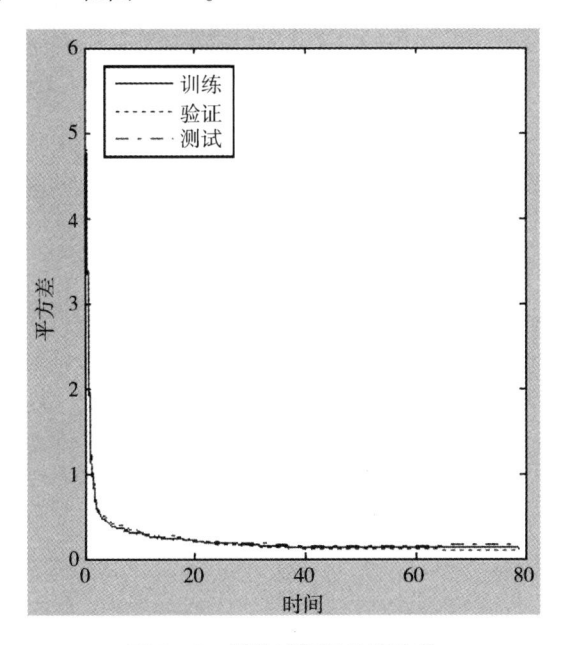

图 3-4　训练过程误差值收敛

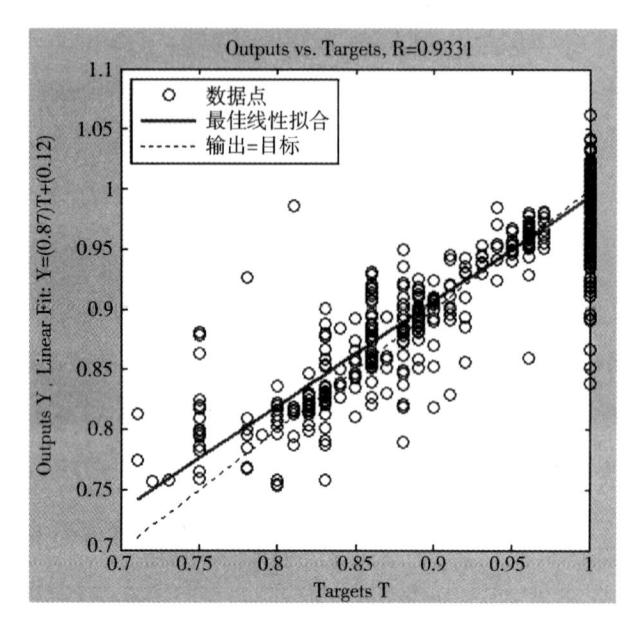

图 3−5　训练过程拟合度

经过训练，网络误差为 0.0007361，小于 0.001，达到了设定的误差要求。拟合系数 R = 0.9331，预测值非常逼近实际值，说明网络训练结果很理想。

5. 研究结果分析

UPBP 模型的估算权重如表 3−7 和表 3−8 所示，有用性影响因素的相对强度，即 Y_{ji} 的值如表 3−9 所示。表 3−7 和表 3−8 中 N1 到 N5 为隐藏层节点，共有 5 个节点。从表 3−9 中可知，评论长度、评论者可信度、评论情感倾向和评论者等级等因素对于在线评论感知有用性影响较强。

表 3−7　　　　　　　输入层到中间层权值 W_{hi} 估算

影响因素	隐藏节点				
	N1	N2	N3	N4	N5
评论长度	0.0335	0.4501	−0.6670	−0.2914	−19.2156

续表

影响因素	隐藏节点				
	N1	N2	N3	N4	N5
评论获得总投票数	0.5299	-64.1746	73.3091	-0.3014	19.3264
评论情感倾向	0.5250	108.6434	-125.6371	-0.9934	-30.6927
评论者等级	-0.2130	-10.3655	12.0883	-0.0301	-4.0458
评论者可信度	-0.4722	66.2840	-75.6669	0.3152	-25.4623
评论时效性	-0.2011	-20.3201	23.3482	-1.5295	7.2990
商品类型	0.1399	5.2002	-6.0637	0.1574	12.6993

表3-8　　　　中间层到输出层权值 W_{jh} 估算

有用性	隐藏节点				
	N1	N2	N3	N4	N5
有用性强度	1.6108	1.6660	1.5267	-0.3523	-0.4725

表3-9　　　　在线评论感知有用性影响因素的相对强度

影响因素	有用性强度
评论长度	0.2660
评论获得总投票数	-0.0939
评论情感倾向	0.1449
评论者等级	0.0820
评论者可信度	0.1799
评论时效性	-0.0427
商品类型	-0.1906

为了检验 UPBP 模型的预测能力，本书采用交叉验证对 BP 神经网络方法和回归方法的预测精确度做了比较。

本书把样本数据随机分成了4个子集，即每个子集包含有250条数据，当其中一个子集被用作测试样本时，其余的子集就作为训练样本，每个子集则轮流被用作测试样本。对于每个训练样本和测试样本都会输出一个变量值，把这个值和真实的值进行比较便可以计算出其均方误差，即 MSE（董长虹，2005）。按照此步骤，分别对 BP 神经网络方法和回归方法进行了测试，得出两种方法构建模型的 MSE 值，如表 3－10 所示。

表 3－10　BP 神经网络方法和回归方法预测能力比较（MSE）

测试样本	BP 神经网络模型 MSE	回归模型 MSE
1	2.44E－04	6.09E－04
2	7.70E－05	2.21E－04
3	5.73E－05	3.14E－04
4	2.40E－05	1.10E－04

由表 3－10 可知，BP 神经网络方法构建模型的 MSE 值均小于回归方法构建模型的 MSE 值，因此可以得出，UPBP 模型预测准确度和预测能力比回归模型稍强。

但无论回归方法还是 BP 神经网络方法，都可以得出在线评论中的评论长度、评论者可信度、评论情感倾向对消费者的感知有用性有显著的影响。

第二节　消费者在线评论使用偏好分析

从上一节分析中得知，消费者在查看商品评论信息时，评论情感倾向对消费者的影响比较显著，2010 年美国市场研究公司尼尔森发布的一份调查报告指出，亚太地区，中国网民最喜欢在网络上发表与产品相关的负面评论，约有 62% 的中国网民表示，他们更愿意分享负面评论，而全球网民的这一比例则为 41%。也有一些学者通过实证研究指出，负面评论对消费者有较大影响，会降低商品的销量。如 Lundeen、Hannon 和 McKerma-Harmon（1995）认为负面评论增加感知风险，并将大大降低潜在消费者选择该品牌商品的可能性。但也有学者提出了不同意见，如 Sen 和 Lerman（2007）认为对体验型和搜索型两类商品在线评论的不同情感倾向对评论有用性的影响存在差异，不过正向评论的影响更大；Eisend（2006）研究发现在广告中中立评价和既有正向又有负向情感混杂度的混合信息可以提高来源的可信性；郝媛媛等（2010）通过对影评的研究发现积极的情感倾向（极端评价）与评论感知有用性具有显著的正相关。

那么，究竟哪一种情感倾向的评论对消费者有较大影响？消费者又更重视哪一种评论呢？以往研究基本上是采用实证研究的方法进行的，在反映消费者真实行为偏好上稍有欠缺。因此，本书开发了一个模拟的在线购物平台来采集消费者在在线购物平台上浏览商品评论的真实行为数据，并对此进行分析来探究消费者使用商品在线评论的行为偏好。

一　模拟在线购物平台开发

本平台为使用 Java 语言，整合 Spring MVC 和 MyBatis 框架，使用 MySql 5.1.73 数据库开发而成的。

Spring MVC 属于 Spring Frame Work 的后续产品，已经融合在 Spring Web Flow 里面。Spring 框架提供了构建 Web 应用程序的全功能 MVC 模块。MVC 作为 Web 项目开发的核心环节，正如三个单词的分解那样，C（控制器）将 V（视图、用户客户端）与 M（模块、业务）分开构成了 MVC，它是一个典型的教科书式的 MVC 构架，而不像 Struts 等都是变种或者不是完全基于 MVC 系统的框架。

MyBatis 是一款优秀的持久层框架，它支持定制化 SQL、存储过程以及高级映射。MyBatis 消除了几乎所有的 JDBC 代码和参数的手工设置以及结果集的检索。MyBatis 使用简单的 XML 或注解用于配置和原始映射，将接口和 Java 的 POJOs（Plain Old Java Objects，普通的 Java

对象）映射成数据库中的记录。

模拟平台购物页面如图 3-6 所示。

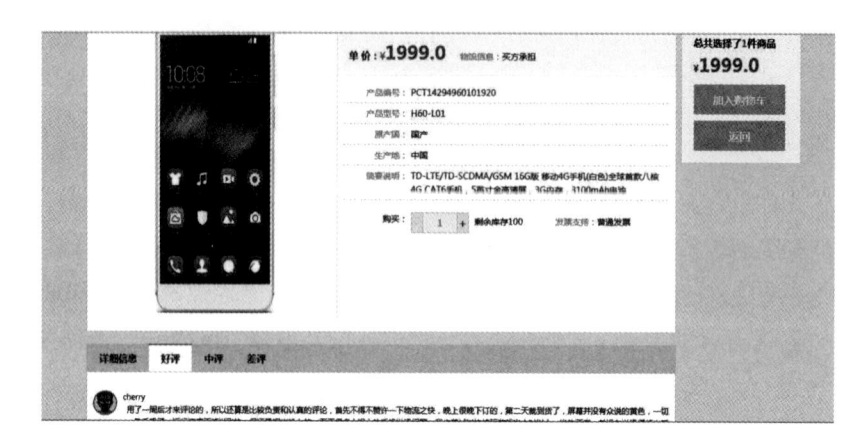

图 3-6　模拟在线购物平台购物页面

在此购物页面，消费者可以看到商品详细介绍，商品评论信息包括好评、中评、差评，为了避免各种情感倾向的评论数量差别对消费者浏览评论时间的影响，本实验把好评、中评和差评的评论数分别都设定为 100 条，实际评论内容为从某 B2C 网站上下载的评论数据内容，消费者浏览后如想购买，就点击"加入购物车"按钮；如不想购买，则点击"返回"按钮，平台后台会记录消费者在购物页面的浏览行为，包括点击"好评""中评""差评""加入购物车"和"返回"的起始时间和停留时间长度，以此来分析消费者对评论信息的使用偏好。

后台数据库及采集的行为数据如图 3-7 和图 3-8 所示。

二　实验流程

本实验分两部分完成，一部分经组织在机房完成，一部分采用网络方式完成，共进行了 15 天。本次实验被试者以有购物经验的学生为

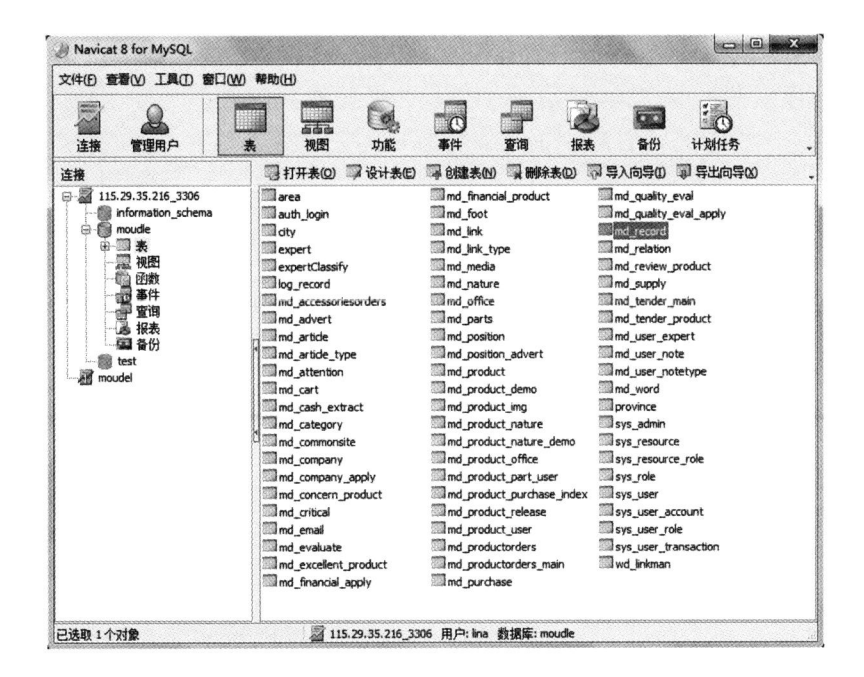

图3-7 模拟在线购物平台后台数据库

图3-8 模拟在线购物平台消费者行为数据

主，年龄、职业、收入等方面的差异不大。

实验开始前，实验人员会告知每个被试者现在需要购买一款手机，并告知其购物的网址，要求被试者作为网络购物消费者，按照自己平时的购物决策习惯对商品信息进行浏览，如有购买意向则选择"加入购物车"按钮，购买结束；如无购买意向则点击"返回"按钮，并结束购物行为。

实验共采集了 425 人次、共 2100 条购物决策行为数据，剔除无效数据，共采集了 398 人次、共 2024 条有效的购物决策行为数据。

三 数据分析与结论

对 2024 条数据分别整理了被试者点击好评、差评和中评的开始时间及阅读每种类型评论的总体时间。

发现首先阅读好评的比例为 63.64%，首先阅读差评的比例为 31.28%，而首先阅读中评的比例为 5.08%。而阅读各种类型评论的平均时间中，阅读差评的时间最长为 442.24 秒，阅读中评的时间最短为 84.35 秒，阅读好评的时间 214.71 秒。

从数据分析的结果来看，消费者在进行网络购物浏览商品评论信息时，一般首先从好评开始阅读，但是在差评上停留时间最长，说明消费者非常重视差评，并会花相对多的时间仔细阅读差评的内容。因此，本章用消费者在购物网站上的真实行为数据分析得出，消费者十分重视负面评论，负面评论将会对在线消费者产生较大影响。

第三节 负面评论的服务补救分析

通过前两节的研究可知，商品在线评论中的情感倾向对消费者的感知有用性有显著影响，其中消费者最重视负面评论，会对负面评论花较多时间进行阅读，而有研究证实负面评论对消费者制定购买决策有较大负面影响，会影响商品的销量。Laczniak 等（2001）认为负面评价会对消费者进行品牌评价带来负面影响；Sen S. 和 Lerman D.（2007）认为负面的在线评论容易影响损害品牌形象，对消费者感知有用性产生影响；Ghose 和 Ipeirotis（2007）的研究认为极端评论对评论有用性有显著影响；单初和鲁耀斌（2010）认为负面评论影响消费者对商家的初始信任；Ahluwalia 等（2000）认为消费者通常会认为负面信息比正面信息更具诊断价值，因而在购买决策时更多地依赖负面信息。在 B2C 网络购物平台中，消费者不能亲身体验商品的质量，评论中对商品质量或者服务的负面评论会增加消费者的感知风险，影响其对商品或网站的信任感，从而影响其购买意愿，减少商品的销量。

通过第二章的文献综述可知，发生服务失误时如果企业能采取服务补救措施会消除消费者的负面情绪，重新获得消费者满意、认可（Gronroos，1988b；Hart，Sasser & Heskett，1990；Berry，1995；Smith & Bolton，1998；张圣亮，2009）。因此，B2C 企业需要针对负面评论进行服务补救，一方面对已购消费者进行弥补，另一方面对广大潜在消费者产生影响，消除潜在消费者的不良感知，促成首次购买意愿。

通过对服务补救领域的研究综述梳理，发现以往研究中服务补救的主体都默认是服务提供方，在网络购物环境中服务补救主体即为网络商店零售商，针对网络零售商进行服务补救的研究中主要探讨了在服务补救中采取的各种措施对消费者的满意度及重复购买意愿等的影响（Holloway，Wang & Parish，2005；郑秋莹、范秀成，2007；Sousa & Voss，2009；闫俊、胡少龙和常亚平等，2009；常亚平，2012；张初兵、侯如靖和易牧农，2014）。

但是，目前针对 B2C 网站上的负面评论信息，已出现零售商和制造商两种反馈主体进行补救的现象，不同的反馈主体进行补救时发布的信息内容不同，对消费者产生的影响也会有所不同，而现有的服务补救研究中鲜有针对 B2C 网站上不同反馈主体对负面评论进行服务补救的影响效果差异的研究。因此，在接下来的章节中将要针对不同反馈主体服务补救情境对消费者的购买意愿影响进行深入研究。

第四节　本章小结

本章主要研究了网络购物消费者在使用商品在线评论时的行为习惯，首先，分别用回归分析和 BP 神经网络建模分析方法，利用 B2C 网站亚马逊上的真实在线评论数据进行实证分析，回归分析结果表明评论的星级、评论者的专业性、可信性和评论长度对消费者对于评论的感知有用性有显著影响，并且表明商品类型对于在线评论感知有用性具有重要的调节作用；BP 神经网络建模分析结果表明评论长度、评论者可信度、评论情感倾向对消费者对于在线评论的感知有用性有显著的影响。不管用哪一种方法进行分析，都可以得出评论情感倾向对消费者的影响比较显著。

接下来，开发了一个模拟在线购物平台进行实验，研究消费者在在线购物时使用在线评论的行为偏好，经过实验研究发现，消费者在浏览商品在线评论时，大部分的人会先阅读好评，但是从阅读评论的平均时间上看，阅读差评的时间最长，表明在线消费者十分重视负面评论。接下来对负面评论的服务补救现状及意义进行了分析，指出为避免负面评论对消费者造成的不良影响，企业应及时对负面评论进行补救，并说明根据现今 B2C 网站上出现的不同反馈主体进行服务补救的新兴现象，之后的章节将研究其对消费者购买意愿的影响。

第四章 不同反馈主体服务补救情境对消费者购买意愿的影响：理论模型与研究假设

本章针对潜在消费者和已购消费者两类在线购物人群，考虑体验型和搜索型两类商品类型，建立不同反馈主体服务补救情境对消费者购买意愿影响的理论模型，对理论模型的实证研究方法进行阐述，并根据理论模型和设计的实验情境提出相关假设。

第一节 理论模型

如前所述，目前 B2C 网站上的在线评论已成为消费者获得产品信息的重要来源，根据第三章的分析，在线评论中的情感倾向对消费者有显著影响，其中消费者尤其重视负面评论，也有一些学者通过实证研究指出，负面评论对消费者制定购买决策起到很关键的影响作用，认为负面评论容易影响商家的品牌形象，影响消费者的感知风险、对商家的信任和降低消费者的购买意愿（Sen S. & Lerman D., 2007；单初和鲁耀斌，2010）。因此，要研究 B2C 环境下服务补救对消费者的影响就要分别考虑对潜在消费者和已购消费者两类购物人群的影响，如图 4-1 所示。

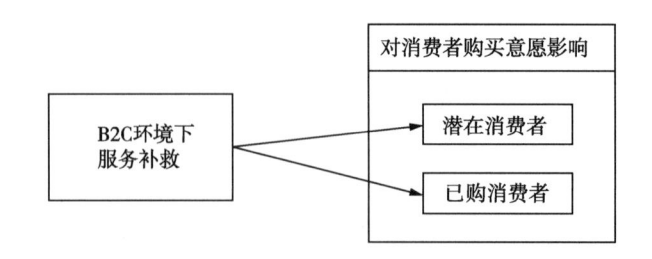

图 4-1　B2C 环境下服务补救对消费者购买意愿的影响的抽象模型

根据第二章的文献回顾并结合现实情况，把 B2C 环境中的服务失误类型分为产品因素和服务因素。按照 Nelson（1970，1974）对商品的分类方法，把商品类型分为搜索型和体验型。而且通过对现实的观察，发现在 B2C 环境下对负面评论进行补救的主体不仅有网络零售商（网站代表）还有制造商（厂家代表）。

在对潜在消费者的购买意愿影响的研究中，Vijayasarathy（2004）把 TAM 模型应用于网络购物环境，提出了消费者网络购物意愿模型，在该模型中研究者认为网站信息感知有用性、感知易用性等变量通过对在线消费者态度影响其购买意愿。很多学者通过研究支持这一结论（Hans van Der Heijden 等，2003；Aron，2003 等；Koufaris 等，2004）。通过第二章的文献回顾，我们知道很多学者认为网络购物环境中感知风险对消费者态度和购买意愿有影响（Bauer，1960；Vellido，2000；Corbitt，2003；Sandra，2003；Kuhlmeier D.，2005；井淼、周颖，2005），而且信任和产品态度是消费者首次购买意愿的前因因素。

在对已购消费者的购买意愿影响的研究中，Smith、Bolton 和 Wangner（1999）在服务失误的类型和服务补救的不同方式的情境下，以感知公平理论的三个维度和期望不一致理论为判断顾客满意度的基础，提出了服务补救的顾客满意模型。此后，很多学者对此模型进行了扩展，做了服务补救深入研究（郑秋莹、范秀成，2007，等等）。本书认为潜在消费者形成初始信任后会进行首次购买行为，如果在购买过程中遭遇服务失误而因此经历了有效的服务补救后，消费者不仅会产生满意，还会产生持续信任，进而影响其重复购买意愿。并且根据第二章的文献综述，满意度和持续信任是重复购买意愿的前因因素。

因此，本书把这些因素相结合提出不同反馈主体服务补救情境对不同类型消费者购买意愿的影响的理论模型，如图4-2所示。

在图4-2中，本书根据现实B2C网站中的服务补救情况把反馈主体分为制造商和零售商，构建了基于不同反馈主体、服务失误类型和商品类型的服务补救情境，并考察不同反馈主体服务补救情境下对潜在消费者和已购消费者的购买意愿影响，对潜在消费者考察在不同服务补救情境下消费者的感知有用性、感知易用性、感知风险、初始信任、产品态度和首次购买意愿影响的差别，而对已购消费者考察在不同服务补救情境下消费者的感知公平三维度、期望不一致、持续信任、满意度和重复购买意愿影响的差别，并分别对潜在消费者和已购消费者购买意愿影响路径进行分析。

第二节 研究设计

一 研究方法

目前针对服务补救研究较常使用的研究方法是通过回忆法和情境模拟实验法（Smith, A. K., Botlon, R. N., 1998; Smith, A. K., Botlon, R. N., Wagner, J., 1999）。回忆法主要是要求被试者回忆自己曾遭遇的服务失误的经历及其当时的感受和想法，然后填写问卷，这种方法由于时间间隔和记忆偏差，可能会和真实经历存在误差（Oliver, 1981），不是服务补救研究最合适的方法。

情境模拟实验法也称为角色扮演（Carlsmith, Ellsworth, Aionson,

80 B2C 环境下不同反馈主体服务补救研究

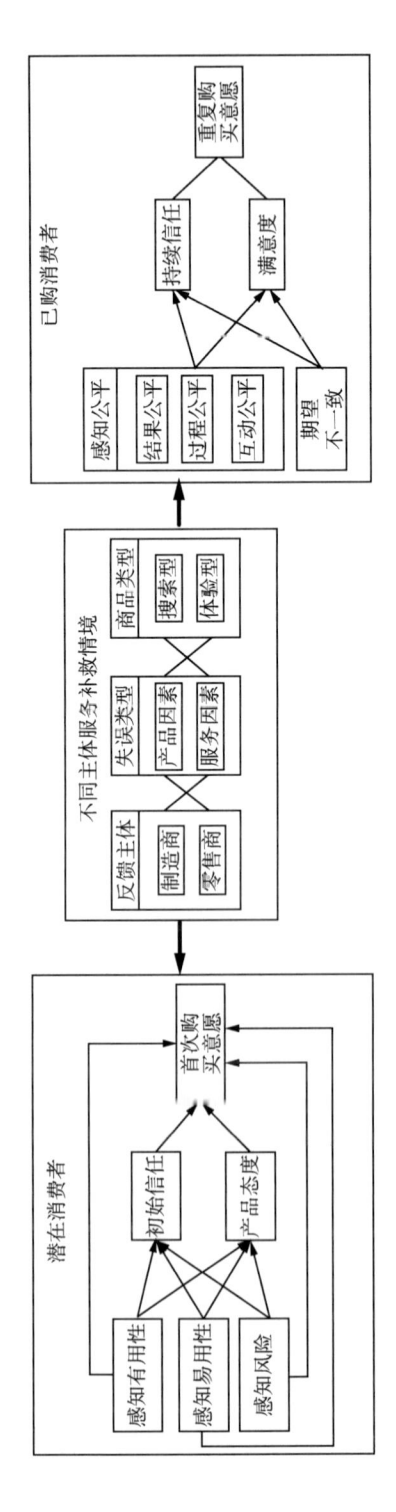

图 4-2 不同反馈主体服务补救情境对消费者购买意愿的影响的理论模型

1976）和准实验设计（Smith, A. K., Botlon, R. N., 1998），是一种行为测试手段，在社会科学研究中经常使用，这种测试要求被试者阅读一个假设的情境，然后根据所得到的信息对设计好的问题进行作答，对要测量的变量做出反应。如果情境设计适合所要测量的样本，这种方法能够了解被试者的感受和行为，可得到符合实际情况的真实数据（Schultz, 1969; Maxham, 2001）。与回忆法相比，情境模拟实验法能够使复杂操控变量变得较容易控制并且能够避免因时间间隔所造成的被试者记忆偏差，同时可以降低研究成本、提高研究效率（Bentler P. M., 1989）。在服务补救研究领域，很多学者用情境模拟实验法来获得被试者的态度、情绪、行为等相关变量（Smith & Bolton, 1998; Bougie, Pieters & Zeelenberg, 2003; Ha & Jang, 2009; Schoefer & Ennew, 2005; 杜建刚和范秀成，2007; 侯如靖、张初兵和易牧农，2012; 张圣亮和高欢，2011; 张初兵、侯如靖和易牧农，2014）。因此，本书也采用情境模拟实验法来测量在不同反馈主体的服务补救情境下潜在消费者的感知、态度和购买意愿。

二 实验情境设计

传统的服务补救研究都默认补救的主体就是服务提供方，对于网络购物环境的补救主体即是网络零售商，但随着电子商务的发展，在B2C环境下，对负面评论进行补救的主体不仅有网络零售商还有制造商，那么零售商补救和制造商补救的效果是否有不同？哪种情况下哪种主体去补救效果会更好？都是值得研究的问题。

已有针对电子商务环境下服务补救研究表明，对于服务失误实施了服务补救的效果要比没有实施补救的效果好（Homans, 1968; Gronroos, 1988b; Berscheid, 1989; McColloug & Bharadwaj, 1992; Hart, Sasser & Heskett, 1990; Berry, 1995; Smith & Bolton, 1998; Baumeister &

Dhavale & Tice, 2003; 张圣亮, 2009; Chia-Chi Chang, 2008; 郑秋莹和范秀成, 2007; Sousa & Voss, 2009; 闫俊、胡少龙和常亚平, 2013; 张初兵、侯如靖和易牧农, 2014), 因此本书只研究针对网站上负面评论有补救的情况下, 不同反馈主体服务补救情境对消费者购买意愿的影响差异, 因此在服务补救情境设计中, 本章只针对有补救的情况进行设计并研究, 而对无补救情况不予研究。

根据第二章文献综述, 本书认为 B2C 环境下, 服务失误的类型主要有: 产品因素和服务因素 (侯如靖、张初兵和易牧农, 2012), 因此, 本书把服务失误类型确定为产品因素和服务因素。

通过对国内知名 B2C 网站上关于对负面评论进行补救的评论回复内容分析, 发现针对商品产品问题的负面评论进行反馈的主体主要有制造商 (厂家代表)、零售商 (网站客服) 和制造商与零售商相结合三种情况; 而对于服务问题的负面评论进行反馈的主体主要是网站客服。针对这一现实情况, 通过与 4 名电子商务专业专家和 10 名博士研究生组成的焦点小组进行了头脑风暴, 本章对于产品因素的服务失误类型, 将对其进行补救反馈的主体设计为制造商 (厂家)、零售商 (网站) 和制造商与零售商相结合的三种; 而对于服务因素的服务失误类型, 为了便于比较研究, 将对其进行补救反馈的主体设计为制造商和零售商两种主体, 而没有必要加入制造商和零售商都回复的反馈主体情境。因此, 采用了 3 (产品因素反馈主体) ×2 (商品类型) 与 2 (服务因素反馈主体) ×2 (商品类型) 的实验情境, 即针对产品因素和服务因素的服务失误类型进行反馈补救共计 10 种服务补救情境, 具体实验分组情况如表 4-1 所示。

表 4 - 1　　　　　　　　　　实验分组情况

商品类型	服务失误类型	反馈主体
搜索型	产品因素	制造商
		零售商
		制造商 + 零售商
	服务因素	制造商
		零售商
体验型	产品因素	制造商
		零售商
		制造商 + 零售商
	服务因素	制造商
		零售商

三　实验产品选择

本章要针对搜索型和体验型两种商品进行研究，为了保证所要进行实验的对象具有两种类型商品的特征，对实验产品分别进行了两次预调研。

首先，与电子商务专业 4 名专家和 10 名博士研究生分别进行了深度访谈，在详细介绍了解搜索型和体验型商品的特点后，要求参与者列出大学生经常购买、使用的搜索型和体验型商品，最终得到 6 种商品，其中搜索型商品包括：笔记本电脑、手机、数码相机；体验型商品包括：服装、书、化妆品。

根据精细处理可能性模型（ELM），涉入度与处理信息的动机是正相关的（Petty & Cacioppo, 1981）。当涉入度较低时，评论阅读者处理信息的动机比较弱，仅依靠外部信号来接收信息，而当涉入度较高时，评论阅读者就会有更强的动机去处理信息，会对评论进行精细加工从而得到更细致的信息。因此，在在线购物过程中，消费者对商品的涉入度影响其处理信息的目的和结果。当人们比较重视要处理的商品时就会对商品信息投入更多的精力，也就加强了细致加工信息的程度，此时主要依赖中枢路径改变消费者对产品态度。也就是在在线购物过程中，面对高涉入度的商品，消费者会更关注其评论信息，尤其是负面评论，更会关注对负面评论进行的补救，并从中对信息进行精细加工，从而影响其对商品的态度及其购买决策的制定。

模拟情境实验法也要求被试者对实验研究对象熟悉，这样可以保证较高的真实性，因此，在选择实验产品时必须考虑商品的涉入度，要选择对于被试者来说涉入度较高的商品。本章采用了 Zaichkowsky（1994）修正的涉入度测量量表（RPII），见图 4-2，邀请了 32 名大学生，用此量表对已列出的搜索型和体验型商品分别做了涉入度的测量，统计结果显示，在所列出的搜索型商品中手机的涉入度最高，$M_{手机} = 6.3$；在所列出的体验型商品中服装的涉入度最高，$M_{服装} = 5.2$。因此，搜索型商品选择手机作为研究对象，而对于服装来说，考虑到男、女都适用并且价格与手机相当，选择了羽绒服作为体验型商品代表。

```
重要              不重要
有关的            无关的
对我有意义的      对我无意义的
有价值的          无价值的
有趣的            无趣的
令人兴奋的        不令人兴奋的
吸引人的          不吸引人的
迷人的            不迷人的
需要的            不需要的
令人投入的        不令人投入的
```

图 4-2 涉入度测量量表

第三节 研究假设

一 不同反馈主体服务补救情境对潜在消费者的影响

(一) 不同服务补救情境对潜在消费者感知和首次购买意愿的影响区别

潜在消费者在 B2C 网站购物时，主要以网页导航来搜索商品，网站以图片和文字形式呈现商品，并且有研究指出 61.7% 的消费者在购买商品时会首先参考商品在线评论（宋晓兵等，2011），而消费者十分重视负面评论，负面的在线评论容易影响损害品牌形象，对消费者感知有用性产生影响（Sen S. & Lerman D., 2007），影响消费者对商家的初始信任（单初和鲁耀斌，2010），增加感知风险，并将大大降低潜在消费者选择该品牌商品的可能性（Lundeen, Hannon & McKerma-Harmon, 1995），评论中对商品的质量或与服务相关的负面评论势必会影响消费者对商品质量和网站服务的不良感知，进而影响其购买意愿，使得商品销量受损，但如果有针对这一负面评论进行的反馈则有可能会改变消费者的态度，因此，需要对负面评论进行补救，以消除消费者的不良感知，促使其形成首次购买意愿。

而对负面评论进行补救的反馈主体不同，其发布的信息内容也不同，其专业能力也会有所不同，专业能力是在一定程度上信息源被感受到有给他人提供正确信息的能力（Bristor J. M., 1990）。Sussman 和 Siegal（2003）提出了信息接受模型（IAM），该模型认为信息内容质量、信息源可靠性是影响接收者感知信息有用性的直接因素；Bone P. F.（1995）发现发布信息者的专业性能够对消费者产生较大影响；Lee 和 Turban（2001）经实证研究得出，消费者对网络卖家的技术能力、可靠性的可信任度和网络环境的安全因素影响其购物意愿；Gilly 等（1998）认为发送者的专业程度和意见领导力会对信息可信度有显著影响；Bansal 和 Voyer（2000）继续了 Gilly 的研究，在对口碑的研究中提出了口碑对消费者购买决策影响的模型，模型中指出信息源的专业性是影响消费者购买决策的重要影响因素；Dipayan Biswas 等（2006）研究表明代言人的专业性能降低消费者对风险的感知；Smith（2005）的研究证实专业能力会正向影响消费者的信任；汪涛和李燕萍（2007）以虚拟社区中的参与者为研究对象，发现感知专业性通过信任对消费者购买决策产生影响；Bansal 和 Voyer（2000）对服务行业口碑进行了研究，也得出了同样的结论，即信息源的专业程度越强，其对接收者的影响越大。

1. 产品因素引起的服务失误

相对于零售商，制造商对产品质量和应用方面的问题更加了解，对于由产品因素引起的服务失误问题，制造商的反馈会更显专业，会让消费者觉得其反馈的信息更有用和易于操作，并由于其充分、全面的解释也会减少潜在消费者的感知风险，从而提升潜在消费者对商品和商家的态度感知和信任感，进而对潜在消费者的首次购买意愿产生影响。因此，针对产品因素引起的服务失误，不同的主体进行补救产生的效果会有所差别。

（1）搜索型商品

对于搜索型商品，潜在消费者对商品基本信息可以通过网络搜寻获得比较多，会更关注并信任关于商品性能的客观信息（赵丽娜，2015），希望在制定购买决策之前就能得到较多的关于商品质量方面的信息，对商品能有比较清晰的了解，而免去退换货的麻烦。因此，消费者会更愿意得到制造商的反馈信息。而对于制造商和零售商的共同反馈，虽然对消费者对商品信息的感知有用性、感知易用性等方面的影响与制造商单独反馈的区别不大，但是相比于制造商和零售商的单独反馈，多了一道保障，会使消费者的感知风险降低，增加初始信任，进而促进首次购买意愿。

因此，本章提出如下假设：

H4.1：对于搜索型商品，因产品因素形成的服务失误，不同反馈主体进行服务补救的情境对潜在消费者感知有用性、感知易用性、感知风险、初始信任、产品态度和首次购买意愿的影响有显著差别；

H4.1.1：对于搜索型商品，因产品因素形成的服务失误，制造商反馈比零售商反馈对潜在消费者的感知有用性影响更高；

H4.1.2：对于搜索型商品，因产品因素形成的服务失误，制造商和零售商的共同反馈比制造商单独反馈对潜在消费者的感知有用性影响区别不大；

H4.1.3：对于搜索型商品，因产品因素形成的服务失误，制造商和零售商的共同反馈比零售商单独反馈对潜在消费者的感知有用性影响更高；

H4.1.4：对于搜索型商品，因产品因素形成的服务失误，制造商反馈比零售商反馈对潜在消费者的感知易用性影响更高；

H4.1.5：对于搜索型商品，因产品因素形成的服务失误，制造商和零售商的共同反馈与制造商单独反馈对潜在消费者的感知易用性影响区别不大；

H4.1.6：对于搜索型商品，因产品因素形成的服务失误，制造商和零售商的共同反馈比零售商单独反馈对潜在消费者的感知易用性影响更高；

H4.1.7：对于搜索型商品，因产品因素形成的服务失误，制造商反馈比零售商反馈使潜在消费者的感知风险更低；

H4.1.8：对于搜索型商品，因产品因素形成的服务失误，制造商和零售商的共同反馈比制造商单独反馈使潜在消费者的感知风险更低；

H4.1.9：对于搜索型商品，因产品因素形成的服务失误，制造商和零售商的共同反馈比零售商单独反馈使潜在消费者的感知风险更低；

H4.1.10：对于搜索型商品，因产品因素形成的服务失误，制造商反馈比零售商反馈对潜在消费者的初始信任影响更高；

H4.1.11：对于搜索型商品，因产品因素形成的服务失误，制造商和零售商的共同反馈比制造商单独反馈对潜在消费者的初始信任影响更高；

H4.1.12：对于搜索型商品，因产品因素形成的服务失误，制造商和零售商的共同反馈比零售商单独反馈对潜在消费者的初始信任影响更高；

H4.1.13：对于搜索型商品，因产品因素形成的服务失误，制造商反馈比零售商反馈对潜在消费者的产品态度影响更高；

H4.1.14：对于搜索型商品，因产品因素形成的服务失误，制造商和零售商的共同反馈比制造商单独反馈对潜在消费者的产品态度影响区别不大；

II4.1.15：对于搜索型商品，因产品因素形成的服务失误，制造商和零售商的共同反馈比零售商单独反馈对潜在消费者的产品态度影响更高；

H4.1.16：对于搜索型商品，因产品因素形成的服务失误，制造商反馈比零售商反馈对潜在消费者的首次购买意愿影响更高；

H4.1.17：对于搜索型商品，因产品因素形成的服务失误，制造商和零售商的共同反馈比制造商单独反馈对潜在消费者的首次购买意愿影响更高；

H4.1.18：对于搜索型商品，因产品因素形成的服务失误，制造商和零售商的共同反馈比零售商单独反馈对潜在消费者的首次购买意愿影响更高。

（2）体验型商品

而对于体验型商品，潜在消费者也会关注商品性能的客观评价，但由于体验型商品重在体验，关于商品的评论也会比较主观（赵丽娜，2015），因此，消费者在购买之前除了希望能多了解商品的性能外还会更关注自身体验，如果遭遇服务失误后商家是否会给予退换货的机会。因此，制造商和零售商的共同反馈会在消费者的感知有用性、感知易用性、初始信任、产品态度和首次购买意愿等方面的影响高于制造商和零售商的单独反馈，而在感知风险上低于制造商和零售商的单独反馈。因此，本章提出如下假设：

H4.2：对于体验型商品，因产品因素形成的服务失误，不同反馈主体进行服务补救的情境对潜在消费者感知有用性、感知易用性、感知风险、初始信任、产品态度和首次购买意愿的影响有显著差别；

H4.2.1：对于体验型商品，因产品因素形成的服务失误，制造商反馈比零售商反馈对潜在消费者的感知有用性影响更高；

H4.2.2：对于体验型商品，因产品因素形成的服务失误，制造商和零售商的共同反馈比制造商单独反馈对潜在消费者的感知有用性影响更高；

H4.2.3：对于体验型商品，因产品因素形成的服务失误，制造商和零售商的共同反馈比零售商单独反馈对潜在消费者的感知有用性影响更高；

H4.2.4：对于体验型商品，因产品因素形成的服务失误，制造商反馈比零售商反馈对潜在消费者的感知易用性影响更高；

H4.2.5：对于体验型商品，因产品因素形成的服务失误，制造商和零售商的共同反馈比制造商单独反馈对潜在消费者的感知易用性影响更高；

H4.2.6：对于体验型商品，因产品因素形成的服务失误，制造商和零售商的共同反馈比零售商单独反馈对潜在消费者的感知易用性影响更高；

H4.2.7：对于体验型商品，因产品因素形成的服务失误，制造商反馈比零售商反馈使潜在消费者的感知风险更低；

H4.2.8：对于体验型商品，因产品因素形成的服务失误，制造商和零售商的共同反馈比制造商单独反馈使潜在消费者的感知风险更低；

H4.2.9：对于体验型商品，因产品因素形成的服务失误，制造商和零售商的共同反馈比零售商单独反馈使潜在消费者的感知风险更低；

H4.2.10：对于体验型商品，因产品因素形成的服务失误，制造商反馈比零售商反馈对潜在消费者的初始信任影响更高；

H4.2.11：对于体验型商品，因产品因素形成的服务失误，制造商和零售商的共同反馈比制造商单独反馈对潜在消费者的初始信任影响更高；

H4.2.12：对于体验型商品，因产品因素形成的服务失误，制造商和零售商的共同反馈比零售商单独反馈对潜在消费者的初始信任影响更高；

H4.2.13：对于体验型商品，因产品因素形成的服务失误，制造商反馈比零售商反馈对潜在消费者的产品态度影响更高；

H4.2.14：对于体验型商品，因产品因素形成的服务失误，制造商和零售商的共同反馈与制造商单独反馈对潜在消费者的产品态度影响区别不大；

H4.2.15：对于体验型商品，因产品因素形成的服务失误，制造商和零售商的共同反馈比零售商单独反馈对潜在消费者的产品态度影响更高；

H4.2.16：对于体验型商品，因产品因素形成的服务失误，制造商反馈比零售商反馈对潜在消费者的首次购买意愿影响更高；

H4.2.17：对于体验型商品，因产品因素形成的服务失误，制造商和零售商的共同反馈比制造商单独反馈对潜在消费者的首次购买意愿影响更高；

H4.2.18：对于体验型商品，因产品因素形成的服务失误，制造商和零售商的共同反馈比零售商单独反馈对潜在消费者的首次购买意愿影响更高。

2. 服务因素引起的服务失误

由于零售商对商品的订购和配送等方面的信息更加了解，因此针对服务因素引起的服务失误，零售商的反馈会比制造商更专业，因此，不管是对搜索型商品还是体验型商品，零售商和制造商的反馈对消费者的影响会有所不同。零售商的反馈对消费者的感知有用性、感知易用性、初始信任、产品态度和首次购买意愿等方面的影响要高于制造商的反馈，而在感知风险的影响上要低于制造商的反馈。因此，本章提出如下假设：

（1）搜索型商品

H4.3：对于搜索型商品，因服务因素形成的服务失误，不同反馈主体进行服务补救的情境对潜在消费者感知有用性、感知易用性、感知风险、初始信任、产品态度和首次购买意愿的影响有显著差别；

H4.3.1：对于搜索型商品，因服务因素形成的服务失误，零售商反馈比制造商反馈对潜在消费者的感知有用性影响更高；

H4.3.2：对于搜索型商品，因服务因素形成的服务失误，零售商反馈比制造商反馈对潜在消费者的感知易用性影响更高；

H4.3.3：对于搜索型商品，因服务因素形成的服务失误，零售商反馈比制造商反馈对潜在消费者的感知风险影响更低；

H4.3.4：对于搜索型商品，因服务因素形成的服务失误，零售商反馈比制造商反馈对潜在消费者的初始信任影响更高；

H4.3.5：对于搜索型商品，因服务因素形成的服务失误，零售商反馈比制造商反馈对潜在消费者的产品态度影响更高；

H4.3.6：对于搜索型商品，因服务因素形成的服务失误，零售商反馈比制造商反馈对潜在消费者的首次购买意愿影响更高。

（2）体验型商品

H4.4：对于体验型商品，因服务因素形成的服务失误，不同反馈主体进行服务补救的情境对潜在消费者感知有用性、感知易用性、感知风险、初始信任、产品态度和首次购买意愿的影响有显著差别；

H4.4.1：对于体验型商品，因服务因素形成的服务失误，零售商反馈比制造商反馈对潜在消费者的感知有用性影响更高；

H4.4.2：对于体验型商品，因服务因素形成的服务失误，零售商反馈比制造商反馈对潜在消费者的感知易用性影响更高；

H4.4.3：对于体验型商品，因服务因素形成的服务失误，零售商反馈比制造商反馈对潜在消费者的感知风险影响更低；

H4.4.4：对于体验型商品，因服务因素形成的服务失误，零售商反馈比制造商反馈对潜在消费者的初始信任影响更高；

H4.4.5：对于体验型商品，因服务因素形成的服务失误，零售商反馈比制造商反馈对潜在消费者的产品态度影响更高；

H4.4.6：对于体验型商品，因服务因素形成的服务失误，零售商反馈比制造商反馈对潜在消费者的首次购买意愿影响更高。

（二）感知有用性、感知易用性与初始信任的关系

一些学者针对网上消费者研究了感知有用性、感知易用性与初始信任的关系，Hans van der Heijden 等（2003）从信任和技术采纳两方面对网上消费者的购买意愿进行了研究，通过对 228 名潜在消费者的信任、技术、他们的态度和购买意图的研究发现，感知有用性通过信任影响购买态度；Gefen 等（2003）通过信任和 TAM 建立了一个网上购物的整合模型，分析得出感知易用性影响在线信任；Gefen 和 Straub（2004）指出感知有用性和感知易用性对信任有正向影响；Koufaris 等（2004）研究发现感知有用性和感知易用性显著影响在线消费者的信任，而信任又对消费者购买意愿有显著影响。在对负面评论进行补救的过程中，补救信息可以对商品的性能、网站的服务等进行更多的解释和描述，因此，本章提出如下假设：

H4.5.1：不论是搜索型商品还是体验型商品，潜在消费者对补救信息的感知有用性对初始信任有正向影响；

H4.5.2：不论是搜索型商品还是体验型商品，潜在消费者对补救信息的感知易用性对初始信任有正向影响。

（三）感知风险与初始信任的关系

很多学者对网络购物中感知风险与信任的关系进行了研究，Vincent-Wayne Mitchell（1999）认为感知风险是信任的前因；Cheung 和 Lee（2002）认为，影响在线消费者对网络零售商信任判断的因素有：安全性、竞争力、隐私性和诚信度，并且通过实证研究发现感知风险和信任之间呈负相关关系；Jarvenpaa（2000）认为信任与感知风险间呈负相关关系。潜在消费者在购物过程中，会通过商品评论及对负面评论的补救衡量感知风险，从而形成对商品的初始信任，因此，本章提出如下假设：

H4.6：不论是搜索型商品还是体验型商品，潜在消费者根据补救信息获得的感知风险对初始信任有负向影响。

（四）感知风险与产品态度、首次购买意愿的关系

消费者在网上进行购物，由于看不到商品实物，只能通过搜集的信息做出购买决定，因此感知风险会大于传统购物，学者们普遍认为风险感知会负向影响对网上产品的购买态度和购买意愿。Bauer（1960）认为消费者会选择感知风险最小的购买方案；Vellido（2000）研究发现，影响网上购物的最主要因素是感知风险，消费者感知风险与对产品的购买态度和购买意愿呈负相关关系；Corbitt（2003）认为消费者感知风险越小越容易进行网上购物行为；Sandra 等（2003）认为感知风险负向影响消费者对产品的购买态度和购买意愿；Kuhlmeier D.（2005）对网上购物的前因变量进行研究，发现感知风险与购买意愿呈负相关关系；井淼、周颖（2005）研究认为，感知风险与消费者对产品的购买态度和购买意愿呈负相关关系。潜在消费者根据对负面评论的反馈信息也会产生对产品或网站的感知风险，进而会影响其对产品的态度和首次购买意愿，因此，本章提出如下假设：

H4.7.1：不论是搜索型商品还是体验型商品，感知风险与消费者产品态度呈负相关关系；

H4.7.2：不论是搜索型商品还是体验型商品，感知风险与消费者首次购买意愿呈负相关关系。

（五）感知有用性、感知易用性与产品态度和首次购买意愿的关系

在 TAM 模型中，感知有用性和感知易用性直接影响态度和意愿，成为用户接受信息系统的主要前因因素。购物网站实质也是一个信息系统，而网上购物过程，也可以看成是消费者接受信息系统的过程，只有消费者认为这个信息系统提供的信息有用、易用、能够帮助其完成购物过程，才会接受这个信息系统，完成购物过程。很多学者研究了购物网站上信息的感知有用性、感知易用性与产品购买态度和购买意愿之间的关系，Aron（2003）研究认为网络购物的感知有用性、感知易用性与产品购买态度呈显著正相关关系；因此，本章提出如下假设：

H4.8.1：不论是搜索型商品还是体验型商品，感知有用性、感知易用性与消费者产品态度呈正相关关系；

H4.8.2：不论是搜索型商品还是体验型商品，感知有用性、感知易用性与消费者首次购买意愿呈正相关关系。

（六）初始信任和首次购买意愿的关系

很多学者对信任和购买意愿之间的关系进行了研究，最初，Howard 和 Sheth（1969）首次提出品牌信任的概念，把信任作为影响购买意愿的一个重要的因素；Jarvenpaa 和 Tractinsky（2000）研究了网络商店，结果发现信任直接对消费者对网络商店的购买意愿产生影响；Lee 和 Tuthan（2001）研究发现由于在网络购物环境下，在购买商品之前消费者不能对商品有直接的接触和直观感受，因此消费者的信任成为影响消费者购买意愿的直接条件；McKnight 等（2002）研究指出，消费者再次购买的意愿受到消费者信任的直接影响；Chen 和 Dhillon（2003）的研究也表明，网络商店可以通过其诚信、能力等引起消费者的信任，并且最终影响消费者对网络商店的忠诚；Lloyd 和 Mark（2004）对网络书店和网络航空票务的消费者进行实证研究，结果表明在线消费者的信任和消费者忠诚呈正相关关系，消费者忠诚包含重复购买行为意愿；Sia 等（2009）的研究表明认知信任正向影响在线书店消费者的购买意愿；李琪等（2014）对网上商店进行研究发现，卖家信誉、消费者保障机制和消费者信任立场通过影响消费者初始信任正向影响消费者的首次在线购买意愿。

潜在消费者在网上购物时，会从制造商或零售商对负面评论的补救信息中对产品进行评估，产生对产品的初始信任，进而影响其首次购买意愿。因此，本章提出如下假设：

H4.9：不论是搜索型商品还是体验型商品，初始信任与消费者首次购买意愿呈正相关关系。

（七）产品态度和首次购买意愿的关系

态度是个体对特定对象（人、观念、情感或者事件等）所持有的稳定的心理倾向，这种心理倾向蕴含着个体的主观评价以及由此产生的行为倾向性。在 TAM 模型中，态度直接影响个体对信息系统接受的行为意愿。Fishbein（1975）研究表明，态度与意愿呈显著相关关系；Lei Da Chen 等（2004）研究发现，网络购物中消费者的态度对购买意愿有显著影响。因此，对于网络购物中的消费者来说，其通过搜集的信息而形成的对产品的态度将直接影响其首次购买意愿，消费者对产品若持正面态度，会促使其形成首次购买意愿，相反，若消费者对产品持负面态度，则会妨碍其形成首次购买意愿。因此，本章提出如下假设：

H4.10：不论是搜索型商品还是体验型商品，产品态度与消费者首次购买意愿呈正相关关系。

二 不同反馈主体服务补救情境对已购消费者的影响

(一) 不同服务补救情境对已购消费者感知和重复购买意愿的影响区别

网络消费者一旦遭遇了服务失误,就会产生失落、不信任、不满意等负面情绪,进而会引发负面评论的传播(Baumeister, Dhavale and Tice, 2003),但是有学者研究指出,有效的服务补救为企业提供了一次机会,能够减少消费者的不满情绪,使其态度改变,使得企业能够重新赢得其信任(Gronroos, 1988b)。Jeffrey等(1993)将公平理论引入了服务补救领域,Tax等(1998)认为虽然公平理论起源于社会心理学,但是为服务补救领域提供了重要的理论基础。服务补救领域学者们通常把感知公平划分为结果公平、程序公平和互动公平三个维度(Clemmer and Schneider, 1996; Tax, Brown and Chandrashekaran, 1998; Smith, Bolton and Wagner, 1999)。

另外,除了感知公平理论外,服务补救领域研究中已经形成了以归因理论和期望不一致理论等为主流的理论体系,当消费者遭遇服务失误后,会对服务补救有一个期望,当企业服务补救满足自己的期望时,就形成满意、持续信任等一系列情绪感知,当服务补救没有满足自己期望时,则会形成不满意。在服务补救领域研究中,通常将期望不一致作为消费者满意、持续信任等的前因因素。

此外,很多学者研究了服务补救情境的不同对消费者的不同影响。Smith、Bolton和Wagner(1999)认为根据不同的服务失误情况进行不同的服务补救是提高企业服务补救效率的有效方法;郑秋莹和范秀成(2007)也认为企业的服务补救行为是对有限资源的合理投放和有效利用,企业根据不同失误情况实施相应的补救办法,是能够获得较高的顾客满意度但不需要用较多的资源的有效措施;杜建刚和范秀成(2007)通过真实情境录像模拟法对服务补救情境对消费者情绪和满意等行为进行研究，也发现不同的服务补救情境对消费者的情绪和满意及补救后行为有不同的影响；张圣亮（2011）对饭店服务失误和补救进行了研究，把服务补救分为主动补救和被动补救，并把它们和对消费者情绪与行为意向的影响进行关联，结果发现，服务补救方式对消费者情绪和行为意向的影响存在显著差别。因此，笔者认为根据不同的服务失误类型，不同主体进行补救的不同情境会对消费者的公平感知和期望不一致产生影响，进而影响其持续信任、满意、重复购买意愿等心理和行为。

对于搜索型商品，消费者会更关注客观方面的信息（赵丽娜，2015），消费者在购买后如发现产品有质量方面或操作方面的问题时，制造商能够更专业、更全面地解决问题，因此会让消费者有更好的公平感知，更符合消费者对服务补救的期望，而且有学者证实专业的信息源会使消费者更加信任，并影响其购买意愿（Bone P. F., 1995；Bansal and Voyer, 2000），当服务失误发生后，如果企业能够在提供专业解答外再提供退换货的服务补救承诺会让消费者更加满意。因此，本章提出如下假设：

1. *产品因素引起的服务失误*

（1）搜索型商品

H4.11：对于搜索型商品，因产品因素引起的服务失误，不同反馈主体进行服务补救的情境对已购消费者感知公平三维度、期望不一致、持续信任、满意度和重复购买意愿的影响有显著差别；

H4.11.1：对于搜索型商品，因产品因素引起的服务失误，制造商补救比零售商补救对已购消费者的结果公平感知影响更高；

H4.11.2：对于搜索型商品，因产品因素引起的服务失误，制造商补救比零售商补救对已购消费者的程序公平感知影响更高；

H4.11.3：对于搜索型商品，因产品因素引起的服务失误，制造商补救比零售商补救对已购消费者的互动公平感知影响更高；

H4.11.4：对于搜索型商品，因产品因素引起的服务失误，制造商补救比零售商补救更能超出已购消费者的期望；

H4.11.5：对于搜索型商品，因产品因素引起的服务失误，制造商补救比零售商补救对已购消费者的持续信任影响更高；

H4.11.6：对于搜索型商品，因产品因素引起的服务失误，制造商补救比零售商补救对已购消费者的满意度影响更高；

H4.11.7：对于搜索型商品，因产品因素引起的服务失误，制造商补救比零售商补救对已购消费者的重复购买意愿影响更高；

H4.11.8：对于搜索型商品，因产品因素引起的服务失误，制造商和零售商同时补救对已购消费者的结果公平感知影响比制造商单独补救影响更高；

H4.11.9：对于搜索型商品，因产品因素引起的服务失误，制造商和零售商同时补救对已购消费者的过程公平感知影响比制造商单独补救影响更高；

H4.11.10：对于搜索型商品，因产品因素引起的服务失误，制造商和零售商同时补救对已购消费者的互动公平感知影响比制造商单独补救影响更高；

H4.11.11：对于搜索型商品，因产品因素引起的服务失误，制造商和零售商同时补救比制造商单独补救更能超出已购消费者的期望；

H4.11.12：对于搜索型商品，因产品因素引起的服务失误，制造商和零售商同时补救对已购消费者的持续信任影响比制造商单独补救影响更高；

H4.11.13：对于搜索型商品，因产品因素引起的服务失误，制造商和零售商同时补救对已购消费者的满意度影响比制造商单独补救影响更高；

H4.11.14：对于搜索型商品，因产品因素引起的服务失误，制造商和零售商同时补救对已购消费者的重复购买意愿影响比制造商单独补救影响更高；

H4.11.15：对于搜索型商品，因产品因素引起的服务失误，制造商和零售商同时补救对已购消费者的结果公平感知影响比零售商单独补救影响更高；

H4.11.16：对于搜索型商品，因产品因素引起的服务失误，制造商和零售商同时补救对已购消费者的过程公平感知影响比零售商单独补救影响更高；

H4.11.17：对于搜索型商品，因产品因素引起的服务失误，制造商和零售商同时补救对已购消费者的互动公平感知影响比零售商单独补救影响更高；

H4.11.18：对于搜索型商品，因产品因素引起的服务失误，制造商和零售商同时补救比零售商单独补救更能超出已购消费者的期望；

H4.11.19：对于搜索型商品，因产品因素引起的服务失误，制造商和零售商同时补救对已购消费者的持续信任影响比零售商单独补救影响更高；

H4.11.20：对于搜索型商品，因产品因素引起的服务失误，制造商和零售商同时补救对已购消费者的满意度影响比零售商单独补救影响更高；

H4.11.21：对于搜索型商品，因产品因素引起的服务失误，制造商和零售商同时补救对已购消费者的重复购买意愿影响比零售商单独补救影响更高。

（2）体验型商品

而对于体验型商品，消费者更相信自身的主观体验，因此制造商的补救效果就没有那么显著，但有制造商参与服务补救会让消费者感觉补救措施更加灵活，但不管哪种类型的商品，当服务失误发生后，如果企业能够在提供专业解答外再加上提供退换货的服务补救承诺就会让消费者更加满意。因此，本章提出如下假设：

H4.12：对于体验型商品，因产品因素引起的服务失误，不同反馈主体进行服务补救的情境对已购消费者感知公平三维度、期望不一致、持续信任、满意度和重复购买意愿的影响有显著差别；

H4.12.1：对于体验型商品，因产品因素引起的服务失误，制造商补救和零售商补救对已购消费者的结果公平感知影响区别不大；

H4.12.2：对于体验型商品，因产品因素引起的服务失误，制造商补救比零售商补救对已购消费者的程序公平感知影响更高；

H4.12.3：对于体验型商品，因产品因素引起的服务失误，制造商补救和零售商补救对已购消费者的互动公平感知影响区别不大；

H4.12.4：对于体验型商品，因产品因素引起的服务失误，制造商补救和零售商补救对已购消费者的期望不一致影响区别不大；

H4.12.5：对于体验型商品，因产品因素引起的服务失误，制造商补救和零售商补救对已购消费者的初始信任影响区别不大；

H4.12.6：对于体验型商品，因产品因素引起的服务失误，制造商补救和零售商补救对已购消费者的满意度影响区别不大；

H4.12.7：对于体验型商品，因产品因素引起的服务失误，制造商补救和零售商补救对已购消费者的重复购买意愿影响区别不大；

H4.12.8：对于体验型商品，因产品因素引起的服务失误，制造商和零售商同时补救对已购消费者的结果公平感知影响比制造商单独补救影响更高；

H4.12.9：对于体验型商品，因产品因素引起的服务失误，制造商和零售商同时补救对已购消费者的过程公平感知影响比制造商单独补救影响更高；

H4.12.10：对于体验型商品，因产品因素引起的服务失误，制造商和零售商同时补救对已购消费者的互动公平感知影响比制造商单独补救影响更高；

H4.12.11：对于体验型商品，因产品因素引起的服务失误，制造商和零售商同时补救比制造商单独补救更能超出已购消费者的期望；

H4.12.12：对于体验型商品，因产品因素引起的服务失误，制造商和零售商同时补救对已购消费者的持续信任影响比制造商单独补救影响更高；

H4.12.13：对于体验型商品，因产品因素引起的服务失误，制造商和零售商同时补救对已购消费者的满意度影响比制造商单独补救影响更高；

H4.12.14：对于体验型商品，因产品因素引起的服务失误，制造商和零售商同时补救对已购消费者的重复购买意愿影响比制造商单独补救影响更高；

H4.12.15：对于体验型商品，因产品因素引起的服务失误，制造商和零售商同时补救对已购消费者的结果公平感知影响比零售商单独补救影响更高；

H4.12.16：对于体验型商品，因产品因素引起的服务失误，制造商和零售商同时补救对已购消费者的过程公平感知影响比零售商单独补救影响更高；

H4.12.17：对于体验型商品，因产品因素引起的服务失误，制造商和零售商同时补救对已购消费者的互动公平感知影响比零售商单独补救影响更高；

H4.12.18：对于体验型商品，因产品因素引起的服务失误，制造商和零售商同时补救比零售商单独补救更能超出已购消费者的期望；

H4.12.19：对于体验型商品，因产品因素引起的服务失误，制造商和零售商同时补救对已购消费者的持续信任影响比零售商单独补救影响更高；

H4.12.20：对于体验型商品，因产品因素引起的服务失误，制造商和零售商同时补救对已购消费者的满意度影响比零售商单独补救影响更高；

H4.12.21：对于体验型商品，因产品因素引起的服务失误，制造商和零售商同时补救对已购消费者的重复购买意愿影响比零售商单独补救影响更高。

2. 服务因素引起的服务失误

对于服务因素引起的服务失误，零售商更清楚细节，所以零售商的补救会比制造商的补救更显专业而且更能解决实际问题，从而取得更好效果，因此对于搜索型和体验型商品来说，零售商的反馈在消费者的感知公平三维度、期望不一致、持续信任、满意度和重复购买意愿等方面的影响都要高于制造商的反馈。因此，本章提出如下假设：

（1）搜索型商品

H4.13：对于搜索型商品，因服务因素引起的服务失误，不同反馈主体进行服务补救的情境对已购消费者感知公平三维度、期望不一致、持续信任、满意度和重复购买意愿的影响有显著差别；

H4.13.1：对于搜索型商品，因服务因素引起的服务失误，零售商补救比制造商补救对已购消费者的结果公平感知影响更高；

H4.13.2：对于搜索型商品，因服务因素引起的服务失误，零售商补救比制造商补救对已购消费者的过程公平感知影响更高；

H4.13.3：对于搜索型商品，因服务因素引起的服务失误，零售商补救比制造商补救对已购消费者的互动公平感知影响更高；

H4.13.4：对于搜索型商品，因服务因素引起的服务失误，零售商补救比制造商补救更能超出已购消费者的期望；

H4.13.5：对于搜索型商品，因服务因素引起的服务失误，零售商补救比制造商补救对已购消费者的持续信任影响更高；

H4.13.6：对于搜索型商品，因服务因素引起的服务失误，零售商补救比制造商补救对已购消费者的满意度影响更高；

H4.13.7：对于搜索型商品，因服务因素引起的服务失误，零售商补救比制造商补救对已购消费者的重复购买意愿影响更高。

（2）体验型商品

H4.14：对于体验型商品，因服务因素形成的服务失误，不同反馈主体进行服务补救的情境对已购消费者感知公平三维度、期望不一致、持续信任、满意度和重复购买意愿的影响有显著差别；

H4.14.1：对于体验型商品，因服务因素形成的服务失误，零售商补救比制造商补救对已购消费者的结果公平感知影响更高；

H4.14.2：对于体验型商品，因服务因素形成的服务失误，零售商补救比制造商补救对已购消费者的过程公平感知影响更高；

H4.14.3：对于体验型商品，因服务因素形成的服务失误，零售商补救比制造商补救对已购消费者的互动公平感知影响更高；

H4.14.4：对于体验型商品，因服务因素形成的服务失误，零售商补救比制造商补救更能超出已购消费者的期望；

H4.14.5：对于体验型商品，因服务因素形成的服务失误，零售商补救比制造商补救对已购消费者的持续信任影响更高；

H4.14.6：对于体验型商品，因服务因素形成的服务失误，零售商补救比制造商补救对已购消费者的满意度影响更高；

H4.14.7：对于体验型商品，因服务因素形成的服务失误，零售商补救比制造商补救对已购消费者的重复购买意愿影响更高。

（二）感知公平与持续信任和满意的关系

消费者在首次进行购物时是基于对商家和商品的初始信任的，当消费者购买商品并遭遇了服务失误后，会产生抱怨并且初始信任的信心会有所动摇，但如果经历了有效的服务补救，则会重新建立信任，这是持续信任。

很多学者都认为服务补救过程中公平感知非常重要，它是服务补救领域重要的理论基础（Tax, Brown and Chandrashekaran, 1998），感知公平理论中比较公认的三维度是结果公平、程序公平和互动公平。结果公平指的是消费者对在服务补救中所得到的补偿结果（经济性补偿或符号性补偿）的公平性感知（Blodgett，1997；Tax、Brown and Chandrashekaran，1998）；程序公平指的是消费者对补救的过程公平性感知，包括响应速度、补救程序灵活性等（McColl-Kennedy 和 Sparks，1998；Blodgett，1997）；互动公平主要指消费者在被补救时与企业方接触的过程中所感受到的礼貌、尊重等感知，包括礼貌、同情心、道歉等（Bies and Moag，1986；McColl-Kennedy and Sparks，2003）。

也有一些学者证明了感知公平和信任之间的关系，Tax（1998）证明了感知公平与信任的正相关关系；Ruyter 和 Wetzels（2000）发现一般情况下，服务补救中的感知公平能提高消费者信任水平；温碧燕等（2004）针对服务性企业进行了研究，发现消费者信任直接或间接会受到感知公平的影响；郑秋莹和范秀成（2007）认为服务补救中的感知公平会正向影响消费者的信任；谢礼珊等（2008）研究发现，消费者对企业服务的公平性感知直接影响消费者信任。

另外感知公平与满意的关系已经被诸多学者证实，有学者研究认为顾客对于服务补救的感知水平受感知公平影响，大约占了85%的解释比例（Tax、Brown and Chandrashekaran，1998）；Severt（2002）在研究中指出，在服务补救中，消费者的公平感知会形成消费者满意并最终影响忠诚；Ha 和 Jang（2009）通过对餐饮业的研究发现，感知公平的三个维度能使经历服务失误的消费者再次满意，并进行正向口碑传播；Kuo 和 Wu（2012）对网络零售业服务补救进行研究发现，结果公平对行为意向有直接影响，行为意向通过满意而受程序公平和互动公平影响；Robertson 等（2012）对消费者满意的不同因素进行了研究，得出消费者感知公平对满意有重要影响，决定消费者对服务补救效果的评价；Hsin（2012）研究证明感知公平与消费者满意呈正相关关系；郑秋莹和范秀成（2007）在对网上零售业服务补救策略的研究中应用了公平理论和期望不一致理论，认为感知公平与消费者满意呈正相关关系；杜建刚和范秀成（2007）通过真实情境录像模拟法研究证实，消费者在遭遇服务失误后会根据受到的服务补救中的公平感知影响情绪，进而对消费者满意和行为产生影响；张杰（2012）通过实证研究认为结果公平和程序公平是服务补救满意的直接前因因素。

因此，经历服务补救的消费者会根据补救过程中消费者的公平感知来影响其对商品或企业的持续信任和满意度，本章提出如下假设：

H4.15.1：不论是搜索型商品还是体验型商品，服务补救中消费者的结果公平感知与其持续信任呈正相关关系；

H4.15.2：不论是搜索型商品还是体验型商品，服务补救中消费者的程序公平感知与其持续信任呈正相关关系；

H4.15.3：不论是搜索型商品还是体验型商品，服务补救中消费者的互动公平感知与其持续信任呈正相关关系；

H4.15.4：不论是搜索型商品还是体验型商品，服务补救中消费者的结果公平感知与其满意度呈正相关关系；

H4.15.5：不论是搜索型商品还是体验型商品，服务补救中消费者的程序公平感知与其满意度呈正相关关系；

H4.15.6：不论是搜索型商品还是体验型商品，服务补救中消费者的互动公平感知与其满意度呈正相关关系。

（三）期望不一致与持续信任和满意的关系

美国学者Oliver在1980年首次提出了期望不一致理论。Boshoff（1999）在研究中运用了期望不一致理论，认为消费者遭遇服务失误后会对企业的服务补救有一个期望，并把这个期望与企业服务补救质量进行比较，从而形成对服务补救的满意程度，并提出了服务补救质量量表（RECOVSAT）。

在服务补救研究领域，很多学者把消费者对企业的服务补救的期望与企业服务补救质量进行比较得到期望差距，用这个期望差距去衡量满意度。McCollough、Brerry和Yadav（2000）以期望不一致理论为基础，构建了服务补救满意理论模型，受到学者的广泛认可，模型提出消费者对服务补救的预期估计与其质量之间的差异为服务补救差距,并认为服务补救质量、消费者预期估计以及两者之间的差距三个变量构成了消费者满意的函数;郑秋莹和范秀成(2007)在针对网上零售业的服务补救策略研究中,把消费者感知的服务补救质量和期望的服务补救之间的差距作为服务补救差距:差距越大说明消费者感知的服务补救质量越差;差距越小说明感知的服务质量越好,因此认为服务补救期望差距与消费者的满意度呈负相关关系,这个属于期望不一致负向影响消费者满意。

但期望不一致也可以正向影响消费者,Churchill 和 Suprenant (1982)对期望不一致如何影响消费者满意进行了阐述,包括三方面的内容:(1) 当消费者感知质量和期望相符时,消费者认为两者相当;(2) 当消费者期望低于感知质量时,消费者感到的不一致是正向的,这时期望不一致是正向影响消费者满意的;(3) 当消费者感知质量不如期望时,消费者感到负向的不一致,这时期望不一致是负向影响消费者满意的。

金立印(2006)在对民航服务业的服务补救情境实验研究中,用题项"航空公司解决问题的程序超过了所期待的程度",然后用李克特(Likert)七点量表来衡量超过期望的程度,1表示"非常不同意",7表示"非常同意",针对这个题项,消费者打分越高表示超过期望的程度越高,消费者越满意;而消费者打分越低表示超过期望的程度越低,消费者越不满意,因此,期望不一致是正向影响消费者满意度的。

本章采用金立印(2006)的研究方法,用服务补救效果是否超出消费者期望来衡量期望不一致,因此,本章提出以下假设:

H4.16.1:不论是搜索型商品还是体验型商品,服务补救中消费者的期望不一致与其持续信任呈正相关关系;

H4.16.2:不论是搜索型商品还是体验型商品,服务补救中消费者的期望不一致与其满意度呈正相关关系。

(四) 持续信任和重复购买意愿的关系

信任是人类社会一切活动的基础，20 世纪 90 年代中期，随着关系营销的不断发展，很多学者对消费者信任和购买意愿的关系进行了研究，Howard 和 Sheth（1969）首次提出品牌信任的概念，把信任作为影响购买意愿的一个重要的因素；Fred Selnes（1993）经研究证明，信任是导致消费者忠诚的重要前因变量，而消费者忠诚包含了重复购买意愿。

对于网络购物，由于其展示商品的特殊性，信任就显得尤为重要，Urban、Sultan 和 Qualls（1999）也指出对于互联网，基于信任的市场是成功的关键。Lee 和 Tuthan（2001）研究发现由于在网络购物环境下，在购买商品之前消费者不能对商品有直接的接触和直观感受，因此消费者的信任成为影响消费者购买意愿的直接条件；而消费者在网站上浏览商品，通过对搜集的信息进行评估，对商品和网站形成的初始信任正向影响消费者的首次在线购买意愿（李琪等，2014）。

还有一些学者研究了信任与重复购买意愿的关系。McKnight 等（2002）通过研究指出，消费者再次购买的意愿受到消费者信任的直接影响；Lloyd 和 Mark（2004）对网络书店和网络航空票务的消费者进行实证研究，研究结果表明在线消费者的信任和消费者忠诚呈正相关关系，消费者忠诚包含重复购买行为意愿；Chen 和 Dhillon（2003）的研究也表明，网络商店可以通过其诚信、能力等引起消费者的信任，并且最终影响消费者对网络商店的忠诚。

如果消费者购买商品后遭遇服务失误，但是经过有效的服务补救再次对商品或网站形成的信任是持续信任，而持续信任能够影响其产生重复购买意愿，因此，本章提出如下假设：

H4.17：不论是搜索型商品还是体验型商品，服务补救中消费者的持续信任与其重复购买意愿呈正相关关系。

(五) 满意度和重复购买意愿的关系

关于消费者满意度与重复购买意愿的关系,有学者认为满意度高的消费者对企业的忠诚度会增加,而忠诚度增加代表消费者重复购买的概率有较大的增加(Reichheld & Sasser,1990);Francken(1993)认为当消费者对某产品或服务感到满意时,会产生重复购买意愿;Westbrook(1980)发现,满意是中介变量影响再购意愿。

Fornell(1992)对28种产业进行了满意度的调查,发现消费者的重复购买意愿受到转移成本等多项因素的影响,但是仍以消费者满意度为最重要的因素。

Hesheet、Sasser和Leonard(1997)在其研究中得出"顾客满意度的高低会影响顾客对于企业的忠诚度",他们对服务业进行了研究,认为在竞争激烈的服务业中,如果企业服务不能令消费者满意的话,消费者可能会散布负面评论,相反,如果消费者对企业提供的服务感到满意,反而会成为企业的忠诚支持者,并进行重复购买活动。

Besty、Sijun和Janet(2005)认为在服务补救过程中满意度扮演了重要角色,它会影响消费者后续的态度和行为。

从前人的研究成果来看,满意度是引起消费者重复购买意愿的重要因素。因此,本章提出如下假设:

H4.18:不论是搜索型商品还是体验型商品,服务补救中消费者的持续信任与其重复购买意愿呈正相关关系。

第四节 本章小结

在这一章中,首先,依据感知公平理论、期望不一致理论、感知风险理论和TAM模型,并结合本书研究内容构建了本书研究的理论模型。理论模型主要针对两类人群设计——潜在消费者和已购消费者,分别构建了不同反馈主体的服务补救情境对这两类消费者的购买意愿的影响模型,弥补了现有服务补救研究领域的不足,对服务补救研究领域理论做了扩展和补充。

其次,根据理论模型和已有研究文献提出相关关系假设,以待第五章、第六章对其进行实证研究。

最后,根据服务补救领域的已有研究,确定本书的研究方法为情境模拟实验法,并通过预实验确定了本书的搜索型和体验型研究对象分别为手机和羽绒服。

后续的第五章、第六章将采用情境模拟实验法分别对上述理论模型和相关假设进行实证检验。

第五章 不同反馈主体服务补救情境对潜在消费者购买意愿的影响：实证检验

本章主要研究不同反馈主体服务补救对潜在消费者的影响，主要进行了实验情境的设计，根据相关文献制定了测量变量的相关题项量表，并通过实验收集了相关数据，对题项数据分别进行了信度检验和效度检验，利用相关分析方法对假设进行了验证，并阐述了分析的过程和结果。最后，对结果进行了分析和解释。

第一节 实验设计与实施

一 实验设计

Park 等（2008）对网络口碑数量进行了研究，发现过多的口碑数量会增加消费者处理信息的难度，影响消费者决策，而负面评论会对潜在消费者制定购买决策造成较大影响（Chatterjee & Patrali, 2001）。本书是基于负面评论研究的，在实验材料中要提供负面评论，负面评论条数太少不足以全面反映问题，条数过多会增加被试者的阅读负担并对其决策产生干扰，并影响被试者对信息的反应能力，最终使得决策的效果减弱。因此，通过焦点小组头脑风暴，并结合他人研究（Smith & Bolton，2002；Dodds W. B.，Monroe K. B. & Grewal D.，1991；陆海霞、吴小丁和苏立勋，2014；李琪、马凯和阮燕，2014；张圣亮和高欢，2011；侯如靖、张初兵和易牧农，2014）的具体情况，本章确定三条带有反馈的负面评论为每个实验组的评论数目。

通过对国内某知名 B2C 网站上某手机和某羽绒服的负面评论进行内容分析，发现关于手机产品问题的负面评论主要集中在安装软件、运行速度和出厂质量等方面，而关于羽绒服的产品问题主要集中在羽绒含量、毛领质量和衣服真伪等方面；对于服务方面的失误主要集中在配送、订单失误等方面，因此在服务失误方面本章把手机和羽绒服的实验素材设计成相同的。本章选择了三条最具代表性的负面评论作为实验素材。对于对负面评论的补救（反馈），已有研究表明，道歉、归因、解释、补偿等方式结合效果最好（Jeffrey G. Blodgett，Donna J. Hill & Stephen S. Tax，1997；Smith，Bolton & Wagner，1999；Mccoll-Kennedy & Sparks，2003；Tax，Brown & Chandrashekaran，1998；宋亦平和王晓艳，2005；闫俊、胡少龙和常亚平，2013；马双、王永贵和张璟，2011；侯如靖、张初兵和易牧农，2012），因为本章主要研究不同的反馈主体对负面评论进行反馈时对消费者的影响差异，因此，在对负面评论进行反馈的设计中，本书依据已有研究中的最佳反馈所包含的要素，并结合网站原有的不同反馈主体的反馈信息，分别设计了不同反馈主体针对负面评论进行反馈的内容作为实验素材。以针对产品因素产生的服务失误，制造商进行补救的情境为例，设计实验素材中的负面评论及制造商反馈如下所示。

1. 垃圾软件一大堆……系统更新3次还要更新……什么是什么啊……我买东西可是第一次给差评啊！

厂家产品经理回复：您好，非常抱歉给您添麻烦了，内置软件大部分可以删除，请您在应用页面长按屏幕后，点击"×"图标进行卸载；另外，打开设置，点击应用，然后点击全部应用，然后点击系统更新，选择强行停止，只要不再重新开机就不会弹出系统更新了。如果您的手机在使用中有任何问题，欢迎您联系我们客服人员，我们会第一时间为您处理。感谢您对我们产品的支持！

2. 买了几台手机就这次买到次品，天天死机，卡屏。

厂家产品经理回复：尊敬的用户您好，非常抱歉给您添麻烦了，您可以通过以下方式排除：（1）确认是否在特定的环境才会出现死机，如果使用某个第三方软件出现这个问题，可能是软件运行错误导致，建议将其卸载后安装其他版本尝试。（2）如偶尔死机是正常现象，安卓系统在长时间运行的情况下可能会出现该现象。（3）手机系统是否为最新版本，可备份资料将手机系统升级至最新版本后观察使用。若仍出现此问题，可联系我们的客服人员协助处理。感谢您对我们产品的支持！

3. 手机超级轻，送来之后不能开机，晃一下，里边的配件都摔的哗哗响，超级烂！

厂家产品经理回复：尊敬的客户您好，新手机尚未安装电池，电池在手机包装盒夹层内，您摇晃手机响动是电池安装位置的干燥剂，您打开手机后盖取掉干燥剂安装电池即可。如果您的手机在使用中有任何问题，欢迎您联系我们客服人员，我们会第一时间为您处理，感谢您对我们产品的支持！

在实验的基础情境设计方面，为了避免产品品牌因素对被试者感知和决策的影响，本章在进行实验时刻意隐去了产品的品牌，同时为了避免手机和羽绒服两类产品的价格偏差所带来的对被试者决策的影响,本章把两类产品的价格都设定为 800 元,并对潜在消费者对商品的基础期望有一定描述,以避免不同被试者对商品的不同期望而造成的感知和决策影响。根据态度功能论,在基础情境描述中描绘了潜在消费者对商品的款式、性能和价格方面都是满意的,以增强被试者对商品的积极情绪,然后经过对网站评论数据的统计,如实描述了评论的好评和差评之比约为 40∶1,让被试者了解好评与差评的比例分布情况,如下所示。

请您仔细阅读下面情境描述,假设这是您的亲身经历,请您根据自己的感受回答各项问题。

设想您打算网购一件价格在 800 元左右的手机,您对商品的要求是能满足打电话、发短信、上网等基本要求的简单智能手机,您通过查找,最后决定在一个您之前买过类似产品的 B2C 网站上购买其自营产品,在比较几款商品的款式、性能和价格之后,发现其中一款商品满足您所有的期望。在决定下单之前,您查看了该商品的在线评论,发现好评和差评之比约为 40∶1。请您认真阅读以下 3 条差评以及厂家代表的回复,并回答后面的问题。

二 测量工具

实验所用测量量表均经过如下步骤:(1) 对国内外相关文献进行查阅,整理出相关量表题项,并根据本章背景进行适当调整。(2) 邀请两名博士研究生对题项进行翻译,并进行综合以减少翻译表述上的误差。(3) 邀请 30 名有过网购经验的消费者对测量量表进行阅读,以确定题项在合理性和表述上的正确性,并根据意见对题项进行调整。(4) 邀请电子商务专业专家对题项进行筛选。(5) 经过90人次的预测试，进行量表的信度分析，并对题项进行了修改，最终形成测量工具。

侯杰泰 (2002) 指出一般情况下单个题项只能度量狭窄的概念，因而在测量复杂的组织现象时通常需要设计多个题项，并且在变量的测量题项之间具有一致性的情况下，多个测量题项比单个题项更能提高信度 (Churchill, 1979)。因此，以下变量的测量均采取了多题项的方式。

(一) 感知有用性与感知易用性

Davis (1985) 最先在其博士论文中开发了感知有用性和易用性量表。Vijayasarady (2004) 在其论文中把TAM模型应用在网络购物中，本书关于感知有用性和感知易用性量表的测量题项主要来自这两篇文献，并根据本书的研究背景进行了调整，量表采纳的题项如表5-1所示。

表5-1　　　　　　　感知有用性、感知易用性测量

变量	题项	来源文献
感知有用性	厂家/网站的反馈能让我获得更多关于产品或服务的信息	Davis (1989), Vijayasarady (2004)
	厂家/网站的反馈能让我知道出现问题时该如何去做	
	厂家/网站的反馈能帮助我更快地制定购买决策	
	厂家/网站的反馈能使我更容易地制定购买决策	
感知易用性	对我来说，能掌握厂家/网站提出的解决问题的方法	
	对我来说，按照厂家/网站的反馈去处理问题是容易的	
	厂家/网站的处理方法是难操作的	

注：感知易用性变量第四题项是反向题项，用以测量被试者回答是否真实。

(二) 感知风险

已有理论和文献对感知风险的维度研究已经比较成熟。Cunningham (1967) 认为当消费者感觉商品可能达不到其购买目标时就会感知风险，感知风险维度主要包括社会后果、经济损失、时间风险和产品质量风险；Valla (1982) 指出，消费者感知风险主要包括五个类别，分别是技术风险、经济风险、物流风险、服务风险和供应商风险；Mitchell (1998) 建立了双组分模型，在感知风险方面主要包括了经济损失、健康损失、时间损失和社会心理损失四个维度。本章根据以上文献并结合研究背景，设计了感知风险测量量表，如表5-2所示。

表5-2　　　　　　　　　　感知风险测量

变量	题项	来源文献
感知风险	我觉得产品的性能、服务等方面存在风险	Cunningham (1967)；Valla (1982)；Mitchell (1998)
	我感觉商品的质量、服务等方面的问题会造成经济损失	
	产品的售后服务不够完善，在产品维修、退换货方面会浪费时间	

(三) 初始信任

根据第二章对信任的文献回顾，本章也采用 McAllister (1995) 及 Kanawattanachai 和 Yoo (2002) 对信任的测量题项，考虑认知信任和情感信任这两个方面。

本章在设计初始信任测量量表时借鉴了这两篇文献并结合研究背景，采纳了如下测量题项，如表5-3所示。

表5-3　　　　　　　　　　初始信任测量

变量	题项	来源文献
认知信任	我选择的这个网店的产品是值得信赖的	McAllister（1995）；Kanawattanachai 和 Yoo（2002）
	我信任该产品的售后服务	
	我相信网店的产品和服务质量	
情感信任	我喜欢这个网店的产品	
	购买该网店的产品让我放心	
	我很关注该网店的新产品	

（四）产品态度

产品态度主要参考了由 Herr, P. M.、Kardes F. R. 和 Kim J.（1991）编制并且被研究者经常采用的量表，如表5-4所示。

表5-4　　　　　　　　　　产品态度测量

变量	题项	来源文献
产品态度	我觉得这款手机很好	Herr, P. M.、Kardes F. R. 和 Kim J.（1991）
	我喜欢这款手机	
	我希望拥有这款手机	

（五）首次购买意愿

首次购买意愿量表主要参考了 Dodds（1991）编制的购买意愿量表，并结合研究背景，对题项进行了适当修改，如表5-5所示。

表5-5　　　　　　　　　　首次购买意愿测量

变量	题项	来源文献
首次购买意愿	如果要购买该产品，我有可能会考虑在该网店购买	Dodds（1991）
	我将来有可能会购买该网店的产品	
	如果我需要购买相关产品，我愿意在该网店购买	

为了便于分析，把所有变量所包含的题项进行了重命名，变量及

其所包含题项表示如表 5-6 所示。

表 5-6　　　　　　　　　变量题项命名

变量名称	题项
感知有用性	PU1
	PU2
	PU3
	PU4
感知易用性	PEOU1
	PEOU2
	PEOU3
感知风险	RISK1
	RISK2
	RISK3
初始信任	TRUST1
	TRUST2
	TRUST3
	TRUST4
	TRUST5
	TRUST6
产品态度	ATTITUDE1
	ATTITUDE2
	ATTITUDE3
首次购买意愿	FBI1
	FBI2
	FBI3

所有测量全部采用李克特七点量表法，即 1 代表完全不同意；2 代表比较不同意；3 代表有些不同意；4 代表不确定；5 代表有些同意；6 代表比较同意；7 代表完全同意。测量量表编制完成后，随机选了 82 名大学生进行了预测试，预测试主要检验了量表的信度，即测量

量表的稳定性，预测试结果测量量表信度良好，表示所编制的测量量表稳定性良好。

三 数据获取与样本概况

本章选择在校的本科生、硕士及博士研究生作为实验的被试者，因为情境模拟实验要求被试者阅读情境描述素材，要求被试者有一定的阅读与理解能力，高校的大学生这方面能力较强，能够较好地把自己设想到所描述的情境中，可以获得较真实的数据。另外，情境模拟实验要求被试者体验或经历过所实验的情境（Resnik & Harmon，1983），《2013年中国网络购物市场研究报告》指出，年龄在20—29岁的用户人群是网络购物市场的主力军，占比高达56.4%；淘宝网2011年对其9800多万注册用户的分析显示，18—24岁用户占35%，25—30岁用户占48%；大学本科及以上学历的用户占59.5%，而这一比例逐年增加（淘宝网，2012），因此，本书选择的被试者在网购经验与经历上符合情境模拟实验要求。另外，选择在校学生作为被试者样本，也具有较高的同质性，可以在一定程度上避免样本选择偏差（Webster & Sundaram，1998），因此，在服务补救研究领域很多研究者以在校学生作为情境模拟实验的研究样本（Smith & Bolton，2002；Bougie、Pieters & Zeelenberg，2003；Ha & Jang，2009；Schoefer & Ennew，2005；杜建刚和范秀成，2007；侯如靖、张初兵和易牧农，2012；张圣亮和高欢，2011；张初兵、侯如靖和易牧农，2014）。

进行正式实验时，由研究协助人员利用学生课间休息时间到教室进行讲解，先向学生介绍了实验目的及实验背景，目的在于引导学生进入所设情境中，把自己想象成情境中的购物者，调动其感受和情绪，然后让学生带着这种情绪回答测试题项。为避免不同情境的交叉影响，保证每一名被试者只参加一种情境实验。本实验历经一个月时间，在上海、河北、黑龙江等多所高校共发放了1000份问卷,回收有效问卷815份,剔除无效问卷127份,得到有效问卷688份,数据描述性统计信息见表5-7。

表5-7　　　　　　　数据描述性统计　　　　　　单位:%

统计项目	分类项目	比例
性别	男	36
	女	64
年龄	20岁以下	13.4
	20—25岁	77.5
	26—30岁	2.5
	31—35岁	2.5
	36岁及以上	4.1
受教育程度	本科	83.3
	硕士	4.5
	博士	2.5
	其他	9.7
所在地域	河北	16.1
	上海	75.4
	黑龙江	8.5
网购次数	1—5次	3.7
	6—10次	19
	11—20次	18
	21次及以上	59.3
每月购物金额	0—200元	25
	201—500元	38.8
	501—1000元	21.8
	1001元及以上	14.1

注:因四舍五入,合计数可能不等于100%。

第二节 探索性因子分析

将理论模型与样本数据进行拟合之前,需要对量表的测量题目过滤,采用探索性因子分析(Exploratory Factor Analysis,简称 EFA)可以确保各个变量下的题目测量的单维度性,EFA 还可以对测量工具的建构效度进行检验。

另外,Kaiser、Meyer 和 Olkin 提出抽样适合性检验(Measure of Sampling Adequacy),该检验用来判别题项间是否适合进行因素分析。KMO(Kaiser-Meyer-Olkin)值对于判断数据是否适合因子分析的决策标准:0.90 以上为"极佳的",0.80—0.90 为"有价值的",0.70—0.80 为"中度的",0.60—0.70 为"不好不坏的",0.50—0.60 为"不太合适的",0.50 以下为"无法接受的"。

用 SPSS 22.0 软件对量表中 22 个题项变量进行 KMO 和 Bartlett's 球形检验,结果如表 5-8 所示,KMO 值为 0.942,表明题项变量间的关系是极佳的,Bartlett's 球形检验的显著性水平为 0.000,达到显著水平,均表明本样本数据适合进行因子分析。

表 5-8　　　　　　KMO 和 Bartlett's 球形检验

	KMO 值	0.942
Bartlett's 球形检验	近似卡方分布	11933.629
	自由度	231
	显著性	0.000

对样本数据进行 EFA 的可行性进行验证之前,采用主成分分析法提取公因子。进行主成分因子分析时,如果测量同一变量的题项均落在同一个主成分因子上,当不同变量下的题项之间不具有高度相关性(因素负荷量小于 0.5)时,则表明量表具有建构效度。由于在编制量

表时，已将题项归类为数个明确的因素，因而在进行 EFA 之前，可以设定所欲抽取共同因素的数目（吴明隆，2010）。因此，在 SPSS 22.0 中把要提取的因子数设定为 6 个，并选择最大方差旋转方法（Varimax），因子负载截点设为 0.5。EFA 结果如表 5-9 所示，从表 5-9 可以看出，变量组共提取了 6 个主成分，测量"感知有用性"的 3 个题项 PU1-PU4 落在因子 1 上，旋转后的因子负载分别为 0.731、0.726、0.849 和 0.843；测量"初始信任"的 6 个题项 TRUST1-TRUST6 落在因子 2 上，因子负载分别为 0.689、0.748、0.737、0.681、0.718 和 0.547；测量"产品态度"的三个题项 ATTITUDE1-ATTITUDE3 落在因子 3 上，因子负载分别为 0.776、0.829 和 0.812；测量"感知风险"的 3 个题项 RISK1-RISK3 落在因子 4 上，因子负载分别为 0.860、0.890 和 0.873；测量"首次购买意愿"的 3 个题项 FBI1-FBI3 落在因子 5 上，因子负载分别为 0.736、0.744 和 0.784；测量"感知易用性"的 3 个题项 PEOU1-PEOU3 落在因子 6 上，因子负载分别为 0.635、0.684 和 0.840。6 个因子的累积解释方差为 78.781%，说明提取出来的 6 个主成分指标对原 22 个指标具有很好的解释能力。综述可知，此测量量表具有较好的建构效度。

表 5-9　　　　　　　　　变量旋转成分矩阵

变量	题项	成分					
		1	2	3	4	5	6
感知有用性	PU1	0.731					
	PU2	0.726					
	PU3	0.849					
	PU4	0.843					
感知易用性	PEOU1						0.635
	PEOU2						0.684
	PEOU3						0.840

续表

变量	题项	成分					
		1	2	3	4	5	6
感知风险	RISK1				0.860		
	RISK2				0.890		
	RISK3				0.873		
初始信任	TRUST1		0.689				
	TRUST2		0.748				
	TRUST3		0.737				
	TRUST4		0.681				
	TRUST5		0.718				
	TRUST6		0.547				
产品态度	ATTITUDE1			0.776			
	ATTITUDE2			0.829			
	ATTITUDE3			0.812			
首次购买意愿	FBI1					0.736	
	FBI2					0.744	
	FBI3					0.784	
累积解释方差（%）		17.997	35.422	49.286	60.427	71.387	78.781

提取方法：主成分分析法。
旋转法：具有 Kaiser 标准化的正交旋转法。

注：①转轴收敛于6个迭代。②因子负载小于0.5的剔除，不在本表显示。

第三节 信度分析

探索性因子分析完成后，要继续进行量表各层面和总量表的信度检验。所谓信度就是指测量工具的稳定性和一致性，用来评估测量工具能否稳定可靠地测量对象。通常情况下，信度可分为复本信度、重测信度、内在一致性信度。复本信度和重测信度都涉及对同一调研对象的两次问卷调查，由于客观条件的限制，本书无法重复实施两次调查,因此主要采用内部一致性信度。

本章信度的检验主要采纳两个指标 Cronbach's α 系数以及项目—总体相关系数（Corrected Item-Total Correlation，CITC）。Cronbach's α 值常用作测试内部一致性信度的标准（荣泰生，2010）。α 系数的计算公式为：

$$\alpha = \frac{K}{K-1}\left(1 - \frac{\sum S_i^2}{S^2}\right) \qquad (5-1)$$

其中，K 为量表所包括的总题数；S_i^2 为量表题项的方差总和；S^2 为量表题项加总后方差。

信度评判标准如下（Gilford，1954）：α 系数值大于 0.70 时，属于高信度；α 系数值介于 0.35 和 0.70 之间时，属于一般信度；α 系数值小于 0.35 时则为低信度。

Churchill（1979）则指出，CITC（即同一变量下，每一题项与其他所有题项之和的相关系数）应该大于 0.5。Nunnally 和 Bernstein（1994）指出，CITC 应该大于 0.35，而测量变量 Cronbach's α 系数应该大于 0.7。因此，本书采用 CITC 大于 0.50，α 系数大于 0.70 的标准来判别量表的信度。

利用 SPSS 22.0 的"可靠性检验"得出各变量的 Cronbach's α 系数值和各题项的 CITC 值，从表 5-10 可以看出，所有变量下的题项的 CITC 值均大于 0.60，而且所有变量的基于标准化项的 Cronbach's α 系数均大于 0.80，量表具有较高信度，总体基于标准化项的 Cronbach's α 系数值更是达到了 0.921，说明总体测量量表所有题项具有非常好的信度。

表 5-10　信度检验

变量	题项	CITC	基于标准化项的 Cronbach's α	基于标准化项的 Cronbach's α
感知有用性	PU1	0.737	0.885	
	PU2	0.737		
	PU3	0.761		
	PU4	0.765		
感知易用性	PEOU1	0.604	0.838	
	PEOU2	0.796		
	PEOU3	0.712		
感知风险	RISK1	0.728	0.862	
	RISK2	0.760		
	RISK3	0.734		
初始信任	TRUST1	0.753	0.932	0.921
	TRUST2	0.824		
	TRUST3	0.828		
	TRUST4	0.833		
	TRUST5	0.849		
	TRUST6	0.723		
产品态度	ATTITUDE1	0.828	0.924	
	ATTITUDE2	0.851		
	ATTITUDE3	0.857		
首次购买意愿	FBI1	0.760	0.875	
	FBI2	0.791		
	FBI3	0.731		

第四节　验证性因子分析

上一节样本数据的 EFA 结果显示，量表具有良好的建构效度。本节将应用结构方程建模软件 AMOS 22.0，采用极大似然估计法对数据进行验证性因子分析（Confirmatory Factor Analysis，简称 CFA），以进一步检验测量模型的拟合度、收敛效度和区别效度。

CFA 属于结构方程模型的一种次模型，主要探究的是量表的因素结构模型是否与实际搜集的数据契合，指标变量是否可以有效作为因素构念（潜在变量）的测量变量，与 EFA 相比，CFA 偏重于检验假定的观察变量与假定的潜在变量间的关系（吴明隆，2014）。一般而言，CFA 是进行结构方程模型分析的一个前置步骤或基础测量部分，不仅是模型检验和路径分析的基础，而且可以独立进行信度、效度检验（Bentler，1989）。

一　拟合度检验

理论模型与样本数据之间的拟合效果主要由拟合优度指标来判断，拟合优度指标一般分为三类：绝对拟合度指标、增值拟合度指标和精简拟合度指标。由于精简拟合度指标一般用于判断多个模型之间的优劣，因此对于单个模型的拟合评价只参考绝对拟合度指标和增值拟合度指标。绝对拟合度指标是将理论模型与饱和模型比较得到的统计量。饱和模型是最适合样本数据的模型。常用的拟合指标有卡方值、CMIN/DF（卡方值/自由度）、RMSEA（近似误差均方根）等。一般认为 CMIN/DF 用来评估模型拟合度，该比值建议小于3。RMR 为残差均方和平方根，RMR 值越小越好，越小的 RMR 值表示模型的拟合度越佳，一般而言，其值在 0.05 以下是可接受的适配模型。RMSEA 指标比较的是理论模型与饱和模型的差距程度，数值越小代表模型拟合度越理想，Hu 和 Bentler（1999）建议拟合良好的理论模型的 RMSEA 应小于 0.08。增值拟合度指标就是通过将理论模型和独立模型比较得到的统计量。结构方程理论模型的拟合度总是介于拟合最不好的模型（独立模型）和拟合最好的模型（饱和模型）之间。常用的指标有：TLI（Tucker-Lewis 指标）、CFI（比较适合度指标)、IFI（增量适合度指标）、AGFI（调整适合优度）等，一般认为好的模型 TLI、IFI、CFI 都应小于 0.90，而 AGFI 应大于 0.8。

用 AMOS 22.0 软件对模型变量进行拟合，结果如图 5-1 和表 5-11 所示，本模型的 CMIN/DF 为 2.440，达到小于 3 的标准；CFI、IFI、AGFI 都超过建议标准；RMSEA 为 0.046，小于建议的 0.08。综上可知，此测量模型与样本数据的总体拟合度很好。

表 5-11　　　　　　　　　验证性因子分析指数

	CMIN/DF	RMSEA	CFI	IFI	TLI	AGFI
标准	<3	<0.08	>0.9	>0.9	>0.9	>0.8
实际值	2.440	0.046	0.940	0.977	0.972	0.922

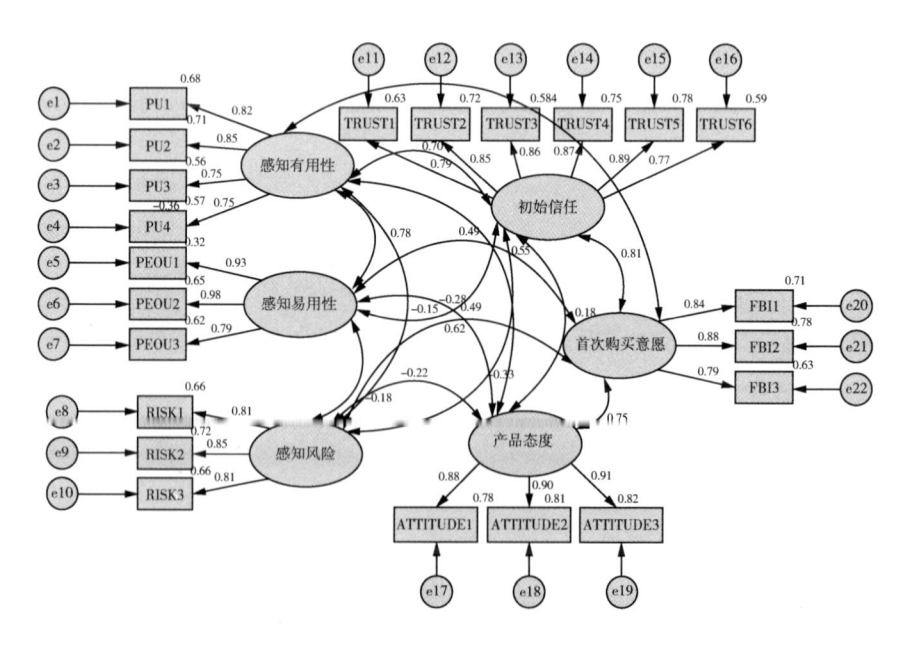

图 5-1　测量模型验证性因子分析结果

二 效度检验

效度是指量表能够真实正确地衡量所测对象,效度就是准确性,效度越高意味着测量结果越能显示所测对象的真正特性。通常来说,效度包括三种类型:内容效度、校标关联效度和建构效度,但在实证研究中,针对内容效度和建构效度的研究较多。

(一) 内容效度

内容效度验证量表是否测量了应该测量的内容。本书中的量表开发过程参阅了大量国内外相关研究文献中的成熟量表,同时请教相关领域的专家和博士研究生加以评议和修订,并考虑了具体情况以及调查对象的语言使用习惯。然后,在量表初稿设计完成之后,经过90人次的实验预测试,又对题项及其表述进行了修改与补充,因此,本书研究量表具有较高的内容效度。

(二) 建构效度

建构效度指能够测量出理论的特质或概念的程度,亦即实际的测验分数能解释多少某一心理特质,建构是用来解释个体行为的假设性的理论架构心理特质,因而建构效度也就是能够测量到理论建构心理特质的程度(吴明隆,2010)。本章第一节通过探索性因子分析,已表明量表具有良好的建构效度。此外,建构效度也有两个次类型:收敛效度和区别效度。收敛效度用于测量同一变量下的多个题目之间的关联,表明测量同一变量的题目确实是在测量该变量。区别效度,与收敛效度相反,是指一个测量值与其他应该有所不同的构念之间不相关联的程度,包括证明不同构念之间缺乏相互关联性。

1. 收敛效度

Fornell 和 Larcker (1981) 建议,良好的收敛效度应满足以下三个条件:变量的各测量题目的标准化因素负荷值 (Factor Loading) 都大于 0.5 且达到显著水平；所有变量的复合信度（CR）大于 0.6；变量测量题目的 AVE 大于 0.5，即变量的各个题目至少平均解释了此变量含义的 50%，本章量表的收敛效度分析结果如表 5-12 所示，从表 5-12 中可以得出，因素负荷值都大于 0.7，CR 都大于 0.8 并且 AVE 都大于 0.6，由此可知，本书量表具有良好的收敛效度。

表 5-12　　　　　　　　　收敛效度分析结果

变量	题项	因素负荷值	CR	AVE
感知有用性	PU1	0.823	0.872	0.630
	PU2	0.846		
	PU3	0.748		
	PU4	0.754		
感知易用性	PEOU1	0.932	0.928	0.813
	PEOU2	0.975		
	PEOU3	0.787		
感知风险	RISK1	0.811	0.864	0.679
	RISK2	0.848		
	RISK3	0.813		
初始信任	TRUST1	0.791	0.934	0.702
	TRUST2	0.849		
	TRUST3	0.863		
	TRUST4	0.866		
	TRUST5	0.885		
	TRUST6	0.767		
产品态度	ATTITUDE1	0.884	0.924	0.803
	ATTITUDE2	0.897		
	ATTITUDE3	0.907		
首次购买意愿	FBI1	0.842	0.878	0.705
	FBI2	0.882		
	FBI3	0.793		

2. 区别效度

在区别效度方面，各变量 AVE 值的平方根均大于它与其他变量之间的相关系数，则表明该变量相对量表中其他变量具有良好的区别效度（Anderson & Gerbing，1988）。具体结果见表 5 – 13，从表中可以看出，区别效度的标准均得到了满足，即测量工具有良好的区别效度。

表 5 – 13　　　　　变量之间的区别效度分析结果

变量	感知有用性	感知易用性	感知风险	初始信任	产品态度	首次购买意愿
感知有用性	0.793					
感知易用性	0.780	0.902				
感知风险	-0.148	-0.176	0.824			
初始信任	0.696	0.619	-0.334	0.838		
产品态度	0.547	0.490	-0.217	0.787	0.896	
首次购买意愿	0.580	0.486	-0.232	0.808	0.746	0.840

第五节　数据分析与假设检验

一　主效应检验

这一节将对第四章中提出的假设进行检验，为了便于分析，本书把五种服务补救情境分别进行了编号，产品问题厂家反馈情境为 1；产品问题网站反馈情境为 2；产品问题厂家与网站共同反馈为 3；服务问题厂家反馈为 4；服务问题网站反馈为 5。

在问卷调查分析中，常用的平均数差异检验为独立样本 t 检验及单因子方差分析（one-way ANOVA）。独立样本 t 检验统计法适用于两个平均数的差异检验，其适用于自变量为二分间断型变量（两个群体类别)、因变量为连续变量的差异检验;而单因子方差分析则适用于三个以上群体间平均数的差异检验。

(一) 搜索型商品检验

1. 产品因素

对于手机产品问题的反馈主要有三种情境,因此本书采用单因素方差分析 ANOVA 进行验证。在进行 ANOVA 检验之前,需对样本数据进行方差同质性检验,方差同质性检验结果如表 5-14 所示:

表 5-14　　　　手机产品因素方差同质性检验结果

	F 值	分子自由度	分母自由度	显著性
感知有用性	1.434	2	241	0.240
感知易用性	0.497	2	241	0.609
感知风险	4.144	2	241	0.017
初始信任	0.590	2	241	0.555
产品态度	0.403	2	241	0.669
首次购买意愿	0.007	2	241	0.993

从表 5-14 的手机产品因素方差同质性检验结果中,可以看出就"感知有用性"检验变量而言,Levene 统计量的 F 值等于 1.434,$p = 0.240 > 0.05$;就"感知易用性"检验变量而言,Levene 统计量的 F 值等于 0.497,$p = 0.609 > 0.05$;就"初始信任"检验变量而言,Levene 统计量的 F 值等于 0.590,$p = 0.555 > 0.05$;就"产品态度"检验变量而言,Levene 统计量的 F 值等于 0.403,$p = 0.669 > 0.05$;就"首次购买意愿"检验变量而言,Levene 统计量的 F 值等于 0.007,$p = 0.993 > 0.05$,这五个检验变量均未达到 0.05 的显著水平,表明这五组样本的方差差异均未达显著,亦即均未违反方差同质性假定,方差具有同质性。而对"感知风险"检验变量来说,Levene 统计量的 F 值等于 4.144,$p = 0.017 < 0.05$,达到 0.05 显著水平,表明该群体样

本的方差不具有同质性。

接下来，进行 ANOVA 检验，检验结果如表 5-15 所示：

表 5-15　　　　　　　手机产品因素 ANOVA 检验结果

		平方和	自由度	平均平方和	F 值	显著性
感知有用性	组间 组内 总和	16.009 346.444 362.453	2 241 243	8.004 1.438	5.568	0.004
感知易用性	组间 组内 总和	15.679 432.672 448.351	2 241 243	7.840 1.795	4.367	0.014
感知风险	组间 组内 总和	56.765 475.800 532.565	2 241 243	28.382 1.974	14.376	0.000
初始信任	组间 组内 总和	33.306 323.948 357.254	2 241 243	16.653 1.344	12.389	0.000
产品态度	组间 组内 总和	58.643 416.822 475.466	2 241 243	29.322 1.730	16.953	0.000
首次购买 意愿	组间 组内 总和	54.564 422.845 477.410	2 241 243	27.282 1.755	15.549	0.000

从上述方差分析摘要表中可得，就"感知有用性""感知易用性""感知风险""初始信任""产品态度"和"首次购买意愿"六个变量而言，整体检验的 F 值分别为 5.568（$p=0.004<0.05$）、4.367（$p=0.014<0.05$）、14.376（$p=0.000<0.05$）、12.389（$p=0.000<0.05$）、16.953（$p=0.000<0.05$）、15.549（$p=0.000<0.05$），均达到显著水平，表示补救情境对这六个变量的主效应都是显著的，也就是说在不同的补救情境下，以上六个变量表现出了明显的差异性，假设 H4.1 得到验证。

但还不能据此得到在不同情境下的比较，如若要知道不同补救情境下的详细差别,还需要进行进一步的事后比较来证实。SPSS 22.0 提供了多种事后比较方法,由于在方差同质性检验中,感知有用性、感知易用性、初始信任、产品态度和首次购买意愿变量的样本方差具有同质性,并且各补救情境间的样本数目不同,因此事后检验方法选择 LSD 法;由于感知风险三组样本的方差不符合同质性的假定,因而在事后比较中,本书选择了 SPSS 22.0 提供的四种方差异质的事后检验方法中最常用的 Dunnett's T3 检验法,而不用进行数据的转换(吴明隆,2010)。检验结果分别如表 5-16 和表 5-17 所示。

表 5-16 手机产品因素 LSD 检验结果

因变量	(I) 服务补救情境	(J) 服务补救情境	平均差异 (I-J)	标准误	显著性	95% 的置信区间	
						下界	上界
感知有用性	1	2	0.52458*	0.226	0.010	0.1281	0.9210
		3	-0.10144	0.17844	0.570	-0.4529	0.201
	2	1	-0.52458*	0.20126	0.010	-0.9210	-0.1281
		3	-0.62602*	0.19418	0.01	-1.0085	-0.2435
	3	1	0.10144	0.17844	0.570	-0.2501	0.4529
		2	0.62602*	0.19418	0.001	0.2435	1.085
感知易用性	1	2	0.55622*	0.22492	0.014	0.1132	0.993
		3	-0.04479	0.19941	0.822	-0.4376	0.3480
	2	1	-0.55622*	22492	0.014	0.9993	-0.1132
		3	-0.60101*	0.2171	0.006	-1.0285	-0.1735
	3	1	0.04479	0.19941	0.822	-0.3480	0.4376
		2	0.60101*	0.21701	0.6	0.1735	1.0285
初始信任	1	2	0.53391*	0.19462	0.007	0.1505	0.9173
		3	-0.39954*	0.7255	0.021	-0.7394	-0.0596
	2	1	-0.53391*	0.19462	0.007	-0.913	-0.1505
		3	-0.93345*	0.18777	0.000	-1.3033	0.636
	3	1	0.39954*	0.17255	0.021	0.0596	0.7394
		2	0.93345*	0.18777	0.000	0.5636	1.3033

续表

因变量	(I) 服务补救情境	(J) 服务补救情境	平均差异 (I-J)	标准误	显著性	95%的置信区间	
						下界	上界
产品态度	1	2	0.63797*	0.22076	0.004	0.2031	1.0728
		3	-0.59397*	0.19572	0.003	-0.975	-0.2084
	2	1	-0.63797*	0.22076	0.004	-1.0728	-0.2031
		3	-1.23194*	21299	0.000	-1.6515	-0.8124
	3	1	0.59397*	0.19572	0.003	0.208	0.9795
		2	1.23194*	0.21299	0.000	0.8124	1.6515
首次购买意愿	1	2	0.70955*	0.22235	0.002	0.2716	1.475
		3	-0.48639*	0.19713	0.014	-0.8747	-0.0981
	2	1	-0.70955*	0.22235	0.002	-1.1475	-0.2716
		3	-1.19594*	21453	0.000	-1.6185	-0.7734
	3	1	0.48639*	0.193	0.04	0.0981	0.8747
		2	1.19594*	0.21453	0.000	0.7734	1.6185

注：*平均差异在0.05水平下是显著的。

表5-17　　　　　　　　手机产品因素Dunnett's T3检验结果

(I) 服务补救情境	(J) 服务补救情境	平均差异 (I-J)	标准误	显著性	95%的置信区间	
					下界	上界
1	2	-0.53770*	0.23586	0.023	-1.0023	-0.0731
	3	0.65916*	0.20911	0.002	0.2472	1.0711
2	1	0.53770*	0.23586	0.023	0.0731	1.0023
	3	1.19686*	0.22756	0.000	0.7486	1.6451
1	1	-0.65916*	0.20911	0.002	-1.0711	-0.2472
	2	-1.19686*	0.22756	0.000	-1.6451	-0.7486

注：*平均差异在0.05水平下是显著的。

从表5-16可以看出，对于感知有用性变量，补救情境1和2之间差异显著（p=0.010<0.05）且平均差异为0.52458，补救情境1和3之间差异不显著（p=0.570>0.05），补救情境2和3之间差异显著（p=0.01<0.05）且平均差异为-0.62602。对于感知易用性变量，补救情境

1和2之间差异显著（p=0.014<0.05）且平均差异为0.55622，补救情境1和3之间差异不显著（p=0.822>0.05），补救情境2和3之间差异显著（p=0.006<0.05）且平均差异为-0.60101。对于初始信任变量，补救情境1和2之间差异显著（p=0.007<0.05）且平均差异为0.53391，补救情境1和3之间差异显著（p=0.021<0.05）且平均差异为-0.39954，补救情境2和3之间差异显著（p=0.000<0.05）且平均差异为-0.93345。对于产品态度变量，补救情境1和2之间差异显著（p=0.004<0.05）且平均差异为0.63797，补救情境1和3之间差异显著（p=0.003<0.05）且平均差异为-0.59397，补救情境2和3之间差异显著（p=0.000<0.05）且平均差异为-1.23194。对于首次购买意愿变量，补救情境1和2之间差异显著（p=0.002<0.05）且平均差异为0.70955，补救情境1和3之间差异显著（p=0.014<0.05）且平均差异为-0.48639，补救情境2和3之间差异显著（p=0.000<0.05）且平均差异为-1.19594。

从表5-17可知，对于感知风险变量，补救情境1和2之间差异显著（p=0.023<0.05）且平均差异为0.53770，补救情境1和3之间差异显著（p=0.002<0.05）且平均差异为0.65916，补救情境2和3之间差异显著（p=0.000<0.05）且平均差异为1.19686。

由数据分析可知，对于手机因产品因素发生失误的情况，制造商对负面评论在网站上进行补救（补救情境1）在对潜在消费者的感知有用性、感知易用性方面的影响要优于零售商的补救（补救情境2）；制造商和零售商同时进行补救（补救情境3）对潜在消费者的感知有用性、感知易用性方面的影响与制造商单独补救区别不大；而制造商和零售商同时进行补救（补救情境3）对潜在消费者的感知有用性、感知易用性方面的有益影响要远大于零售商的补救；而这三种补救情境对潜在消费者在感知风险、初始信任、产品态度和首次购买意愿上的影响，制造商的补救要比零售商的补救效果好，制造商和零售商同时进行补救的效果比制造商单独补救的效果好,而制造商和零售商同时补救的效果要远优于零售商单独补救的效果。假设 H4.1.1—H4.1.18 得到验证。

2. 服务因素

对于手机服务因素的反馈主要有两种情境,因此本书采用独立样本 t 检验方法进行验证,组别统计量和独立样本 t 检验结果分别如表 5-18 和 5-19 所示。

表 5-18　　　　　　　　手机服务因素组别统计量

服务补救情境		个数	平均数	标准差	平均数的标准误
感知有用性	4	63	3.4881	1.65187	0.20812
	5	58	4.6121	1.19499	0.15691
感知易用性	4	63	3.1958	1.50939	0.19017
	5	58	4.2529	1.24301	0.16321
感知风险	4	63	5.1005	1.36210	0.17161
	5	58	4.4598	1.18606	0.15574
初始信任	4	63	3.2963	1.17678	0.14826
	5	58	4.2213	0.98100	0.12881
产品态度	4	63	3.6243	1.33534	0.16824
	5	58	3.9598	1.12577	0.14782
首次购买意愿	4	63	3.3915	1.42625	0.17969
	5	58	3.9598	1.33783	0.17567

从表 5-19 可知,Levene 检验用于检验两组方差是否同质,就感知有用性变量而言,F 值等于 6.794,$p=0.010<0.05$,达到 0.05 显著水平,表示两组方差不同质,应查看"不假设方差相等"栏的 t 值,$t=-4.312$,$df=112.856$,$p=0.000<0.05$,达到 0.05 显著水平,平均数差异为 -1.12397,表示两组补救情境有显著差异;就感知易用性变量而言,F 值等于 2.025,$p=0.157>0.05$,未达到 0.05 显著水平,表示两组方差同质,应查看"假设方差相等"栏的 t 值,$t=-4.185$,$df=119$,

表 5-19　手机服务因素独立样本 t 检验结果

		方差相等的 Levene 检验		平均数相等的 t 检验					差异的 95% 置信区间	
		F 值	显著性	t	自由度 df	显著性（双尾）	平均数差异	标准误差异	下界	上界
感知有用性	假设方差相等	6.794	0.010	-4.256	119	0.000	-1.12397	0.26406	-1.64684	-0.60111
	不假设方差相等			-4.312	112.856	0.000	-1.12397	0.26406	-1.64036	-0.60759
感知易用性	假设方差相等	2.025	0.157	-4.185	119	0.000	-1.05711	0.25261	-1.55731	-0.55691
	不假设方差相等			-4.218	117.584	0.000	-1.05711	0.25060	-1.55339	-0.56083
感知风险	假设方差相等	4.322	0.040	2.749	119	0.007	0.64076	0.23307	0.17925	1.10227
	不假设方差相等			2.765	118.644	0.007	0.64076	0.23174	0.18188	1.09964
初始信任	假设方差相等	2.723	0.098	-4.674	119	0.000	-0.92497	0.19788	-1.31679	-0.53315
	不假设方差相等			-4.710	117.873	0.000	-0.92497	0.19640	-1.31390	-0.53604
产品态度	假设方差相等	1.614	0.206	-1.487	119	0.140	-0.33543	0.22554	-0.78201	0.11115
	不假设方差相等			-1.498	118.112	0.137	-0.33543	0.22395	-0.77891	-0.10805
首次购买意愿	假设方差相等	1.577	0.212	-2.255	119	0.026	-0.56824	0.25196	-1.06714	-0.06933
	不假设方差相等			-2.261	118.955	0.026	-0.56824	0.25129	-1.06582	-0.07065

p=0.000<0.05，达到0.05显著水平，平均数差异为-1.05711，表示两组补救情境有显著差异；同理知，就感知风险变量而言，t=2.765，df=118.64，p=0.007<0.05，达到0.05显著水平，平均数差异为0.64076，表示两组补救情境有显著差异；就初始信任变量而言，t=-4.674，df=119，p=0.000<0.05，达到0.05显著水平，平均数差异为-0.92497，表示两组补救情境有显著差异；就产品态度变量而言，t=-1.487，df=119，p=0.140>0.05，未达到0.05显著水平，表示两组补救情境没有显著差异；就首次购买意愿变量而言，t=-2.255，df=119，p=0.026<0.05，达到0.05显著水平，平均数差异为-0.56824，表示两组补救情境有显著差异。

因此，对于手机服务因素引起的服务失误，零售商对负面评论进行补救对潜在消费者的感知有用性、感知易用性、感知风险、初始信任和购买意愿等方面的影响都要明显高于制造商的补救。假设H4.3.1、H4.3.2、H4.3.3、H4.3.4、H4.3.6得到验证。

(二) 体验型商品检验

1. 产品因素

对于羽绒服产品问题的反馈主要有三种情境，因此采用单因素方差分析ANOVA进行验证。在进行ANOVA检验之前，需对样本数据进行方差同质性检验，方差同质性检验结果如表5-20所示：

表5-20　　　　　羽绒服产品因素方差同质性检验结果

	F值	分子自由度	分母自由度	显著性
感知有用性	6.490	2	190	0.002
感知易用性	14.853	2	190	0.000
感知风险	9.046	2	190	0.000
初始信任	8.045	2	190	0.000
产品态度	5.932	2	190	0.003
首次购买意愿	5.275	2	190	0.006

从表5-20的羽绒服产品因素方差同质性检验结果中,可以看出就"感知有用性"检验变量而言,Levene 统计量的 F 值等于 6.490,$p = 0.002 < 0.05$;就"感知易用性"检验变量而言,Levene 统计量的 F 值等于 14.853,$p = 0.000 < 0.05$;就"感知风险"检验变量而言,Levene 统计量的 F 值等于 9.046,$p = 0.000 < 0.05$;就"初始信任"检验变量而言,Levene 统计量的 F 值等于 8.045,$p = 0.000 < 0.05$;就"产品态度"检验变量而言,Levene 统计量的 F 值等于 5.932,$p = 0.003 < 0.05$;就"首次购买意愿"检验变量而言,Levene 统计量的 F 值等于 5.275,$p = 0.006 < 0.05$,这六个检验变量均达到 0.05 的显著水平,表明该群体样本的方差不具有同质性。

接下来,进行 ANOVA 检验,检验结果如表 5-21 所示:

表 5-21 羽绒服产品因素 ANOVA 检验结果

		平方和	自由度	平均平方和	F 值	显著性
感知有用性	组间	49.002	2	24.501	15.842	0.000
	组内	293.846	190	1.547		
	总和	342.848	192			
感知易用性	组间	39.864	2	19.932	14.622	0.000
	组内	258.993	190	1.363		
	总和	298.857	192			
感知风险	组间	62.271	2	31.136	14.677	0.000
	组内	403.055	190	2.121		
	总和	465.326	192			
初始信任	组间	46.118	2	23.059	15.069	0.000
	组内	290.747	190	1.530		
	总和	336.865	192			
产品态度	组间	54.838	2	27.419	14.768	0.000
	组内	352.775	190	1.857		
	总和	407.613	192			

续表

		平方和	自由度	平均平方和	F 值	显著性
首次购买意愿	组间	59.529	2	29.764	16.208	0.000
	组内	348.918	190	1.836		
	总和	408.447	192			

从上述方差分析摘要表中可得,就"感知有用性""感知易用性""感知风险""初始信任""产品态度"和"首次购买意愿"六个变量而言,整体检验的 F 值分别为 15.842（p=0.000<0.05）、14.622（p=0.000<0.05）、14.677（p=0.000<0.05）、15.069（p=0.000<0.05）、14.768（p=0.000<0.05）、16.208（p=0.000<0.05）,均达到显著水平,表示补救情境对这六个变量的主效应都是显著的,也就是说在不同的补救情境下,以上六个变量表现出了明显的差异性。假设 H4.2 得到验证。

如果要知道不同补救情境下的详细差别,还需要进行进一步的事后比较来证实。由于六个变量的三组样本的方差不符合同质性的假定,因而在事后比较中,选择了 Dunnett's T3 检验法,事后检验结果如表 5-22 所示。

表 5-22　　　　　羽绒服产品因素 Dunnett's T3 检验结果

因变量	（I）服务补救情境	（J）服务补救情境	平均差异（I-J）	标准误	显著性	95%的置信区间 下界	95%的置信区间 上界
感知有用性	1	2	0.87243*	0.24311	0.001	0.2841	1.4607
		3	-0.30054	0.20042	0.355	-0.7862	0.1851
	2	1	-0.87243*	0.24311	0.001	-1.4607	-0.2841
		3	-1.17297*	0.21800	0.000	-1.7012	-0.64485
	3	1	0.30054	0.20042	0.355	-0.1851	0.7862
		2	1.17297*	0.21800	0.000	0.6448	1.7012
感知易用性	1	2	0.56010*	0.21964	0.036	0.0273	1.0929
		3	-0.53124*	0.16474	0.005	-0.9297	-0.1328
	2	1	-0.56010*	0.21964	0.036	-1.0929	-0.0273
		3	-1.09134*	0.22351	0.000	-1.6330	-0.5497

续表

因变量	(I) 服务补救情境	(J) 服务补救情境	平均差异(I-J)	标准误	显著性	95%的置信区间	
						下界	上界
感知易用性	3	1	0.53124*	0.16474	0.005	0.1328	0.9297
		2	1.09134*	0.22351	0.000	0.5497	1.6330
感知风险	1	2	-0.61573*	0.23752	0.032	-1.1912	-0.0403
		3	0.74503*	0.27754	0.024	0.0737	1.4163
	2	1	0.61573*	0.23752	0.032	0.0403	1.1912
		3	1.36076*	0.24968	0.000	0.7565	1.9650
	3	1	-0.74503*	0.27754	0.024	-1.4163	-0.0737
		2	-1.36076*	0.24968	0.000	-1.9650	-0.7565
初始信任	1	2	0.61178*	0.24099	0.037	0.0284	1.1951
		3	-0.56202*	0.19236	0.013	-1.0279	-0.0961
	2	1	-0.61178*	0.24099	0.037	-1.1951	-0.0284
		3	-1.17380*	0.22189	0.000	-1.7116	-0.6360
	3	1	0.56202*	0.19236	0.013	0.0961	1.0279
		2	1.17380*	0.22189	0.000	0.6360	1.7116
产品态度	1	2	0.73403*	0.27011	0.022	0.0804	1.3877
		3	-0.54319	0.23010	0.059	-1.1013	0.0149
	2	1	-0.73403*	0.27011	0.022	-1.3877	-0.0804
		3	-1.27722*	0.22924	0.000	-1.8325	-0.7219
	3	1	0.54319	0.23010	0.059	-0.0149	1.1013
		2	1.27722*	0.22924	0.000	0.7219	1.8325
首次购买意愿	1	2	0.71482*	0.26980	0.027	0.0619	1.3678
		3	-0.61844*	0.23398	0.028	-1.1862	-0.0507
	2	1	-0.71482*	0.26980	0.027	-1.3678	-0.0619
		3	-1.33326*	0.22340	0.000	-1.8743	-0.7922
	3	1	0.61844*	0.23398	0.028	0.0507	1.1862
		2	1.33326*	0.22340	0.000	0.7922	1.8743

注：*平均差异在0.05水平是显著的。

从表5-22可以看出，对于感知有用性变量，补救情境1和2之间差异显著（$p=0.001<0.05$）且平均差异为0.87243，补救情境1

和 3 之间不差异显著（p = 0.355 > 0.05），补救情境 2 和 3 之间差异显著（p = 0.000 < 0.05）且平均差异为 −1.17297；对于感知易用性变量，补救情境 1 和 2 之间差异显著（p = 0.036 < 0.05）且平均差异为 0.56010，补救情境 1 和 3 之间差异显著（p = 0.005 < 0.05）且平均差异为 −0.53124，补救情境 2 和 3 之间差异显著（p = 0.000 < 0.05）且平均差异为 −1.09134；对于感知风险变量，补救情境 1 和 2 之间差异显著（p = 0.032 < 0.05）且平均差异为 −0.61573，补救情境 1 和 3 之间差异显著（p = 0.024 < 0.05）且平均差异为 0.74503，补救情境 2 和 3 之间差异显著（p = 0.000 < 0.05）且平均差异为 1.36076；对于初始信任变量，补救情境 1 和 2 之间差异显著（p = 0.037 < 0.05）且平均差异为 0.61178，补救情境 1 和 3 之间差异显著（p = 0.013 < 0.05）且平均差异为 −0.56202，补救情境 2 和 3 之间差异显著（p = 0.000 < 0.05）且平均差异为 −1.17380；对于产品态度变量，补救情境 1 和 2 之间差异显著（p = 0.022 < 0.05）且平均差异为 0.73403，补救情境 1 和 3 之间差异不显著（p = 0.059 > 0.05），补救情境 2 和 3 之间差异显著（p = 0.000 < 0.05）且平均差异为 −1.27722；对于首次购买意愿变量，补救情境 1 和 2 之间差异显著（p = 0.027 < 0.05）且平均差异为 0.71482，补救情境 1 和 3 之间差异显著（p = 0.028 < 0.05）且平均差异为 −0.61844，补救情境 2 和 3 之间差异显著（p = 0.000 < 0.05）且平均差异为 −1.33326。

由数据分析可知，对于羽绒服因产品因素发生失误的情况，制造商对负面评论在网站上进行的补救（补救情境 1）对潜在消费者的感知有用性、感知易用性、初始信任、产品态度和首次购买意愿这五方面的影响要优于零售商的补救（补救情境 2），而制造商的补救在感知风险方面的影响要低于零售商的补救；而制造商和零售商同时进行补救（补救情境 3）对潜在消费者的感知易用性、初始信任和首次购买意愿这三方面的有益影响要大于制造商的单独补救，对潜在消费者的风险感知方面要低于制造商的单独补救；而与零售商补救情境相比，制造商和零售商同时补救的效果在感知有用性、感知易用性、初始信任、产品态度和首次购买意愿等方面的影响要远优于零售商的单独补救，在感知风险方面要远低于零售商的单独补救。假设 H4.2.1、H4.2.3— H4.2.18 得到验证，假设 H4.2.2 不支持。

综上所述，从整体而言，这三种补救情境对潜在消费者的正面影响，制造商的补救要比零售商的补救效果好，制造商和零售商同时进行补救的效果比制造商单独补救的效果好，制造商和零售商同时补救的效果要比零售商单独补救的效果好。

2. 服务因素

对于羽绒服服务因素的反馈主要有两种情境，因此本书采用独立样本 t 检验方法进行验证，组别统计量和独立样本检验结果分别如表 5 – 23 和表 5 – 24 所示。

表 5 – 23　　　　　　　　羽绒服服务因素组别统计量

补救情境		个数	平均数	标准差	平均数的标准差
感知有用性	4	8	4.1507	1.8208	0.22081
		62	4.9839	1.24455	15806
感知易用性		68	4.1618	1.68053	0.20379
	5	62	4.6882	1.07101	0.13602
感知风险	4	68	5.0343	1.42838	0.17322
	5	6	1.3871	0.42217	0.18062
初始信任	4	68	4.760	1.68999	0.20494
	5	62	4.8253	1.05168	0.1336
产品态度	4	68	4.269	1.72894	0.20967
	5	62	4.773	1.15736	0.14698
首次购买意愿	4	68	0.0980	1.73259	0.21011
	5	62	4.7581	1.24747	0.15843

表 5-24 羽绒服服务因素独立样本 t 检验结果

		方差相等的 Levene 检验		平均数相等的 t 检验					差异的 95% 置信区间	
		F 值	显著性	t	自由度 df	显著性（双尾）	平均数差异	标准误差异	下界	上界
感知有用性	假设方差相等	10.463	0.002	-3.017	128	0.003	-0.83314	0.27618	-1.37960	-0.28667
	不假设方差相等			-3.068	118.949	0.003	-0.83314	0.27155	-1.37084	-0.29543
感知易用性	假设方差相等	10.641	0.001	-2.107	128	0.037	-0.52641	0.24988	-1.02083	-0.03198
	不假设方差相等			-2.148	114.936	0.034	-0.52641	0.54502	-1.01174	-0.04107
感知风险	假设方差相等	0.672	0.414	2.586	128	0.011	0.64722	0.25030	0.15195	1.14248
	不假设方差相等			2.586	126.999	0.011	0.64722	0.25025	0.15201	1.14242
初始信任	假设方差相等	9.066	0.003	-3.001	128	0.003	-0.74929	0.24970	-1.24336	-0.25521
	不假设方差相等			-3.063	113.510	0.003	-0.74929	0.24462	-1.23391	-0.26467
产品态度	假设方差相等	10.074	0.002	-1.833	128	0.069	-0.47770	0.26063	-0.99341	0.03801
	不假设方差相等			-1.866	117.790	0.065	-0.47770	0.25605	-0.98477	-0.02936
首次购买意愿	假设方差相等	2.835	0.095	-2.472	128	0.015	-0.66003	0.26705	-1.18844	-0.13161
	不假设方差相等			-2.508	121.653	0.013	-0.66003	0.26314	-1.18096	-0.13909

从表 5-24 可知，就感知有用性变量而言，t = -3.068，df = 118.949，p = 0.003 < 0.05，达到 0.05 显著水平，平均数差异为 -0.83314，表示两组补救情境有显著差异；就感知易用性变量而言，t = -2.148，df = 114.936，p = 0.034 < 0.05，达到 0.05 显著水平，平均数差异为 -0.52641，表示两组补救情境有显著差异；就感知风险变量而言，t = 2.586，df = 128，p = 0.011 < 0.05，达到 0.05 显著水平，平均数差异为 0.64722，表示两组补救情境有显著差异；就初始信任变量而言，t = -3.063，df = 113.51，p = 0.003 < 0.05，达到 0.05 显著水平，平均数差异为 -0.74929，表示两组补救情境有显著差异；就产品态度变量而言，t = -1.866，df = 117.79，p = 0.065 > 0.05，未达到 0.05 显著水平，表示两组补救情境没有显著差异；就首次购买意愿变量而言，t = -2.472；df = 128，p = 0.015 < 0.05，达到 0.05 显著水平，表示两组补救情境有显著差异。

因此，对于羽绒服服务因素引起的服务失误，零售商对负面评论进行补救对潜在消费者的感知有用性、感知易用性、感知风险、初始信任和购买意愿等方面的影响都要明显高于制造商的补救。假设 H4.4、H4.4.1、H4.4.2、H4.4.3、H4.4.4、H4.4.5、H4.4.6 得到验证。

二 路径分析

为了验证其他假设及理论模型，本书利用本领域的主流研究方法——结构方程模型（SEM）对理论模型进行检验，结构方程模型能够处理多个原因、多个结果的关系和不可直接观测的变量（即潜变量），能够验证研究者所提出的理论或者概念结构是否具有实证意义。

本书采用 AMOS 22.0 软件进行了模型拟合和路径分析，模型适配效果如表 5-25 所示，本模型的 CMIN/DF 为 1.829，达到小于 3 的标准；CFI、IFI、AGFI 都超过建议标准；RMSEA 为 0.0356，小于建议的

0.08。因此可知，此测量模型与样本数据的总体适配度很好。

表 5-25　　　　　　　　　模型适配度统计量

	CMIN/DF	RMSEA	CFI	IFI	TLI	AGFI
标准	<3	<0.08	>0.9	>0.9	>0.9	>0.8
实际值	1.829	0.0356	0.958	0.987	0.984	0.943

模型路径系数与显著性水平如表 5-26 所示。经过模型路径分析可知，感知有用性、感知易用性和感知风险对初始信任和产品态度影响都显著，而对首次购买意愿影响不显著，初始信任和产品态度对首次购买意愿影响显著（见图 5-2）。假设 H4.5.1、H4.5.2、H4.6、H4.7.1、H4.8.1、H4.9、H4.10 得到验证，假设 H4.7.2、H4.8.2 不支持。

表 5-26　　　　　　　　模型路径系数及显著性水平

路径	Estimate	标准化系数	C. R.	P
初始信任 <---感知有用性	0.484	0.593	8.755	***
产品态度 <---感知有用性	0.364	0.390	5.656	***
初始信任 <---感知易用性	0.150	0.137	2.303	0.021 *
产品态度 <---感知易用性	0.247	0.199	8.198	0.002 **
初始信任 <---感知风险	-0.191	-0.218	-6.687	***
产品态度 <---感知风险	-0.129	-0.129	-3.560	***
首次购买意愿 <---初始信任	0.708	0.569	9.169	***
首次购买意愿 <---产品态度	0.342	0.314	6.720	***
首次购买意愿 <---感知有用性	0.074	0.073	1.145	0.252 -
首次购买意愿 <---感知易用性	-0.112	0.083	-1.613	0.107 -
首次购买意愿 <---感知风险	0.028	0.025	0.804	0.422 -

注：***为1‰显著，**为1%显著，*为5%显著，-为不显著。

本章研究假设及验证结果如表 5-27 所示：

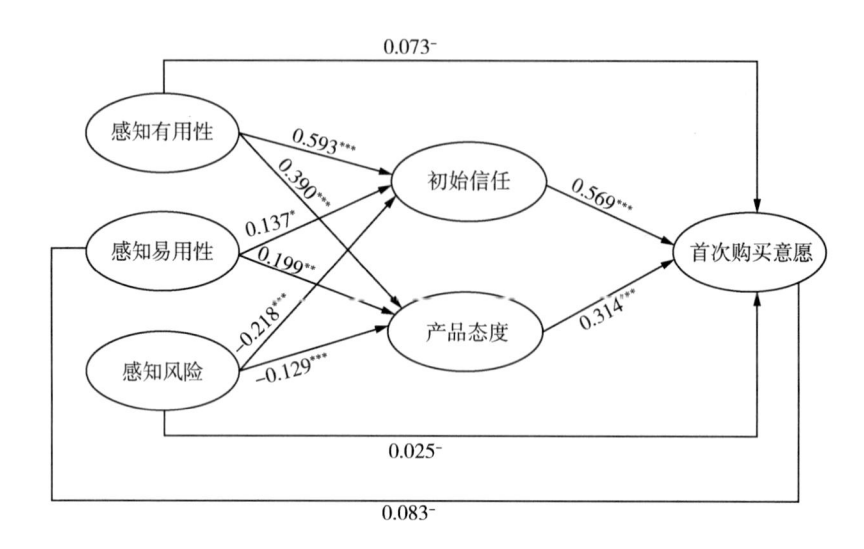

图 5-2　模型分析结果

注：***为1‰显著，**为1%显著，*为5%显著，-为不显著。

表 5-27　研究假设验证结果

	假设	结果
H4.1	对于搜索型商品，因产品因素形成的服务失误，不同反馈主体进行服务补救的情境对潜在消费者感知有用性、感知易用性、感知风险、初始信任、产品态度和首次购买意愿的影响有显著差别	支持
H4.1.1	对于搜索型商品，因产品因素形成的服务失误，制造商反馈比零售商反馈对潜在消费者的感知有用性影响更高	支持
H4.1.2	对于搜索型商品，因产品因素形成的服务失误，制造商和零售商的共同反馈比制造商单独反馈对潜在消费者的感知有用性影响区别不大	支持
H4.1.3	对于搜索型商品，因产品因素形成的服务失误，制造商和零售商的共同反馈比零售商单独反馈对潜在消费者的感知有用性影响更高	支持
H4.1.4	对于搜索型商品，因产品因素形成的服务失误，制造商反馈比零售商反馈对潜在消费者的感知易用性影响更高	支持
H4.1.5	对于搜索型商品，因产品因素形成的服务失误，制造商和零售商的共同反馈比制造商单独反馈对潜在消费者的感知易用性影响区别不大	支持

续表

假设		结果
H4.1.6	对于搜索型商品,因产品因素形成的服务失误,制造商和零售商的共同反馈比零售商单独反馈对潜在消费者的感知易用性影响更高	支持
H4.1.7	对于搜索型商品,因产品因素形成的服务失误,制造商反馈比零售商反馈使潜在消费者的感知风险更低	支持
H4.1.8	对于搜索型商品,因产品因素形成的服务失误,制造商和零售商的共同反馈比制造商单独反馈使潜在消费者的感知风险更低	支持
H4.1.9	对于搜索型商品,因产品因素形成的服务失误,制造商和零售商的共同反馈比零售商单独反馈使潜在消费者的感知风险更低	支持
H4.1.10	对于搜索型商品,因产品因素形成的服务失误,制造商反馈比零售商反馈对潜在消费者的初始信任影响更高	支持
H4.1.11	对于搜索型商品,因产品因素形成的服务失误,制造商和零售商的共同反馈比制造商单独反馈对潜在消费者的初始信任影响更高	支持
H4.1.12	对于搜索型商品,因产品因素形成的服务失误,制造商和零售商的共同反馈比零售商单独反馈对潜在消费者的初始信任影响更高	支持
H4.1.13	对于搜索型商品,因产品因素形成的服务失误,制造商反馈比零售商反馈对潜在消费者的产品态度影响更高	支持
H4.1.14	对于搜索型商品,因产品因素形成的服务失误,制造商和零售商的共同反馈比制造商单独反馈对潜在消费者的产品态度影响区别不大	支持
H4.1.15	对于搜索型商品,因产品因素形成的服务失误,制造商和零售商的共同反馈比零售商单独反馈对潜在消费者的产品态度影响更高	支持
H4.1.16	对于搜索型商品,因产品因素形成的服务失误,制造商反馈比零售商反馈对潜在消费者的首次购买意愿影响更高	支持
H4.1.17	对于搜索型商品,因产品因素形成的服务失误,制造商和零售商的共同反馈比制造商单独反馈对潜在消费者的首次购买意愿影响更高	支持
H4.1.18	对于搜索型商品,因产品因素形成的服务失误,制造商和零售商的共同反馈比零售商单独反馈对潜在消费者的首次购买意愿影响更高	支持

续表

假设		结果
H4.2	对于体验型商品，因产品因素形成的服务失误，不同反馈主体进行服务补救的情境对潜在消费者感知有用性、感知易用性、感知风险、初始信任、产品态度和首次购买意愿的影响有显著差别	支持
H4.2.1	对于体验型商品，因产品因素形成的服务失误，制造商反馈比零售商反馈对潜在消费者的感知有用性影响更高	支持
H4.2.2	对于体验型商品，因产品因素形成的服务失误，制造商和零售商的共同反馈比制造商单独反馈对潜在消费者的感知有用性影响更高	不支持
H4.2.3	对于体验型商品，因产品因素形成的服务失误，制造商和零售商的共同反馈比零售商单独反馈对潜在消费者的感知有用性影响更高	支持
H4.2.4	对于体验型商品，因产品因素形成的服务失误，制造商反馈比零售商反馈对潜在消费者的感知易用性影响更高	支持
H4.2.5	对于体验型商品，因产品因素形成的服务失误，制造商和零售商的共同反馈比制造商单独反馈对潜在消费者的感知有易性影响更高	支持
H4.2.6	对于体验型商品，因产品因素形成的服务失误，制造商和零售商的共同反馈比零售商单独反馈对潜在消费者的感知有易性影响更高	支持
H4.2.7	对于体验型商品，因产品因素形成的服务失误，制造商反馈比零售商反馈使潜在消费者的感知风险更低	支持
H4.2.8	对于体验型商品，因产品因素形成的服务失误，制造商和零售商的共同反馈比制造商单独反馈使潜在消费者的感知风险更低	支持
H4.2.9	对于体验型商品，因产品因素形成的服务失误，制造商和零售商的共同反馈比零售商单独反馈使潜在消费者的感知风险更低	支持
H4.2.10	对于体验型商品，因产品因素形成的服务失误，制造商反馈比零售商反馈对潜在消费者的初始信任影响更高	支持
H4.2.11	对于体验型商品，因产品因素形成的服务失误，制造商和零售商的共同反馈比制造商单独反馈对潜在消费者的初始信任影响更高	支持
H4.2.12	对于体验型商品，因产品因素形成的服务失误，制造商和零售商的共同反馈比零售商单独反馈对潜在消费者的初始信任影响更高	支持

续表

假设		结果
H4.2.13	对于体验型商品，因产品因素形成的服务失误，制造商反馈比零售商反馈对潜在消费者的产品态度影响更高	支持
H4.2.14	对于体验型商品，因产品因素形成的服务失误，制造商和零售商的共同反馈与制造商单独反馈对潜在消费者的产品态度影响区别不大	支持
H4.2.15	对于体验型商品，因产品因素形成的服务失误，制造商和零售商的共同反馈比零售商单独反馈对潜在消费者的产品态度影响更高	支持
H4.2.16	对于体验型商品，因产品因素形成的服务失误，制造商反馈比零售商反馈对潜在消费者的首次购买意愿影响更高	支持
H4.2.17	对于体验型商品，因产品因素形成的服务失误，制造商和零售商的共同反馈比制造商单独反馈对潜在消费者的首次购买意愿影响更高	支持
H4.2.18	对于体验型商品，因产品因素形成的服务失误，制造商和零售商的共同反馈比零售商单独反馈对潜在消费者的首次购买意愿影响更高	支持
H4.3	对于搜索型商品，因服务因素形成的服务失误，不同反馈主体进行服务补救的情境对潜在消费者感知有用性、感知易用性、感知风险、初始信任、产品态度和首次购买意愿的影响有显著差别	支持
H4.3.1	对于搜索型商品，因服务因素形成的服务失误，零售商反馈比制造商反馈对潜在消费者的感知有用性影响更高	支持
H4.3.2	对于搜索型商品，因服务因素形成的服务失误，零售商反馈比制造商反馈对潜在消费者的感知易用性影响更高	支持
H4.3.3	对于搜索型商品，因服务因素形成的服务失误，零售商反馈比制造商反馈对潜在消费者的感知风险影响更低	支持
H4.3.4	对于搜索型商品，因服务因素形成的服务失误，零售商反馈比制造商反馈对潜在消费者的初始信任影响更高	支持
H4.3.5	对于搜索型商品，因服务因素形成的服务失误，零售商反馈比制造商反馈对潜在消费者的产品态度影响更高	支持
H4.3.6	对于搜索型商品，因服务因素形成的服务失误，零售商反馈比制造商反馈对潜在消费者的首次购买意愿影响更高	支持
H4.4	对于体验型商品，因服务因素形成的服务失误，不同反馈主体进行服务补救的情境对潜在消费者感知有用性、感知易用性、感知风险、初始信任、产品态度和首次购买意愿的影响有显著差别	支持

续表

假设		结果
H4.4.1	对于体验型商品,因服务因素形成的服务失误,零售商反馈比制造商反馈对潜在消费者的感知有用性影响更高	支持
H4.4.2	对于体验型商品,因服务因素形成的服务失误,零售商反馈比制造商反馈对潜在消费者的感知易用性影响更高	支持
H4.4.3	对于体验型商品,因服务因素形成的服务失误,零售商反馈比制造商反馈对潜在消费者的感知风险影响更低	支持
H4.4.4	对于体验型商品,因服务因素形成的服务失误,零售商反馈比制造商反馈对潜在消费者的初始信任影响更高	支持
H4.4.5	对于体验型商品,因服务因素形成的服务失误,零售商反馈比制造商反馈对潜在消费者的产品态度影响更高	支持
H4.4.6	对于体验型商品,因服务因素形成的服务失误,零售商反馈比制造商反馈对潜在消费者的首次购买意愿影响更高	支持
H4.5.1	不论是搜索型商品还是体验型商品,潜在消费者对补救信息的感知有用性对初始信任有正向影响	支持
H4.5.2	不论是搜索型商品还是体验型商品,潜在消费者对补救信息的感知易用性对初始信任有正向影响	支持
H4.6	不论是搜索型商品还是体验型商品,潜在消费者根据补救信息获得的感知风险对初始信任有负向影响	支持
H4.7.1	不论是搜索型商品还是体验型商品,感知风险与消费者产品态度呈负相关关系	支持
H4.7.2	不论是搜索型商品还是体验型商品,感知风险与消费者首次购买意愿呈负相关关系	不支持
H4.8.1	不论是搜索型商品还是体验型商品,感知有用性、感知易用性与消费者产品态度呈正相关关系	支持
H4.8.2	不论是搜索型商品还是体验型商品,感知有用性、感知易用性与消费者首次购买意愿呈正相关关系	不支持
H4.9	不论是搜索型商品还是体验型商品,初始信任与消费者首次购买意愿呈正相关关系	支持
H4.10	不论是搜索型商品还是体验型商品,产品态度与消费者首次购买意愿呈正相关关系	支持

三 中介效应检验

考虑自变量 X 对因变量 Y 的影响,如果 X 通过影响变量 M 来影响 Y,则称 M 为中介变量(温忠麟,2004)。可用下列方程来描述变量之间的关系(相应的路径图见图 5-3)

$$Y = cX + e1 \qquad (5-2)$$
$$M = aX + e2 \qquad (5-3)$$
$$Y = c'X + bM + e3 \qquad (5-4)$$

假设 Y 与 X 的相关显著,意味着回归系数 c 显著,在这个前提下考虑中介变量 M。

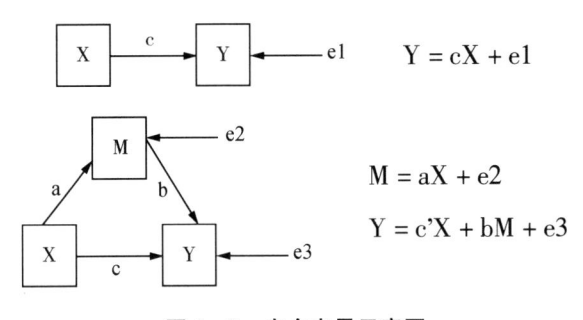

图 5-3 中介变量示意图

温忠麟(2004)检验中介变量的步骤如下:(1)检验回归系数 c,如果显著继续第(2)步,若不显著则停止检验;(2)检验回归系数 a 和 b,如果显著,说明有中介效应存在,继续第(3)步;(3)检验回归系数 c',如果不显著,说明是完全中介效应。

从上一节的分析中,已知感知有用性、感知易用性和感知风险对首次购买意愿的影响不显著,下面按照温忠麟等(2004)的检验方法,使用 SPSS 来检验初始信任、产品态度对其影响的中介效应。首先,对各变量做去中心化处理,然后检验感知有用性、感知易用性和感知风险对首次购买意愿的直接影响,即系数 c,检验结果如表 5-28 和表 5-29 所示,感知有用性和感知风险对首次购买意愿的直接影响显著。

表 5-28　　　　　　　中介效应系数 c 检验模型摘要

模型	R	R^2	调整后的 R^2	标准估算的错误	更改统计量				
					R^2 变化	F 更改	df1	df2	显著性 F 更改
1	0.541a	0.293	0.290	1.23531	0.293	94.496	3	684	0.000

注:a. 预测变量:(常量),感知风险中心化,感知有用性中心化,感知易用性中心化(1‰显著,1%显著,5%不显著)。

表 5-29　　　　　　　中介效应系数 c 检验系数结果

模型		非标准化系数		标准系数	t	显著性
		B	标准错误	β		
1	(常量)	-1.381E-15	0.047		0.000	1.000
	感知有用性中心化	0.354	0.050	0.340	7.065	0.000
	感知易用性中心化	0.212	0.051	0.200	4.114	0.000
	感知风险中心化	-0.125	0.033	-0.125	-3.832	0.000

注:因变量:首次购买意愿中心化(1‰显著,1%显著,5%不显著)。

由表 5-28 和表 5-29 可知,方程 Y = cX + e1 的回归效应显著,感知有用性系数 0.340（p = 0.000）、感知易用性系数 0.200（p = 0.000）、感知风险系数 -0.125（p = 0.000）。

接下来,检验方程 M = aX + e2 中的 a 是否显著,即分别检验感知有用性、感知易用性、感知风险对初始信任和产品态度的影响,检验结果如表 5-30、表 5-31 和表 5-32、表 5-33 所示。

表 5-30　　　　　　　中介效应系数 a 检验模型摘要 1

模型	R	R²	调整后的 R²	标准估算的错误	更改统计量				
					R² 变化	F 更改	df1	df2	显著性 F 更改
1	0.700a	0.490	0.488	0.93470	0.490	219.444	3	684	0.000

注：a. 预测变量：（常量），感知风险中心化，感知有用性中心化，感知易用性中心化。

表 5-31　　　　　　　中介效应系数 a 系数检验结果 1

模型		非标准化系数		标准系数	t	显著性
		B	标准错误	β		
1	（常量）	9.868E-16	0.036		0.000	1.000
	感知有用性中心化	0.338	0.038	0.364	8.905	0.000
	感知易用性中心化	0.306	0.039	0.324	7.870	0.000
	感知风险中心化	-0.168	0.025	-0.189	-6.815	0.000

注：因变量：初始信任中心化（1‰显著，1%显著，5%不显著）。

表 5-32　　　　　　　中介效应系数 a 检验模型摘要 2

模型	R	R²	调整后的 R²	标准估算的错误	更改统计量				
					R² 变化	F 更改	df1	df2	显著性 F 更改
1	0.535a	0.286	0.283	1.20940	0.286	91.382	3	684	0.000

注：a. 预测变量：（常量），感知风险中心化，感知有用性中心化，感知易用性中心化。

表 5-33　　　　　　　中介效应系数 a 系数检验结果 2

模型		非标准化系数		标准系数	t	显著性
		B	标准错误	β		
1	（常量）	1.657E-15	0.046		0.000	1.000
	感知有用性中心化	0.273	0.049	0.269	5.564	0.000
	感知易用性中心化	0.281	0.050	0.272	5.584	0.000
	感知风险中心化	-0.105	0.032	-0.108	-3.286	0.001

注：因变量：产品态度中心化（1‰显著，1%显著，5%不显著）。

从上述检验结果可知，M = aX + e2 中的 a 显著，以初始信任为因变量，感知有用性系数 0.364（p = 0.000）、感知易用性系数 0.324（p = 0.000）、感知风险系数 -0.189（p = 0.000）；以产品态度为因变量，感知有用性系数 0.269（p = 0.000）、感知易用性系数 0.272（p = 0.000）、感知风险系数 -0.108（p = 0.000）。

最后，进行中介效应第三步检验，即检验方程 Y = c'X + bM + e3 中 b 和 c' 是否显著。检验结果如表 5-34 和表 5-35 所示。

表 5-34　　　　　　中介效应系数 b、c' 模型汇总

模型	R	R^2	调整后的 R^2	标准估算的错误	更改统计量				
					R^2 变化	F 更改	df1	df2	显著性 F 更改
1	0.761a	0.578	0.575	0.95536	0.578	187.112	5	682	0.000

注：a. 预测变量：（常量），初始信任中心化，感知风险中心化，感知易用性中心化，产品态度中心化，感知有用性中心化。

表 5-35　　　　　　中介效应系数 b、c' 系数检验结果

模型		非标准化系数		标准系数	t	显著性
		B	标准错误	β		
1	（常量）	-2.411E-15	0.036		0.000	1.000
	感知有用性中心化	0.087	0.041	0.084	2.126	0.034
	感知易用性中心化	-0.040	0.042	-0.038	-0.970	0.333
	感知风险中心化	-0.001	0.026	-0.001	-0.040	0.968
	产品态度中心化	0.291	0.038	0.283	7.627	0.000
	初始信任中心化	0.556	0.049	0.495	11.273	0.000

注：因变量：首次购买意愿中心化（1% 显著）。

从表 5-34 和表 5-35 显示结果可知，产品态度系数为 0.283（p = 0.000）、初始信任系数为 0.495（p = 0.000），因此方程 Y = c'X + bM + e3 中 b 的系数是显著的，而感知有用性系数 0.084（p > 0.001）、

感知易用性系数 -0.038（p>0.001）、感知风险系数 -0.001（p>0.001），可知方程中 c' 不显著。因此，中介效应检验结果为完全中介效应，即感知有用性、感知易用性和感知风险完全通过初始信任和产品态度影响潜在消费者的首次购买意愿。

第六节　本章小结

本章采用模拟情境实验方法，对不同反馈主体情境下对潜在消费者的购买意愿影响做了研究，根据前文分析把 B2C 环境下服务失误原因分为产品因素和服务因素，根据不同的主体反馈情况把实验情境分为相应的 10 种情境，然后 10 种情境分别组织不同的人群进行实验，得到实验数据。

实验数据经过信度分析、探索性因子分析和验证性因子分析，验证数据有很好的信度、内容效度、收敛效度和区别效度，表明数据与概念模型能很好地拟合。

为了检验假设，采用 SPSS 22.0 对 10 种情境下的数据分别进行 ANOVA 分析和独立样本 t 检验，采用 AMOS 22.0 进行路径分析，58 个假设中有 55 个假设通过验证，3 个假设未通过验证。

经过数据分析本章得出以下结论，（1）对于搜索型商品因产品因素发生失误的情况下，制造商对负面评论进行补救对潜在消费者的感知有用性、感知易用性方面的影响要优于零售商的补救；制造商和零售商同时进行补救对潜在消费者的感知有用性、感知易用性方面的影响与制造商单独补救区别不大；而制造商和零售商同时进行补救对潜在消费者的感知有用性、感知易用性方面的有益影响要远大于零售商的补救；而这三种补救情境对潜在消费者在感知风险、初始信任、产品态度和首次购买意愿上的影响，制造商的补救要比零售商的补救效果好，制造商和零售商同时进行补救的效果比制造商单独补救的效果好,而制造商和零售商同时补救的效果要远优于零售商单独补救的效果。(2) 对于体验型商品因产品因素发生失误的情况下,制造商对负面评论进行补救在对潜在消费者的感知有用性、感知易用性、初始信任、产品态度和首次购买意愿这五方面的影响要优于零售商的补救,而制造商的补救在感知风险方面的影响要低于零售商的补救;而制造商和零售商同时进行补救对潜在消费者的感知易用性、初始信任和首次购买意愿这三方面的有益影响要大于制造商的单独补救,对潜在消费者的风险感知方面要低于制造商的单独补救;而与零售商补救情境相比,制造商和零售商同时补救的效果在感知有用性、感知易用性、初始信任、产品态度和首次购买意愿等方面的影响要远优于零售商的单独补救,在感知风险方面要远低于零售商的单独补救。(3) 对于服务因素引起的服务失误,体验型商品和搜索型商品的检验结果一致,零售商对负面评论进行补救对潜在消费者的感知有用性、感知易用性、感知风险、初始信任和购买意愿等方面的影响都要明显优于制造商的补救。(4) 经过路径分析可知,感知有用性、感知易用性和感知风险对初始信任和产品态度影响都显著而对首次购买意愿影响不显著,初始信任和产品态度对首次购买意愿影响显著。(5) 感知有用性、感知易用性和感知风险完全通过初始信任和产品态度影响潜在消费者的首次购买意愿。

假设 H4.2.2 不支持,可以得知,虽然是体验型商品,但对于产品问题,制造商的反馈足以给予潜在消费者关于产品质量方面的足够信息,因此,制造商和零售商同时反馈对于潜在消费者有用性方面的感知影响区别并不明显;假设 H4.7.2 和 H4.8.2 不支持,因此,又进一步进行了中介效应检验,结果表明感知有用性、感知易用性和感知风险完全通过初始信任和产品态度影响潜在消费者的首次购买意愿。

因此,本章研究结果建议,对于因产品因素引起的服务失误,制造商补救比零售商补救对潜在消费者的首次购买意愿影响大,而制造商和零售商同时补救对潜在消费者的首次购买意愿影响要大于制造商的单独补救;对于因服务因素引起的服务失误,应由零售商来进行补救。

第六章　不同反馈主体服务补救情境对已购消费者购买意愿的影响：实证检验

第一节　实验设计与实施

本章主要研究不同反馈主体服务补救对已购消费者的影响，主要进行了实验情境的设计，依据文献提出了对变量进行测量的相关题项，并对实验后回收的数据进行了统计，对题项数据分别进行了信度检验和效度检验，对假设进行了验证并阐明了验证的过程及其检验结果。最后，对假设检验的结果进行了分析和解释。

一　实验设计

对于实验分组情况仍沿用上一章中的实验分组设计，因为对于已购消费者来说，一般情况下只会发送 1 条负面评论，因此本书确定 1 条带有反馈的负面评论为每个实验组的评论数目（宋亦平和王晓艳，2005；侯如靖、张初兵和易牧农，2012）。

本章对已购消费者的对负面评论进行反馈的设计中仍然依据已有研究中的道歉、归因、解释、补偿等最佳反馈方式所包含的要素并结合网站原有的不同反馈主体的反馈信息，分别设计了不同反馈主体针对负面评论进行反馈的内容作为实验素材。以针对手机产品因素制造商进行补救的情境为例，从上一章中的三条负面评论中选择了一条最具代表性的评论及其反馈作为本章的实验素材，实验设计如已购消费者研究实验素材中的负面评论及制造商反馈所示。其他实验情境素材详见附录。

1. 垃圾软件一大堆……系统更新3次还要更新……什么是什么啊……我买东西可是第一次给差评啊！

厂家产品经理回复：您好，非常抱歉给您添麻烦了，内置软件大部分可以删除，请您在应用页面长按屏幕后，点击"×"图标进行卸载；另外，打开设置，点击应用，然后点击全部应用，然后点击系统更新，选择强行停止，只要不再重新开机就不会弹出系统更新了。如果您的手机在使用中有任何问题，欢迎您联系我们客服人员，我们会第一时间为您处理。感谢您对我们产品的支持！

对实验的基础情境设计方面，为了避免产品品牌因素对被试者感知和决策的影响，本书在进行实验时刻意隐去了产品的品牌，同时为了避免手机和羽绒服两类产品的价格偏差所带来的对被试者决策的影响，本书把两类产品的价格都设定为800元，并强调消费者在购买商品前对商品的款式、性能和价格方面都是满意的，以避免被试者的不同理解而造成的感知和决策影响，如下文所示。

请您仔细阅读下面情境描述，假设这是您的亲身经历，请您根据自己的感受回答各项问题！

设想您通过网络在一个有过购买经验的B2C网站上买了一台价格在800元左右的手机，购买之前您已经比较了款式、性能和价格,认为这款手机满足您所有的期望。收到货物后您有些不满意,于是在商品评论处发布了一条差评,然后得到了厂家代表的回复,请您根据阅读厂家代表回复后的自己感受,回答下面的问题。

二 测量工具

(一) 感知有用性与感知易用性

本书关于感知公平量表的测量题项主要来自Smith、Botlon和Wagner(1999)及Tax和Brown(1998)这两篇文献,并根据本书的研究背景进行了调整,量表采纳的题项如表6-1所示。

表6-1　　　　　　　　　　感知公平测量

变量	题项	来源文献
结果公平	我得到了我需要的结果	Smith、Botlon和Wagner(1999);Tax和Brown(1990)
	根据我提出的问题,我得到的结果是合适的	
	我得到的结果是公平的	
	我没有得到我想要的结果	
过程公平	在处理我的问题时,厂家/网站显示了足够的灵活性	
	当我提出问题后,厂家/网站积极应对	
	在解决问题时,厂家/网站是有礼貌的	
互动公平	厂家/网站和我的沟通方式是合适的	
	对我的问题,厂家/网站就相关的处理过程向我进行了详细的解释	

注:结果公平变量第四题项是反向题项,用以测量被试者回答是否真实。

(二) 期望不一致

本书关于期望不一致量表的测量题项主要来自Smith、Botlon和

Wagner（1999）这篇文献，并结合本书的研究背景对其进行了调整，量表采纳的题项如表 6-2 所示。

表 6-2　　　　　　　　　　期望不一致测量

变量	题项	来源文献
期望不一致	厂家/网站帮助我解决问题，超过了我的期望	Smith、Botlon 和 Wagner（1999）
	厂家/网站对我的问题的最终回应超过了我的期望	
	厂家/网站对我的问题作出的道歉、解释、补偿等比我期望的好	

（三）持续信任

持续信任测量量表在上一章的信任量表的基础上进行了编制，仍然采用了 McAllister（1995）及 Kanawattanachai 和 Yoo（2002）提出的认知信任和情感信任两个维度，如表 6-3 所示。

表 6-3　　　　　　　　　　持续信任测量

变量	题项	来源文献
认知信任	通过交易，我觉得这个网店的产品是值得信赖的	McAllister（1995）；Kanawattanachai 和 Yoo（2002）
	通过交易，我信得过该产品的售后服务	
	通过交易，我仍然相信网店的产品和服务质量	
情感信任	通过交易，我喜欢这个网店的产品	
	通过交易，我觉得购买该网店的产品让我放心	
	我会继续关注该网店的新产品	

（四）满意度

满意度的测量已有很多文献进行过研究和应用，本书主要参照了 Smith 和 Bolton（1999），Maxham 和 Netemeyer（2002）等的量表，并根据本书的研究背景进行了调整，量表采纳的题项如表 6-4 所示。

表 6-4　　　　　　　　　　满意度测量

变量	题项	来源文献
满意度	我对厂家/网站提供的信息和服务感到满意	Smith 和 Bolton（1999）；Maxham 和 Netemeyer（2002）
	我认为厂家/网站对我提出的抱怨做出了较好的回应	
	总体来说，我对于此次针对差评的补救经历感到满意	

（五）重复购买意愿

重复购买意愿测量量表也是参考了 Smith 和 Bolton（1999），Maxham 和 Netemeyer（2002）等的量表，并根据本书的研究背景进行了调整，量表采纳的题项如表 6-5 所示。

表 6-5　　　　　　　　　重复购买意愿测量

变量	题项	来源文献
重复购买意愿	我会继续光顾这家网店	Smith 和 Bolton（1999）；Maxham 和 Netemeyer（2002）
	如果需要，我会继续购买该产品	
	以后如果需要同类商品，我会首选这个网店	
	我愿意对该网店和产品做出积极评价	
	我愿意向亲人或朋友推荐该网店和产品	

所有测量全部采用李克特七点量表法，即 1 代表完全不同意；2 代表比较不同意；3 代表有些不同意；4 代表不确定；5 代表有些同意；6 代表比较同意；7 代表完全同意。测量量表编制完成后，随机选了 82 名大学生进行了预测试，预测试主要检验了量表的信度，即测量量表的稳定性，预测试结果测量量表信度良好，表示所编制的测量量表稳定性良好。

三 数据获取与样本概况

本章选择在校的本科生及研究生作为实验的被试者,进行正式实验时,由研究协助人员利用学生课间休息时间到教室进行讲解,先向学生介绍了实验目的及实验背景,目的在于引导学生进入所设情境中,把自己想象成为情境中的购物者,调动其感受和情绪,然后让学生带着这种情绪回答测试题项。为避免不同情境的交叉影响,保证每一名被试者只参加一种情境实验。该实验历经一个月时间,在上海、河北、黑龙江等多所高校共发放了1000份问卷,回收有效问卷923份,剔除无效问卷136份,得到有效问卷787份,数据描述性统计信息见表6-6。

表6-6 数据描述性统计 单位:%

统计项目	分类项目	比例
性别	男	60.7
	女	39.3
年龄	20岁及以下	3.8
	20—25岁	85.6
	26—30岁	5.3
	31—35岁	4.4
	36岁及以上	0.9
受教育程度	本科	91.2
	硕士	3.6
	博士	1.7
	其他	3.5
所在地域	河北	68
	上海	28.2
	黑龙江	3.7

续表

统计项目	分类项目	比例
网购次数	1—5 次	5.3
	6—10 次	15
	11—20 次	18
	21 次及以上	61.7
每月购物金额	0—200 元	36.6
	201—500 元	34.3
	501—1000 元	18
	1000 元以上	11.1

注：因四舍五入，合计数可能不等于100%。

第二节 探索性因子分析

同第五章，用SPSS 22.0软件对量表中26个题项变量进行KMO和Bartlett's球形检验，结果如表6-7所示，KMO值为0.973，表明题项变量间的关系是极佳的，Bartlett's球形检验的显著性水平为0.000，达到显著水平，均表明本样本数据适合进行因子分析。

表6-7　　　　　　KMO 和 Bartlett's 球形检验

KMO 值		0.973
Bartlett's 球形检验	近似卡方分布	16781.057
	自由度	325
	显著性	0.000

在SPSS 22.0软件中把要提取的因子数设定为7个，并选择最大方差旋转方法（Varimax），因子负载截点设为0.5。EFA结果如表6-8所示，从表中可以看出，变量组共提取了7个主成分，测量"重复购买意愿"的5个题项"重复购买意愿1—重复购买意愿5"落在因子1上，旋转后的因子负载分别为0.707、0.777、0.776、0.686和0.787；

测量"持续信任"的6个题项"持续信任1—持续信任6"落在因子2上，因子负载分别0.626、0.608、0.685、0.689、0.711和0.577；测量"结果公平"的4个题项"结果公平1—结果公平4"落在因子3上，因子负载分别为0.735、0.736、0.771和0.811；测量"期望不一致"的3个题项"期望不一致1—期望不一致3"落在因子4上，因子负载分别为0.707、0.771和0.783；测量"互动公平"的3个题项"互动公平1—互动公平3"落在因子5上，因子负载分别为0.704、0.722和0.553；测量"过程公平"的2个题项"过程公平1—过程公平2"落在因子6上，因子负载分别为0.873和0.793；测量"满意度"的3个题项"满意度1—满意度3"落在因子7上，因子负载分别为0.537、0.673和0.628。7个因子的累积解释方差为78.995%，说明提取出来的7个主成分指标对原26个指标具有很好的解释能力。综述可知，此测量量表具有较好的建构效度。

表6-8　　　　　　　　　变量旋转成分矩阵

变量	题项	成分						
		1	2	3	4	5	6	7
结果公平	结果公平1			0.735				
	结果公平2			0.736				
	结果公平3			0.771				
	结果公平4			0.811				
过程公平	过程公平1						0.873	
	过程公平2						0.793	
互动公平	互动公平1					0.704		
	互动公平2					0.722		
	互动公平3					0.553		
期望不一致	期望不一致1				0.707			
	期望不一致2				0.771			
	期望不一致3				0.783			

续表

变量	题项	成分						
		1	2	3	4	5	6	7
持续信任	持续信任1		0.626					
	持续信任2		0.608					
	持续信任3		0.685					
	持续信任4		0.689					
	持续信任5		0.711					
	持续信任6		0.577					
满意度	满意度1						0.537	
	满意度2						0.673	
	满意度3						0.628	
重复购买意愿	重复购买意愿1	0.707						
	重复购买意愿2	0.777						
	重复购买意愿3	0.776						
	重复购买意愿4	0.686						
	重复购买意愿5	0.787						
累积解释方差（%）		17.274	32.149	44.801	55.484	64.475	72.012	78.995

提取方法：主成分分析法。
旋转法：具有 Kaiser 标准化的正交旋转法。
注：①转轴收敛于7个迭代。②因子负载小于0.5的剔除，不在本表显示。

第三节 信度分析

利用 SPSS 22.0 的"可靠性检验"得出各变量的 Cronbach's α 系数值和各题项的 CITC 值，从表6-9可以看出，所有变量下的题项的 CITC 值均大于0.60，而且所有变量的基于标准化项的 Cronbach's α 系数均大于0.70，量表具有较高信度，总体基于标准化项的 Cronbach's α 系数值更是达到了0.967，说明总体测量量表所有题项具有非常好的信度。

表 6-9　　　　　　　　　　信度检验结果

变量	题项	CITC	基于标准化项的 Cronbach's α	基于标准化项的 Cronbach's α
结果公平	结果公平 1	0.786	0.886	0.967
	结果公平 2	0.784		
	结果公平 3	0.805		
	结果公平 4	0.636		
过程公平	过程公平 1	0.835	0.910	
	过程公平 2	0.835		
互动公平	互动公平 1	0.632	0.796	
	互动公平 2	0.676		
	互动公平 3	0.616		
期望不一致	期望不一致 1	0.725	0.879	
	期望不一致 2	0.785		
	期望不一致 3	0.791		
持续信任	持续信任 1	0.804	0.937	
	持续信任 2	0.807		
	持续信任 3	0.828		
	持续信任 4	0.839		
	持续信任 5	0.837		
	持续信任 6	0.758		
满意度	满意度 1	0.761	0.883	
	满意度 2	0.767		
	满意度 3	0.792		
重复购买意愿	重复购买意愿 1	0.823	0.928	
	重复购买意愿 2	0.800		
	重复购买意愿 3	0.835		
	重复购买意愿 4	0.763		
	重复购买意愿 5	0.831		

第四节　验证性因子分析

上一节样本数据的 EFA 结果显示，量表具有良好的建构效度。本节将应用结构方程建模软件 AMOS 22.0，采用极大似然估计方法对数据进行验证性因子分析（CFA），以进一步检验测量模型的拟合度和效度。

一　拟合度检验

用 AMOS 22.0 软件对模型变量进行拟合，结果如表 6-10 和图 6-1 所示，本模型的 CMIN/DF 为 2.464，达到小于 3 的标准；CFI、IFI、AGFI 都超过建议标准；RMSEA 为 0.043，小于建议的 0.08。综上可知，此测量模型与样本数据的总体拟合度很好。

表 6-10　　　　　　　　　验证性因子分析指数

	CMIN/DF	RMSEA	CFI	IFI	TLI	AGFI
标准	<3	<0.08	>0.9	>0.9	>0.9	>0.8
实际值	2.464	0.043	0.937	0.977	0.972	0.919

二　效度检验

（一）内容效度

本章中量表的开发过程参阅了大量国内外相关研究文献中的成熟量表，同时请教相关领域的专家和博士研究生加以评议和修订，并考虑了本书具体情况以及调查对象的语言使用习惯。然后，在量表初稿

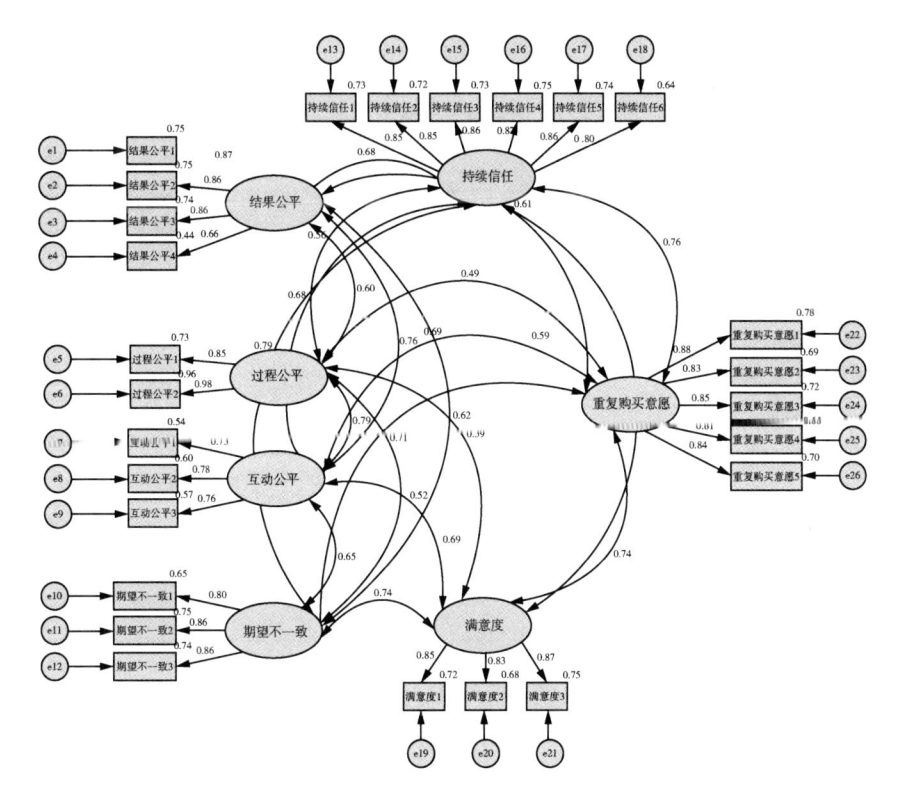

图 6-1　测量模型验证性因子分析结果

设计完成之后，经过 90 人次的实验预测试，又对题项及其表述进行了修改与补充，因此，量表具有较高的内容效度。

(二) 建构效度

1. 收敛效度

量表的收敛效度如表 6-11 所示，从表中可以得出，因素负荷值都大于 0.6，CR 都大于 0.7 并且 AVE 都大于 0.5，由此可知，本书量表具有良好的收敛效度。

表 6-11　　收敛效度分析结果

变量	题项	因子负荷值	CR	AVE
结果公平	结果公平 1	0.866	0.889	0.669
	结果公平 2	0.865		
	结果公平 3	0.861		
	结果公平 4	0.660		
过程公平	过程公平 1	0.852	0.915	0.843
	过程公平 2	0.980		
互动公平	互动公平 1	0.732	0.798	0.569
	互动公平 2	0.775		
	互动公平 3	0.755		
期望不一致	期望不一致 1	0.804	0.881	0.713
	期望不一致 2	0.864		
	期望不一致 3	0.863		
持续信任	持续信任 1	0.853	0.938	0.718
	持续信任 2	0.846		
	持续信任 3	0.857		
	持续信任 4	0.867		
	持续信任 5	0.860		
	持续信任 6	0.798		
满意度	满意度 1	0.849	0.884	0.717
	满意度 2	0.826		
	满意度 3	0.865		
重复购买意愿	重复购买意愿 1	0.882	0.924	0.710
	重复购买意愿 2	0.833		
	重复购买意愿 3	0.848		
	重复购买意愿 4	0.810		
	重复购买意愿 5	0.838		

2. 区别效度

总体量表的区别效度结果见表 6-12，从表中可以看出，区别效度的标准均得到了满足，即测量工具有良好的区别效度。

表 6-12　　　　　　变量之间的区别效度分析结果

变量	结果公平	过程公平	互动公平	期望不一致	持续信任	满意度	重复购买意愿
结果公平	0.818						
过程公平	0.599	0.918					
互动公平	0.757	0.790	0.754				
期望不一致	0.624	0.524	0.627	0.844			
持续信任	0.676	0.556	0.684	0.791	0.847		
满意度	0.692	0.588	0.693	0.742	0.781	0.847	
重复购买意愿	0.613	0.494	0.689	0.709	0.764	0.744	0.843

第五节　数据分析与假设检验

一　主效应检验

这一节将对第四章中提出的假设进行检验，为了便于分析，这一章同样对五种服务补救情境分别进行了编号，产品问题厂家反馈情境为 1；产品问题网站反馈情境为 2；产品问题厂家与网站共同反馈为 3；服务问题厂家反馈为 4；服务问题网站反馈为 5。

（一）搜索型商品检验

1. 产品因素

对于手机产品问题的反馈主要有 3 种情境，因此本书采用单因素方差分析 ANOVA 进行验证。在进行 ANOVA 检验之前，需对样本数据进行方差同质性检验，方差同质性检验结果如表 6-13 所示：

表6-13　手机产品因素方差同质性检验结果

	统计量	分子自由度	分母自由度	显著性
结果公平	2.119	2	232	0.122
过程公平	2.281	2	232	0.104
互动公平	2.164	2	232	0.117
期望不一致	0.870	2	232	0.420
持续信任	0.462	2	232	0.630
满意度	0.012	2	232	0.988
重复购买意愿	2.597	2	232	0.077

从表6-13的方差同质性检验结果中，可以看出就"结果公平"检验变量而言，Levene统计量的F值等于2.119，$p=0.122>0.05$；就"过程公平"检验变量而言，Levene统计量的F值等于2.281，$p=0.104>0.05$；就"互动公平"检验变量而言，Levene统计量的F值等于2.164，$p=0.117>0.05$；就"期望不一致"检验变量而言，Levene统计量的F值等于0.870，$p=0.420>0.05$；就"持续信任"检验变量而言，Levene统计量的F值等于0.462，$p=0.630>0.05$；就"满意度"检验变量而言，Levene统计量的F值等于0.012，$p=0.988>0.05$，就"重复购买意愿"检验变量而言，Levene统计量的F值等于2.597，$p=0.077>0.05$，这七个检验变量均未达到0.05的显著水平，表明这五组样本的方差差异均未达显著，亦即均未违反方差同质性假定，方差具有同质性。接下来，进行ANOVA检验，检验结果如表6-14所示：

表6-14　手机产品因素ANOVA检验结果

		平方和	自由度	平均平方和	F值	显著性
结果公平	组内	17.255	2	8.628	5.099	0.007
	组间	392.565	232	1.692		
	总和	409.821	234			

续表

		平方和	自由度	平均平方和	F 值	显著性
过程公平	组内	20.248	2	10.124	5.971	0.003
	组间	393.323	232	1.695		
	总和	413.570	234			
互动公平	组内	15.080	2	7.540	5.113	0.007
	组间	342.160	232	1.475		
	总和	357.241	234			
期望不一致	组内	10.897	2	5.449	3.210	0.042
	组间	393.839	232	1.698		
	总和	404.736	234			
持续信任	组内	15.798	2	7.899	4.443	0.013
	组间	412.474	232	1.778		
	总和	428.272	234			
满意度	组内	16.822	2	8.411	4.942	0.008
	组间	394.896	232	1.702		
	总和	411.718	234			
重复购买意愿	组内	16.346	2	8.173	4.119	0.017
	组间	460.336	232	1.984		
	总和	476.682	234			

从上述方差分析摘要表中可得,就结果公平、过程公平、互动公平、期望不一致、持续信任、满意度和重复购买意愿七个变量而言,整体检验的 F 值分别为 5.099（p = 0.007 < 0.05）、5.971（p = 0.003 < 0.05）、5.113（p = 0.007 < 0.05）、3.210（p = 0.042 < 0.05）、4.443（p = 0.013 < 0.05）、4.942（p = 0.008 < 0.05）、4.119（p = 0.017 < 0.05）,均达到显著水平,表示补救情境对这七个变量的主效应都是显著的,也就是说在不同的补救情境下,以上七个变量表现出了明显的差异性。假设 H4.11 得到验证。

但还不能据此得到在不同情境下的比较,如要知道不同补救情境下的详细差别,还需要进行进一步的事后比较来证实,事后检验方法选择了 LSD 方法，事后检验结果如表 6-15 所示。

表 6-15　手机产品因素 ANOVA 分析 LSD 事后检验结果

因变量	(I) 补救情境	(J) 补救情境	平均差异 (I-J)	标准误	显著性	95% 的置信区间	
						下界	上界
结果公平	1	2	-0.28873	0.19871	0.148	-0.6802	0.1028
		3	-0.68071*	0.21320	0.002	-1.1008	-0.2607
	2	1	0.28873	0.19871	0.148	-0.1028	0.6802
		3	-0.39198	0.21851	0.074	-0.8225	0.0386
	3	1	0.68071*	0.21320	0.002	0.2607	1.1008
		2	0.39198	0.21851	0.074	-0.0386	0.8225
过程公平	1	2	0.51289*	0.19890	0.011	0.1210	0.9048
		3	-0.19963	0.21340	0.351	-0.6201	0.2208
	2	1	-0.51289*	0.19890	0.011	-0.9048	-0.1210
		3	-0.71252*	0.21873	0.001	-1.1435	-0.2816
	3	1	0.19963	0.21340	0.351	-0.2208	0.6201
		2	0.71252*	0.21873	0.001	0.2816	1.1435
互动公平	1	2	0.40053*	0.18551	0.032	0.0350	0.7660
		3	-0.23321	0.19904	0.243	-0.6254	0.1589
	2	1	-0.40053*	0.18551	0.032	-0.7660	-0.0350
		3	-0.63374*	0.20400	0.002	-1.0357	-0.2318
	3	1	0.23321	0.19904	0.243	-0.1589	0.6254
		2	0.63374*	0.20400	0.002	0.2318	1.0357
期望不一致	1	2	0.09569	0.19903	0.631	-0.2964	0.4878
		3	-0.43223*	0.21354	0.044	-0.8530	-0.0115
	2	1	-0.09569	0.19903	0.631	-0.4878	0.2964
		3	-0.52792*	0.21887	0.017	-0.9591	-0.0967
	3	1	0.43223*	0.21354	0.044	0.0115	0.8530
		2	0.52792*	0.21887	0.017	0.0967	0.9591

续表

因变量	(I) 补救情境	(J) 补救情境	平均差异（I-J）	标准误	显著性	95%的置信区间	
						下界	上界
持续信任	1	2	0.13938	0.20368	0.494	-0.2619	0.5407
		3	-0.50407*	0.21854	0.022	-0.9346	-0.0735
	2	1	-0.13938	0.20368	0.494	-0.5407	0.2619
		3	0.64345*	0.22399	0.004	-1.0848	-0.2021
	3	1	0.50407*	0.21854	0.022	0.0735	0.9346
		2	0.64345*	0.22399	0.004	0.2021	1.0848
满意度	1	2	0.25523	0.19930	0.202	-0.1374	0.6479
		3	-0.43142*	0.21383	0.045	-0.8527	-0.0101
	2	1	-0.25523	0.19930	0.202	-0.6479	0.1374
		3	-0.68665*	0.21916	0.002	-1.1185	-0.2549
	3	1	0.43142*	0.21383	0.045	0.0101	0.8527
		2	0.68665*	0.21916	0.002	0.2549	1.1185
重复购买意愿	1	2	0.20366	0.21518	0.345	-0.2203	-0.6276
		3	-0.46618*	0.23087	0.045	-0.9210	-0.0113
	2	1	-0.20366	0.21518	0.345	0.6276	0.2203
		3	-0.66984*	0.23663	0.005	-1.1361	-0.2036
	3	1	0.46618*	0.23087	0.045	0.0113	0.9210
		2	0.66984*	0.23663	0.005	0.2036	1.1361

注：*平均差异在0.05水平是显著的。

从表6-15可以看出，对于结果公平变量，补救情境1和2之间差异不显著（p=0.148>0.05），补救情境1和3之间差异显著（p=0.002<0.05）且平均差异为-0.68071，补救情境2和3之间差异不显著（p=0.074>0.05）；对于过程公平变量，补救情境1和2之间差异显著（p=0.011<0.05）且平均差异为0.51289，补救情境1和3之间差异不显著（p=0.351>0.05），补救情境2和3之间差异显著（p=0.001<0.05）且平均差异为-0.71252；对于互动公平变量，补救情境1和2之间差异显著（p=0.032<0.05）且平均差异为0.40053，

补救情境 1 和 3 之间差异不显著（p = 0.243 > 0.05），补救情境 2 和 3 之间差异显著（p = 0.002 < 0.05）且平均差异为 - 0.63374；对于期望不一致变量，补救情境 1 和 2 之间差异不显著（p = 0.631 > 0.05），补救情境 1 和 3 之间差异显著（p = 0.044 < 0.05）且平均差异为 - 0.43223，补救情境 2 和 3 之间差异显著（p = 0.017 < 0.05）且平均差异为 - 0.52792；对于持续信任变量，补救情境 1 和 2 之间差异不显著（p = 0.494 > 0.05），补救情境 1 和 3 之间差异显著（p = 0.022 < 0.05）且平均差异为 - 0.50407，补救情境 2 和 3 之间差异显著（p = 0.004 < 0.05）且平均差异为 - 0.64345；对于满意度变量，补救情境 1 和 2 之间差异不显著（p = 0.202 > 0.05），补救情境 1 和 3 之间差异显著（p = 0.045 < 0.05）且平均差异为 - 0.43142，补救情境 2 和 3 之间差异显著（p = 0.002 < 0.05）且平均差异为 - 0.68665；对于重复购买意愿变量，补救情境 1 和 2 之间差异不显著（p = 0.345 > 0.05），补救情境 1 和 3 之间差异显著（p = 0.045 < 0.05）且平均差异为 - 0.46618，补救情境 2 和 3 之间差异显著（p = 0.005 < 0.05）且平均差异为 - 0.66984。

由数据分析可知，对于手机因产品因素发生失误的情况，制造商对负面评论在网站上进行补救（补救情境 1）在对已购消费者的感知过程公平、互动公平方面的影响要优于零售商的补救（补救情境 2）；制造商和零售商同时进行补救（补救情境 3）对已购消费者在结果公平、期望不一致、持续信任、满意度、重复购买意愿等方面的感知要优于制造商的补救；制造商和零售商同时进行补救（补救情境 3）对已购消费者在过程公平、互动公平、期望不一致、持续信任、满意度和重复购买意愿等方面的感知要优于零售商的补救。因此，总体来说，这三种补救情境对已购消费者在感知公平三维度、期望不一致、持续信任、满意度、重复购买意愿上的影响，制造商和零售商同时进行补救效果要比制造商和零售商单独补救的效果好，而制造商单独补救在公平感知上要略胜于零售商单独补救的效果。假设 H4.11.2、H4.11.3、H4.11.8、H4.11.11、H4.11.12、H4.11.13、H4.11.14、H4.11.16、H4.11.17、H4.11.18、H4.11.19、H4.11.20、H4.11.21 得到验证。

2. 服务因素

采用独立样本 t 检验方法进行验证，组别统计量和独立样本 t 检验结果分别如表 6-16 和表 6-17 所示。

表 6-16　　　　　　　　手机服务因素组别统计量

		个数	平均数	标准差	平均数的标准误
结果公平	4.0	84	4.1071	1.20883	0.13189
	5.0	84	4.6786	1.06390	0.11608
过程公平	4.0	84	4.3155	1.50056	0.16372
	5.0	84	4.8869	1.35405	0.14774
交互公平	4.0	84	4.3770	1.30058	0.14191
	5.0	84	4.7698	1.17193	0.12787
期望不一致	4.0	84	3.6944	1.33455	0.14561
	5.0	84	4.3929	1.24417	0.13575
持续信任	4.0	84	4.2044	1.21854	0.13295
	5.0	84	4.5853	1.23820	0.13510
满意度	4.0	84	4.1111	1.39643	0.15236
	5.0	84	4.6667	1.23752	0.13502
重复购买意愿	4.0	84	4.0810	1.36076	0.14847
	5.0	84	4.5286	1.18734	0.12955

从表 6-17 可知，就结果公平变量而言，$t=-3.252$，$p=0.001<0.05$，达到 0.05 显著水平，平均数差异为 -0.57143，表示两组补救情境有显著差异；就过程公平变量而言，$t=-2.591$，$p=0.010<0.05$，达到 0.05 显著水平，平均数差异为 -0.57143，表示两组补救情境有显著差异；就互动公平变量而言，$t=-2.057$，$p=0.041<0.05$，达到 0.05 显著水平，平均数差异为 -0.39286，表示两组补救

表 6-17 手机服务因素独立样本 t 检验结果

		方差相等的 Levene 检验		平均数相等的 t 检验						差异的95%置信区间	
		F 值	显著性	t	自由度 df	显著性(双尾)	平均数差异	标准误差异		下界	上界
结果公平	假设方差相等	0.568	0.452	-3.252	166	0.001	-0.57143	0.17570		-0.91833	-0.22453
	不假设方差相等			-3.252	163.364	0.001	-0.57143	0.17570		-0.91837	-0.22449
过程公平	假设方差相等	0.306	0.581	-2.591	166	0.010	-0.57143	0.22053		-1.00683	-0.13603
	不假设方差相等			-2.591	164.278	0.010	-0.57143	0.22053		-1.00686	-0.13599
互动公平	假设方差相等	0.036	0.850	-2.057	166	0.041	0.39286	0.19102		0.76999	0.01572
	不假设方差相等			-2.057	164.231	0.041	0.39286	0.19102		0.77002	0.01569
期望不一致	假设方差相等	2.792	0.097	-3.508	166	0.001	-0.69841	0.19907		-1.09146	-0.30537
	不假设方差相等			-3.508	165.190	0.001	-0.69841	0.19907		-1.09147	-0.30535
持续信任	假设方差相等	0.070	0.791	-2.010	166	0.046	-0.38095	0.18955		-0.75519	0.00672
	不假设方差相等			-2.010	165.958	0.046	-0.38095	0.18955		-0.75519	0.00672
满意度	假设方差相等	1.195	0.276	-2.729	166	0.007	-0.55556	0.20358		-0.95750	0.15361
	不假设方差相等			-2.729	163.635	0.007	-0.55556	0.20358		-0.95754	0.15357
重复购买意愿	假设方差相等	1.292	0.259	-2.272	166	0.024	-0.44762	0.19705		-0.83666	-0.05858
	不假设方差相等			-2.272	163.007	0.024	-0.44762	0.19705		-0.83671	-0.05853

注:* 平均差异在0.05水平是显著的。

情境有显著差异；就期望不一致变量而言，t = -3.508，p = 0.001 < 0.05，达到 0.05 显著水平，平均数差异为 -0.69841，表示两组补救情境有显著差异；就持续信任变量而言，t = -2.010，p = 0.046 < 0.05，达到 0.05 显著水平，表示两组补救情境有显著差异；就满意度变量而言，t = -2.729，p = 0.007 < 0.05，达到 0.05 显著水平，表示两组补救情境有显著差异；就重复购买意愿变量而言，t = -2.272，p = 0.024 < 0.05，达到 0.05 显著水平，平均数差异为 -0.44762，表示两组补救情境有显著差异。

经过分析可知，对于手机服务因素引起的服务失误，零售商对负面评论进行补救对已购消费者的感知公平三维度、期望不一致、持续信任和重复购买意愿等方面的影响都要优于制造商的补救。假设 H4.13、H4.13.1、H4.13.2、H4.13.3、H4.13.4、H4.13.5、H4.13.6、H4.13.7 得到验证。

（二）体验型商品检验

1. 产品因素

采用单因素方差分析（ANOVA）对已购消费者对产品因素引起的各项感知和决策差异进行验证。在进行 ANOVA 检验之前，需对样本数据进行方差同质性检验，方差同质性检验结果如表 6-18 所示。

表 6-18　　　　羽绒服产品因素方差同质性检验结果

	统计量	分子自由度	分母自由度	显著性
结果公平	0.852	2	226	0.428
过程公平	1.414	2	226	0.245
互动公平	6.339	2	226	0.002
期望不一致	2.088	2	226	0.126
持续信任	7.635	2	226	0.001
满意度	5.089	2	226	0.007
重复购买意愿	1.631	2	226	0.198

从表 6-18 的方差同质性检验结果中，可以看出就结果公平、过程公平、期望不一致、重复购买意愿检验变量而言，p 值分别为 0.428、0.245、0.126、0.198 都大于 0.05，这四个检验变量均未达到 0.05 的显著水平，表明该群体样本的方差具有同质性；就互动公平、持续信任和满意度检验变量而言，p 值分别为 0.002、0.001、0.007 都小于 0.05，这三个检验变量均达到 0.05 的显著水平，表明该群体样本的方差不具有同质性。因此，在事后检验中应用不同的方法。

接下来，进行 ANOVA 检验，检验结果如表 6-19 所示。

表 6-19　　　　　　　　羽绒服产品因素 ANOVA 检验结果

		平方和	自由度	平均平方和	F 值	显著性
结果公平	组间	33.045	2	16.522	8.901	0.000
	组内	419.533	226	1.856		
	总和	452.578	228			
过程公平	组间	36.748	2	18.374	6.965	0.001
	组内	596.230	226	2.638		
	总和	632.978	228			
互动公平	组间	29.099	2	14.549	7.618	0.001
	组内	431.658	226	1.910		
	总和	460.757	228			
期望不一致	组间	21.672	2	10.836	4.688	0.010
	组内	522.434	226	2.312		
	总和	544.107	228			
持续信任	组间	18.910	2	9.455	5.053	0.007
	组内	422.859	226	1.871		
	总和	441.770	228			
满意度	组间	18.124	2	9.062	4.865	0.009
	组内	420.954	226	1.863		
	总和	439.078	228			

续表

		平方和	自由度	平均平方和	F 值	显著性
重复购买意愿	组间	16.574	2	8.287	3.853	0.023
	组内	486.088	226	2.151		
	总和	502.662	228			

从上述方差分析摘要表中可知，就结果公平、过程公平、互动公平、期望不一致、持续信任、满意度和重复购买意愿七个变量而言，整体检验的 F 值分别为 8.901（$p=0.000<0.05$）、6.965（$p=0.001<0.05$）、7.618（$p=0.001<0.05$）、4.688（$p=0.010<0.05$）、5.053（$p=0.007<0.05$）、4.865（$p=0.009<0.05$）、3.853（$p=0.023<0.05$），均达到显著水平，表示补救情境对这七个变量的主效应都是显著的，也就是说在不同的补救情境下，以上七个变量表现出了明显的差异性。假设 H4.12 得到验证。

要知道不同补救情境下的详细差别，还需要进行进一步的事后比较来证实。由于结果公平、过程公平、期望不一致、重复购买意愿四个变量的三组样本的方差符合同质性的假定，因而在事后比较中，选择了 LSD 检验法，而互动公平、持续信任和满意度三个变量的三组样本的方差不符合同质性的假定，因而在事后比较中，选择了 Dunnett's T3 检验法，事后检验结果如表 6 – 20 和表 6 – 21 所示。

表 6 – 20　　　　　　　　羽绒服产品因素 LSD 检验结果

因变量	（I）补救情境	（J）补救情境	平均差异（I – J）	标准误	显著性	95% 的置信区间	
						下界	上界
结果公平	1	2	0.22191	0.23426	0.718	– 0.3441	0.7879
		3	– 0.69823*	0.20218	0.002	– 1.1859	– 0.2105
	2	1	– 0.22191	0.23426	0.718	– 0.7879	0.3441
		3	– 0.92014*	0.22973	0.000	– 1.4757	– 0.3645

续表

因变量	(I) 补救情境	(J) 补救情境	平均差异(I-J)	标准误	显著性	95%的置信区间	
						下界	上界
结果公平	3	1	0.69823*	0.20218	0.002	0.2105	1.1859
		2	0.92014*	0.22973	0.000	0.3645	1.4757
过程公平	1	2	0.73067*	0.26885	0.022	0.0807	1.3806
		3	-0.25585	0.24783	0.661	-0.8541	0.3424
	2	1	-0.73067*	0.26885	0.022	-1.3806	-0.0807
		3	-0.98652*	0.28714	0.002	-1.6805	-0.2926
	3	1	0.25585	0.24783	0.661	-0.3424	0.8541
		2	0.98652*	0.28714	0.002	0.2926	1.6805
期望不一致	1	2	0.26190	0.25345	0.660	-0.3510	0.8748
		3	-0.50744	0.22987	0.084	-1.0624	0.0475
	2	1	-0.26190	0.25345	0.660	-0.8748	0.3510
		3	-0.76934*	0.27042	0.015	-1.4229	-0.1157
	3	1	0.50744	0.22987	0.084	-0.0475	1.0624
		2	0.76934*	0.27042	0.015	0.1157	1.4229
重复购买意愿	1	2	0.16233	0.25020	0.887	-0.4420	0.7666
		3	-0.49110	0.22069	0.080	-1.0235	0.0413
	2	1	-0.16233	0.25020	0.887	-0.7666	0.4420
		3	-0.65343*	0.24270	0.024	-1.2403	-0.0666
	3	1	0.49110	0.22069	0.080	-0.0413	1.0235
		2	0.65343*	0.24270	0.024	0.0666	1.2403

注：*平均差异在0.05水平是显著的。

表6-21　　　　羽绒服产品因素Dunnett's T3检验结果

因变量	(I) 补救情境	(J) 补救情境	平均差异(I-J)	标准误	显著性	95%的置信区间	
						下界	上界
互动公平	1	2	0.56764	0.24756	0.068	-0.0308	1.1661
		3	-0.33541	0.19439	0.237	-0.8044	0.1335
	2	1	-0.56764	0.24756	0.068	-1.1661	0.0308
		3	-0.90305*	0.23388	0.001	-1.4695	-0.3366

续表

因变量	(I) 补救情境	(J) 补救情境	平均差异 (I-J)	标准误	显著性	95%的置信区间	
						下界	上界
互动公平	3	1	0.33541	0.19439	0.237	-0.1335	0.8044
		2	0.90305*	0.23388	0.001	0.3366	1.4695
持续信任	1	2	0.13180	0.24450	0.931	-0.4594	0.7230
		3	-0.55080*	0.19209	0.014	-1.0142	-0.0874
	2	1	-0.13180	0.24450	0.931	-0.7230	0.4594
		3	-0.68260*	0.23481	0.013	-1.2512	-0.1140
	3	1	0.55080*	0.19209	0.014	0.0874	1.0142
		2	0.68260*	0.23481	0.013	0.1140	1.2512
满意度	1	2	0.13257	0.24156	0.927	-0.4516	0.7168
		3	-0.53709*	0.19342	0.018	-1.0037	-0.0705
	2	1	-0.13257	0.24156	0.927	-0.7168	0.4516
		3	-0.66966*	0.23745	0.017	-1.2444	-0.0949
	3	1	0.53709*	0.19342	0.018	0.0705	1.0037
		2	0.66966*	0.23745	0.017	0.0949	1.2444

注：*平均差异在0.05水平是显著的。

从表6-20可以看出，对于结果公平变量而言，补救情境1和2之间差异不显著（p=0.718>0.05），补救情境1和3之间差异显著（p=0.002<0.05）且平均差异为-0.69823，补救情境2和3之间差异显著（p=0.000<0.05）且平均差异为-0.92014；对于过程公平变量而言，补救情境1和2之间差异显著（p=0.022<0.05）且平均差异为0.73067，补救情境1和3之间差异不显著（p=0.661>0.05），补救情境2和3之间差异显著（p=0.002<0.05）且平均差异为-0.98652；对于期望不一致变量而言，补救情境1和2之间差异不显著（p=0.660>0.05），补救情境1和3之间差异不显著（p=0.084>0.05），补救情境2和3之间差异显著（p=0.015<0.05）且平均差异为-0.76934；对于重复购买意愿变量而言，补救情境1和2之间

差异不显著（p = 0.887 > 0.05），补救情境 1 和 3 之间差异不显著（p = 0.080 > 0.05），补救情境 2 和 3 之间差异显著（p = 0.0024 < 0.05）且平均差异为 - 0.65343；

从表 6 - 21 可以得出，对于互动公平变量而言，补救情境 1 和 2 之间差异不显著（p = 0.068 > 0.05），补救情境 1 和 3 之间差异不显著（p = 0.237 > 0.05），补救情境 2 和 3 之间差异显著（p = 0.001 < 0.05）且平均差异为 - 0.90305；对于持续信任变量，补救情境 1 和 2 之间差异不显著（p = 0.931 > 0.05），补救情境 1 和 3 之间差异显著（p = 0.014 < 0.05）且平均差异为 - 0.55080，补救情境 2 和 3 之间差异显著（p = 0.013 < 0.05）且平均差异为 - 0.68260；对于满意度变量，补救情境 1 和 2 之间差异不显著（p = 0.927 > 0.05），补救情境 1 和 3 之间差异显著（p = 0.018 < 0.05）且平均差异为 - 0.53709，补救情境 2 和 3 之间差异显著（p = 0.017 < 0.05）且平均差异为 - 0.66966。

通过对以上数据分析可知，对于羽绒服因产品因素发生失误的情况，制造商对负面评论在网站上进行补救在对已购消费者的感知过程公平方面的影响要优于零售商的补救；制造商和零售商同时进行补救对已购消费者在结果公平、期望不一致、持续信任、满意度、重复购买意愿等方面的感知要优于制造商的补救；制造商和零售商同时进行补救对已购消费者在结果公平、程序公平、互动公平、期望不一致、持续信任、满意度和重复购买意愿等方面的感知都要优于零售商的补救。因此，总体来说，制造商和零售商同时进行补救的情境对已购消费者在感知公平、期望不一致、持续信任、满意度、重复购买意愿上的影响要比制造商和零售商单独补救的效果好，而制造商单独补救与零售商单独补救的效果差异不大。假设 H4.12.1、H4.12.2、H4.12.3、H4.12.4、H4.12.5、H4.12.6、H4.12.7、H4.12.8、H4.12.11、H4.12.12、H4.12.13、H4.12.14、H4.12.15、H4.12.16、H4.12.17、H4.12.18、

H4.12.19、H4.12.20、H4.12.21 得到验证。

2. 服务因素

采用独立样本 t 检验方法进行验证，组别统计量和独立样本 t 检验结果分别如表 6-22 和表 6-23 所示。

表 6-22　　　　　　　　羽绒服服务因素组别统计量

补救情境		个数	平均数	标准差	平均数的标准误
结果公平	4	67	4.0112	1.31601	0.16078
	5	87	4.6667	1.16056	0.12443
过程公平	4	67	4.3284	1.56562	0.19127
	5	87	4.8736	1.20613	0.12931
互动公平	4	67	4.3433	1.37065	0.16745
	5	87	4.9080	1.07556	0.11531
期望不一致	4	67	4.0249	1.42997	0.17470
	5	87	4.5594	1.25599	0.13466
持续信任	4	67	4.3035	1.40823	0.17204
	5	87	4.7797	1.01745	0.10908
满意度	4	67	4.3483	1.50133	0.18342
	5	87	4.8123	1.13632	0.12183
重复购买意愿	4	67	4.3940	1.52950	0.18686
	5	87	4.9080	1.15851	0.12421

从表 6-23 可知，就结果公平变量而言，$t = -3.277$，$p = 0.001 < 0.05$，达到 0.05 显著水平，平均数差异为 -0.65547，表示两组补救情境有显著差异；就过程公平变量而言，$t = -2.361$，$p = 0.020 < 0.05$，达到 0.05 显著水平，平均数差异为 -0.54521，表示两组补救情境有显著差异；就互动公平变量而言，$t = -2.866$，$p = 0.005 < 0.05$，达到 0.05 显著水平，平均数差异为 -0.56476，表示两组补救情境有显著差异；就期望不一致变量而言，$t = -2.465$，$p = 0.015 < 0.05$，达到 0.05 显著水平，平均数差异为 -0.53451，表示两组补救

表 6-23　羽绒服服务因素独立样本 t 检验结果

		方差相等的 Levene 检验		平均数相等的 t 检验					差异的 95% 置信区间	
		F 值	显著性	t	自由度 df	显著性（双尾）	平均数差异	标准误差异	下界	上界
结果公平	假设方差相等	2.480	0.117	-3.277	152	0.001	-0.65547	0.20000	-1.05062	-0.26033
	不假设方差相等			-3.224	132.310	0.002	-0.65547	0.20330	-1.05761	-0.25334
过程公平	假设方差相等	5.335	0.022	-2.442	152	0.016	-0.54521	0.22330	-0.98638	-0.10403
	不假设方差相等			-2.361	120.760	0.020	-0.54521	0.23088	-1.00230	-0.08811
互动公平	假设方差相等	2.153	0.144	-2.866	152	0.005	0.56476	0.19705	0.95415	0.17538
	不假设方差相等			-2.778	122.326	0.006	0.56476	0.20331	0.96723	0.16229
期望不一致	假设方差相等	1.172	0.281	-2.465	152	0.015	-0.53451	0.21688	-0.96300	-0.10602
	不假设方差相等			-2.423	131.970	0.017	-0.53451	0.22057	-0.97083	-0.09820
持续信任	假设方差相等	10.661	0.001	-2.436	152	0.016	-0.47621	0.19551	-0.86248	0.08995
	不假设方差相等			-2.338	115.417	0.021	-0.47621	0.20371	-0.87970	0.07272
满意度	假设方差相等	8.731	0.004	-2.183	152	0.031	-0.46400	0.21250	-0.88384	0.04416
	不假设方差相等			-2.107	119.265	0.037	-0.46400	0.22019	-0.89999	0.02802
重复购买意愿	假设方差相等	7.150	0.008	-2.374	152	0.019	-0.51402	0.21656	-0.94187	-0.08616
	不假设方差相等			-2.291	119.329	0.024	-0.51402	0.22437	-0.95828	-0.06975

注：* 平均差异在 0.05 水平是显著的。

情境有显著差异;就持续信任变量而言,t = -2.338,p = 0.021 < 0.05,达到 0.05 显著水平,平均数差异为 -0.47621,表示两组补救情境有显著差异;就满意度变量而言,t = -2.107,p = 0.037 < 0.05,达到 0.05 显著水平,平均数差异为 -0.46400,表示两组补救情境有显著差异;就重复购买意愿变量而言,t = -2.291,p = 0.024 < 0.05,达到 0.05 显著水平,平均数差异为 -0.51402,表示两组补救情境有显著差异。

经过分析可知,对于羽绒服服务因素引起的服务失误,零售商对负面评论进行补救对已购消费者的感知公平三维度、期望不一致、持续信任和重复购买意愿等方面的影响都要优于制造商的补救。假设 H4.14、H4.14.1、H4.14.2、H4.14.3、H4.14.4、H4.14.5、H4.14.6、H4.14.7 得到验证。

二 路径分析

为了验证其他假设及理论模型,采用了 AMOS 22.0 进行了模型拟合和路径分析,模型适配效果如表 6-24 所示,本模型的 CMIN/DF 达到标准;CFI、IFI、AGFI 都超过建议标准;RMSEA 为 0.000,小于建议的 0.08。因此可知,此测量模型与样本数据的总体适配度很好。

表 6-24　　　　　　　　模型适配度统计量

	CMIN	DF	P	RMSEA	CFI	IFI	TLI	AGFI
标准			>0.05	<0.08	>0.9	>0.9	>0.9	>0.8
实际值	3.828	4	0.430	0.000	0.999	1.000	1.000	0.990

模型路径系数与显著性水平如表 6-25 所示。经过模型路径分析可知,结果公平、过程公平、互动公平以及期望不一致对持续信任和满意度都有显著正向影响,而且持续信任和满意度对重复购买意愿有显著正向影

响（见图 6-2 所示）。假设 H4.15.1、H4.15.2、H4.15.3、H4.15.4、H4.15.5、H4.15.6、H4.16.1、H4.16.2、H4.17、H4.18 得到验证。

表 6-25　　模型路径系数及显著性水平

路径	Estimate	标准化系数	C.R.	P
持续信任 <--- 结果公平	0.279	0.026	10.643	***
满意度 <--- 结果公平	0.285	0.031	9.297	***
持续信任 <--- 过程公平	0.088	0.025	3.487	***
满意度 <--- 过程公平	0.077	0.030	2.608	***
持续信任 <--- 互动公平	0.237	0.031	7.565	***
满意度 <--- 互动公平	0.296	0.037	8.082	***
持续信任 <--- 期望不一致	0.318	0.024	13.492	***
满意度 <--- 期望不一致	0.225	0.028	8.176	***
重复购买意愿 <--- 持续信任	0.591	0.036	16.392	***
重复购买意愿 <--- 满意度	0.326	0.035	9.249	***

注：*** 为 1‰ 显著。

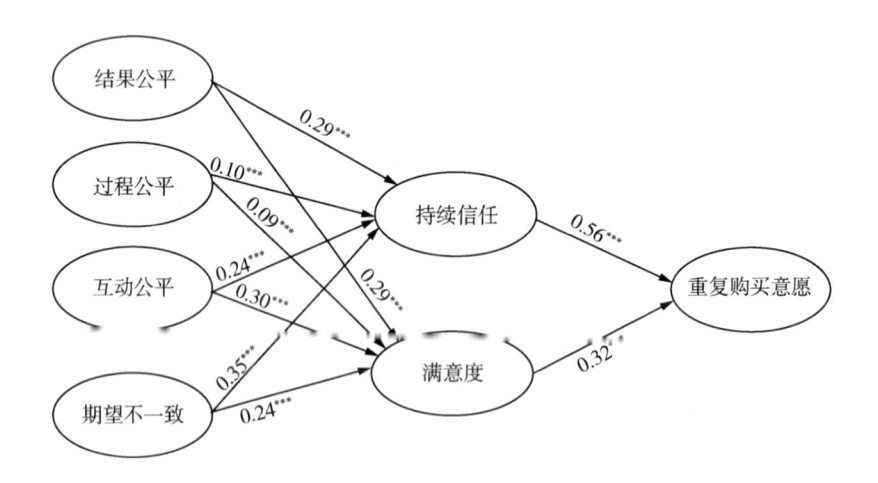

图 6-2　已购消费者模型分析结果

注：*** 为 1‰ 显著。

本章研究假设验证结果如表 6-26 所示。

第六章 不同反馈主体服务补救情境对已购消费者购买意愿的影响:实证检验　189

表 6-26　　　　　　　　　　　研究假设验证结果

假设	结果	
H4.11	对于搜索型商品,因产品因素引起的服务失误,不同反馈主体进行服务补救的情境对已购消费者感知公平三维度、期望不一致、持续信任、满意度和重复购买意愿的影响有显著差别	支持
H4.11.1	对于搜索型商品,因产品因素引起的服务失误,制造商补救比零售商补救对已购消费者的结果公平感知影响更高	不支持
H4.11.2	对于搜索型商品,因产品因素引起的服务失误,制造商补救比零售商补救对已购消费者的程序公平感知影响更高	支持
H4.11.3	对于搜索型商品,因产品因素引起的服务失误,制造商补救比零售商补救对已购消费者的互动公平感知影响更高	支持
H4.11.4	对于搜索型商品,因产品因素引起的服务失误,制造商补救比零售商补救更能超出已购消费者的期望	不支持
H4.11.5	对于搜索型商品,因产品因素引起的服务失误,制造商补救比零售商补救对已购消费者的持续信任影响更高	不支持
H4.11.6	对于搜索型商品,因产品因素引起的服务失误,制造商补救比零售商补救对已购消费者的满意度影响更高	不支持
H4.11.7	对于搜索型商品,因产品因素引起的服务失误,制造商补救比零售商补救对已购消费者的重复购买意愿影响更高	不支持
H4.11.8	对于搜索型商品,因产品因素引起的服务失误,制造商和零售商同时补救对已购消费者的结果公平感知影响比制造商单独补救影响更高	支持
H4.11.9	对于搜索型商品,因产品因素引起的服务失误,制造商和零售商同时补救对已购消费者的过程公平感知影响比制造商单独补救影响更高	不支持
H4.11.10	对于搜索型商品,因产品因素引起的服务失误,制造商和零售商同时补救对已购消费者的互动公平感知影响比制造商单独补救影响更高	不支持
H4.11.11	对于搜索型商品,因产品因素引起的服务失误,制造商和零售商同时补救比制造商单独补救更能超出已购消费者的期望	支持
H4.11.12	对于搜索型商品,因产品因素引起的服务失误,制造商和零售商同时补救对已购消费者的持续信任影响比制造商单独补救影响更高	支持
H4.11.13	对于搜索型商品,因产品因素引起的服务失误,制造商和零售商同时补救对已购消费者的满意度影响比制造商单独补救影响更高	支持

续表

假设	结果	
H4.11.14	对于搜索型商品，因产品因素引起的服务失误，制造商和零售商同时补救对已购消费者的重复购买意愿影响比制造商单独补救影响更高	支持
H4.11.15	对于搜索型商品，因产品因素引起的服务失误，制造商和零售商同时补救对已购消费者的结果公平感知影响比零售商单独补救影响更高	不支持
H4.11.16	对于搜索型商品，因产品因素引起的服务失误，制造商和零售商同时补救对已购消费者的过程公平感知影响比零售商单独补救影响更高	支持
H4.11.17	对于搜索型商品，因产品因素引起的服务失误，制造商和零售商同时补救对已购消费者的互动公平感知影响比零售商单独补救影响更高	支持
H4.11.18	对于搜索型商品，因产品因素引起的服务失误，制造商和零售商同时补救比零售商单独补救更能超出已购消费者的期望	支持
H4.11.19	对于搜索型商品，因产品因素引起的服务失误，制造商和零售商同时补救对已购消费者的持续信任影响比零售商单独补救影响更高	支持
H4.11.20	对于搜索型商品，因产品因素引起的服务失误，制造商和零售商同时补救对已购消费者的满意度影响比零售商单独补救影响更高	支持
H4.11.21	对于搜索型商品，因产品因素引起的服务失误，制造商和零售商同时补救对已购消费者的重复购买意愿影响比零售商单独补救影响更高	支持
H4.12	对于体验型商品，因产品因素引起的服务失误，不同反馈主体进行服务补救的情境对已购消费者感知公平三维度、期望不一致、持续信任、满意度和重复购买意愿的影响有显著差别	支持
H4.12.1	对于体验型商品，因产品因素引起的服务失误，制造商补救和零售商补救对已购消费者的结果公平感知影响区别不大	支持
H4.12.2	对于体验型商品，因产品因素引起的服务失误，制造商补救比零售商补救对已购消费者的程序公平感知影响更高	支持
H4.12.3	对于体验型商品，因产品因素引起的服务失误，制造商补救和零售商补救对已购消费者的互动公平感知影响区别不大	支持
H4.12.4	对于体验型商品，因产品因素引起的服务失误，制造商补救和零售商补救对已购消费者的期望不一致影响区别不大	支持
H4.12.5	对于体验型商品，因产品因素引起的服务失误，制造商补救和零售商补救对已购消费者的初始信任影响区别不大	支持

第六章　不同反馈主体服务补救情境对已购消费者购买意愿的影响：实证检验

续表

假设	结果	
H4.12.6	对于体验型商品，因产品因素引起的服务失误，制造商补救和零售商补救对已购消费者的满意度影响区别不大	支持
H4.12.7	对于体验型商品，因产品因素引起的服务失误，制造商补救和零售商补救对已购消费者的重复购买意愿影响区别不大	支持
H4.12.8	对于体验型商品，因产品因素引起的服务失误，制造商和零售商同时补救对已购消费者的结果公平感知影响比制造商单独补救影响更高	支持
H4.12.9	对于体验型商品，因产品因素引起的服务失误，制造商和零售商同时补救对已购消费者的过程公平感知影响比制造商单独补救影响更高	不支持
H4.12.10	对于体验型商品，因产品因素引起的服务失误，制造商和零售商同时补救对已购消费者的互动公平感知影响比制造商单独补救影响更高	不支持
H4.12.11	对于体验型商品，因产品因素引起的服务失误，制造商和零售商同时补救比制造商单独补救更能超出已购消费者的期望	支持
H4.12.12	对于体验型商品，因产品因素引起的服务失误，制造商和零售商同时补救对已购消费者的持续信任影响比制造商单独补救影响更高	支持
H4.12.13	对于体验型商品，因产品因素引起的服务失误，制造商和零售商同时补救对已购消费者的满意度影响比制造商单独补救影响更高	支持
H4.12.14	对于体验型商品，因产品因素引起的服务失误，制造商和零售商同时补救对已购消费者的重复购买意愿影响比制造商单独补救影响更高	支持
H4.12.15	对于体验型商品，因产品因素引起的服务失误，制造商和零售商同时补救对已购消费者的结果公平感知影响比零售商单独补救影响更高	支持
H4.12.16	对于体验型商品，因产品因素引起的服务失误，制造商和零售商同时补救对已购消费者的过程公平感知影响零售商单独补救影响更高	支持
H4.12.17	对于体验型商品，因产品因素引起的服务失误，制造商和零售商同时补救对已购消费者的互动公平感知影响比零售商单独补救影响更高	支持
H4.12.18	对于体验型商品，因产品因素引起的服务失误，制造商和零售商同时补救比零售商单独补救更能超出已购消费者的期望	支持

续表

假设	结果	
H4.12.19	对于体验型商品,因产品因素引起的服务失误,制造商和零售商同时补救对已购消费者的持续信任影响比零售商单独补救影响更高	支持
H4.12.20	对于体验型商品,因产品因素引起的服务失误,制造商和零售商同时补救对已购消费者的满意度影响比零售商单独补救影响更高	支持
H4.12.21	对于体验型商品,因产品因素引起的服务失误,制造商和零售商同时补救对已购消费者的重复购买意愿影响比零售商单独补救影响更高	支持
H4.13	对于搜索型商品,因服务因素引起的服务失误,不同反馈主体进行服务补救的情境对已购消费者感知公平三维度、期望不一致、持续信任、满意度和重复购买意愿的影响有显著差别	支持
H4.13.1	对于搜索型商品,因服务因素引起的服务失误,零售商补救比制造商补救对已购消费者的结果公平感知影响更高	支持
H4.13.2	对于搜索型商品,因服务因素引起的服务失误,零售商补救比制造商补救对已购消费者的过程公平感知影响更高	支持
H4.13.3	对于搜索型商品,因服务因素引起的服务失误,零售商补救比制造商补救对已购消费者的互动公平感知影响更高	支持
H4.13.4	对于搜索型商品,因服务因素引起的服务失误,零售商补救比制造商补救更能超出已购消费者的期望	支持
H4.13.5	对于搜索型商品,因服务因素引起的服务失误,零售商补救比制造商补救对已购消费者的持续信任影响更高	支持
H4.13.6	对于搜索型商品,因服务因素引起的服务失误,零售商补救比制造商补救对已购消费者的满意度影响更高	支持
H4.13.7	对于搜索型商品,因服务因素引起的服务失误,零售商补救比制造商补救对已购消费者的重复购买意愿影响更高	支持
H4.14	对于体验型商品,因服务因素引起的服务失误,不同反馈主体进行服务补救的情境对已购消费者感知公平三维度、期望不一致、持续信任、满意度和重复购买意愿的影响有显著差别	支持
H4.14.1	对于体验型商品,因服务因素引起的服务失误,零售商补救比制造商补救对已购消费者的结果公平感知影响更高	支持
H4.14.2	对于体验型商品,因服务因素引起的服务失误,零售商补救比制造商补救对已购消费者的过程公平感知影响更高	支持

续表

假设	结果	
H4.14.3	对于体验型商品，因服务因素引起的服务失误，零售商补救比制造商补救对已购消费者的互动公平感知影响更高	支持
H4.14.4	对于体验型商品，因服务因素引起的服务失误，零售商补救比制造商补救更能超出已购消费者的期望	支持
H4.14.5	对于体验型商品，因服务因素引起的服务失误，零售商补救比制造商补救对已购消费者的持续信任影响更高	支持
H4.14.6	对于体验型商品，因服务因素引起的服务失误，零售商补救比制造商补救对已购消费者的满意度影响更高	支持
H4.14.7	对于体验型商品，因服务因素引起的服务失误，零售商补救比制造商补救对已购消费者的重复购买意愿影响更高	支持
H4.15.1	不论是搜索型商品还是体验型商品，服务补救中消费者的结果公平感知与其持续信任呈正相关关系	支持
H4.15.2	不论是搜索型商品还是体验型商品，服务补救中消费者的程序公平感知与其持续信任呈正相关关系	支持
H4.15.3	不论是搜索型商品还是体验型商品，服务补救中消费者的互动公平感知与其持续信任呈正相关关系	支持
H4.15.4	不论是搜索型商品还是体验型商品，服务补救中消费者的结果公平感知与其满意度呈正相关关系	支持
H4.15.5	不论是搜索型商品还是体验型商品，服务补救中消费者的程序公平感知与其满意度呈正相关关系	支持
H4.15.6	不论是搜索型商品还是体验型商品，服务补救中消费者的互动公平感知与其满意度呈正相关关系	支持
H4.16.1	不论是搜索型商品还是体验型商品，服务补救中消费者的期望不一致与其持续信任呈正相关关系	支持
H4.16.2	不论是搜索型商品还是体验型商品，服务补救中消费者的期望不一致与其满意度呈正相关关系	支持
H4.17	不论是搜索型商品还是体验型商品，服务补救中消费者的持续信任与其重复购买意愿呈正相关关系	支持
H4.18	不论是搜索型商品还是体验型商品，服务补救中消费者的持续信任与其重复购买意愿呈正相关关系	支持

第六节　本章小结

本章采用模拟情境实验方法，对不同反馈主体情境下对已购消费者的购买意愿影响做了研究，根据不同的主体反馈情况把实验情境设计为相应的 10 种情境，然后针对 10 种情境分别组织不同的人群进行实验，得到实验数据。

实验数据经过信度分析、探索性因子分析和验证性因子分析，验证数据有很好的信度、内容效度、收敛效度和区别效度，表明数据与概念模型能很好地拟合。

为了检验假设，采用 SPSS 22.0 对 10 种情境下的数据分别进行 ANOVA 分析和独立样本 t 检验，采用 AMOS 22.0 软件进行路径分析，70 个假设中有 60 个假设通过验证，10 个假设未通过验证。

经过数据分析本章得出以下结论：

（1）对于搜索型商品因产品因素发生失误的情况下，制造商对负面评论进行补救对已购消费者的感知过程公平、互动公平方面的影响要优于零售商的补救；制造商和零售商同时进行补救对已购消费者在结果公平、期望不一致、持续信任、满意度、重复购买意愿等方面的感知要优于制造商的补救；制造商和零售商同时进行补救对已购消费者在过程公平、互动公平、期望不一致、持续信任、满意度和重复购买意愿等方面的感知要优于零售商的补救。

假设 H4.11.1、H4.11.4、H4.11.6、H4.11.7 未通过检验，可能是因为对于购买搜索型商品的已购消费者来说，发生了因产品因素的服务失误，制造商的反馈会让消费者感觉到企业的诚意，在过程公平和互动公平上要感觉只比零售商反馈要更公平一些，但是消费者依然希望能得到零售商的退换货承诺，这让已购消费者觉得更有保障。假设 H4.11.9 和 H4.11.10 未通过检验，是因为有制造商进行反馈已经让消费者在程序公平和互动公平感知上有了更公平的感觉,所以再加上零售商的补救也没有太大的影响,反而会对结果公平感知有较大的影响。同样,假设 H4.11.15 未通过验证,因为已购消费者更注视零售商的退换货承诺,因此在零售商反馈的基础上加上制造商的反馈并不能让已购消费者在结果公平上感觉更加有优势。

因此,对于搜索型商品已购消费者来说,更注重是否有零售商的退换货承诺,总体来说,对已购消费者在感知公平、期望不一致、持续信任、满意度、重复购买意愿上的影响,制造商和零售商同时进行补救效果要比制造商和零售商单独补救的效果好,而制造商单独补救在公平感知上要略胜于零售商单独补救的效果。

(2)对于体验型商品因产品因素发生失误的情况下,制造商对负面评论在网站上进行补救,对已购消费者的感知过程公平方面的影响要优于零售商的补救;制造商和零售商同时进行补救对已购消费者在结果公平、期望不一致、持续信任、满意度、重复购买意愿等方面的感知要优于制造商的单独补救;制造商和零售商同时进行补救对已购消费者在结果公平、程序公平、互动公平、期望不一致、持续信任、满意度和重复购买意愿等方面的感知都要优于零售商的单独补救。

假设 H4.12.9、H4.12.10 未通过验证,因已购消费者在遭遇产品因素服务失误时制造商的反馈会让消费者感觉到企业的诚意,但消费者依然希望能得到零售商的退换货服务承诺,因此制造商和零售商同时进行补救比制造商单独补救在结果公平上让消费者感觉更有保障,但在过程公平和互动公平上与制造商单独补救的效果差异不大。

因此,总体来说,对于体验型商品,制造商和零售商同时进行补救的情境对已购消费者在感知公平、期望不一致、持续信任、满意度、重复购买意愿上的影响要比制造商和零售商单独补救的效果好,而制造商单独补救与零售商单独补救的效果差异不大。

(3)对于服务因素引起的服务失误,对搜索型和体验型商品来说，零售商对负面评论进行补救对已购消费者的感知公平三维度、期望不一致、持续信任和重复购买意愿等方面的影响都要优于制造商的补救。

（4）结果公平、程序公平和互动公平对持续信任和满意度影响都有显著正向影响，期望不一致对持续信任和满意度影响都有显著正向影响，而且持续信任和满意度对重复购买意愿有显著正向影响。

因此，本章研究结果建议，对于因产品因素引起的服务失误，应由制造商和零售商同时进行补救，其对已购消费者的重复购买意愿影响更大；对于因服务因素引起的服务失误，应由零售商进行补救。

第七章　主要结论与展望

本章对本书的主要研究工作进行了梳理，阐述了主要结论和管理启示；然后，讨论了本书研究的不足以及对未来研究的展望。

第一节　主要结论

随着电子商务的迅速发展，在线评论已成为当代消费者获得产品信息的重要来源，有研究指出61.7%的消费者在购买商品时会首先参考商品在线评论。对于潜在消费者来说，如果评论中有对商品的质量或者服务相关的负面评论势必会影响其对商品质量和网站服务的不良感知，进而影响其购买意愿，使得商品销量受损，因此，需要对负面评论进行补救，以消除潜在消费者的不良感知，促使其形成首次购买意愿；对于已购消费者来说，遭遇服务失误发布负面评论后，企业需进行及时补救，以使已购消费者对企业再次形成信任和满意，从而引起重复购买意愿。

传统的服务补救研究都默认为补救的主体就是服务提供方，对于网络购物环境的补救主体即是网络零售商，但随着电子商务的发展，在B2C环境下，对负面评论进行补救的主体不仅有网络零售商还有制造商。遗憾的是，现有研究鲜有针对不同补救主体进行补救对消费者影响的差异的研究，因此，本书对这一缺陷进行了研究，弥补了现有服务补救的不足。

本书采用模拟实验情境方法，以在校大学生和研究生为研究样本，采用信度检验、效度检验、ANOVA 分析、独立样本 t 检验以及结构方程模型等方法，以服务失误、服务补救、感知公平理论、期望不一致理论、感知风险、TAM 模型、消费者购买意愿等为理论基础，构建了不同反馈主体服务补救情境对消费者购买意愿影响的理论模型，并对此进行了实证检验分析。

本书首先分别用回归分析和神经网络方法对消费者对在线评论感知有用性进行了实证研究；其次，开发了模拟在线购物平台对消费者使用在线评论的行为偏好进行了研究；再次，基于文献回顾和分析构建了不同反馈主体服务补救情境对消费者购买意愿影响的理论模型；又次，根据实际情况设计了实验情境并通过文献采集、焦点小组头脑风暴、专家意见和预测试开发了各个变量测量量表；最后，分别针对潜在消费者和已购消费者两类人群进行实验，收集实验数据，进行实证分析。本书主要研究工作和结论如下：

第一，研究了网络购物消费者在使用商品在线评论时的行为习惯，首先，分别用回归分析和神经网络建模分析方法，利用真实评论数据进行分析，分析表明评论长度、评论者可信度、评论情感倾向对消费者对于在线评论的感知有用性有显著的影响。不管用哪种方法进行分析，都可以得出评论情感倾向对消费者的影响比较显著。

其次，开发了一个模拟在线购物平台进行实验，研究消费者在在线购物时使用在线评论的行为偏好，经过实验研究发现，消费者在浏览商品在线评论时，大部分的人会先阅读好评，但是从阅读评论的平均时间上看，阅读差评的时间最长，表明在线消费者十分重视负面评论，为避免负面评论对消费者造成的不良影响，企业应及时对负面评论进行补救。

第二，构建了不同反馈主体服务补救情境对消费者购买意愿影响模型。本书针对现今 B2C 网站上对负面评论进行服务补救的反馈主体有零售商和制造商两类补救主体，把服务失误类型分为产品因素和服务因素两种类型，把商品类型分为搜索型和体验型，分别考虑了对潜在消费者和已购消费者两类人群的影响，构建了以服务失误、服务补救、感知公平理论、期望不一致理论、感知风险、TAM 模型等理论为基础的不同反馈主体服务补救情境对消费者购买意愿影响的理论模型，形成不同反馈主体服务补救情境对消费者购买意愿影响的体系结构，为后续章节的实证研究奠定基础，也为其他学者的研究提供参考。

第三，采用模拟情境实验方法，对不同反馈主体情境下对潜在消费者的购买意愿影响做了研究，研究显示不同主体进行反馈时对潜在消费者的感知有用性、感知易用性、感知风险、初始信任、产品态度和首次购买意愿有显著差别。

数据分析得出以下详细结论：（1）对于搜索型商品因产品因素发生失误的情况下，制造商对负面评论进行补救对潜在消费者的感知有用性、感知易用性方面的影响要优于零售商的补救；制造商和零售商同时进行补救对潜在消费者的感知有用性、感知易用性方面的影响与制造商单独补救区别不大；而制造商和零售商同时进行补救对潜在消费者的感知有用性、感知易用性方面的有利影响要远大于零售商的补救；而这三种补救情境对潜在消费者在感知风险、初始信任、产品态度和首次购买意愿上的影响，制造商的补救要比零售商的补救效果好，制造商和零售商同时进行补救的效果比制造商单独补救的效果好，而制造商和零售商同时补救的效果要远优于零售商单独补救的效果。（2）对于体验型商品因产品因素发生失误的情况下，制造商对负面评论进行补救在对潜在消费者的感知有用性、感知易用性、初始信任、产品态度和首次购买意愿这六方面的影响要优于零售商的补救，而制造商的补救在感知风险方面的影响要低于零售商的补救；而制造商和零售商同时进行补救对潜在消费者的感知易用性、初始信任和首次购买意愿这三方面的有益影响要大于制造商的单独补救，对潜在消费者的风险感知方面要低于制造商的单独补救；而与零售商补救情境相比，制造商和零售商同时补救的效果在感知有用性、感知易用性、初始信任、产品态度和首次购买意愿等方面的影响要远优于零售商的单独补救，在感知风险方面要远低于零售商的单独补救。(3) 对于服务因素引起的服务失误，体验型商品和搜索型商品的检验结果一致，零售商对负面评论进行补救对潜在消费者的感知有用性、感知易用性、感知风险、初始信任和购买意愿等方面的影响都要明显优于制造商的补救。

因此，研究结果建议，虽然搜索型和体验型两类商品，在个别变量上的影响有所区别，但总的来说，对于因产品因素引起的服务失误，制造商补救比零售商补救对潜在消费者的首次购买意愿影响大，而制造商和零售商同时补救对潜在消费者的首次购买意愿影响要大于制造商的单独补救；对于因服务因素引起的服务失误，应由零售商来进行补救。

第四，采用模拟情境实验方法，对不同反馈主体情境下已购消费者的购买意愿影响做了研究，研究显示不同主体进行反馈对已购消费者的感知公平、期望不一致、持续信任、满意度和重复购买意愿影响有显著差别。

经过数据分析得出以下详细结论：

（1）对于搜索型商品因产品因素发生失误的情况下，制造商对负面评论进行补救对已购消费者的感知过程公平、互动公平方面的影响要优于零售商的补救；制造商和零售商同时进行补救对已购消费者在结果公平、期望不一致、持续信任、满意度、重复购买意愿等方面的感知要优于制造商的补救；制造商和零售商同时进行补救对已购消费者在过程公平、互动公平、期望不一致、持续信任、满意度和重复购买意愿等方面的感知要优于零售商的补救。

因此，对于搜索型商品，总体来说，对已购消费者在感知公平、期望不一致、持续信任、满意度、重复购买意愿上的影响，制造商和零售商同时进行补救效果要比制造商和零售商单独补救的效果好，而制造商单独补救在公平感知上要略优于零售商单独补救的效果。

（2）对于体验型商品因产品因素发生失误的这种情况下，制造商对负面评论在网站上进行补救对已购消费者的感知过程公平方面的影响要优于零售商的补救；制造商和零售商同时进行补救对已购消费者在结果公平、期望不一致、持续信任、满意度、重复购买意愿等方面的感知要优于制造商的补救；制造商和零售商同时进行补救对已购消费者在结果公平、程序公平、互动公平、期望不一致、持续信任、满意度和重复购买意愿等方面的感知都要优于零售商的补救。

因此，对于体验型商品，制造商和零售商同时进行补救的情境对已购消费者在感知公平、期望不一致、持续信任、满意度、重复购买意愿上的影响要比制造商和零售商单独补救的效果好，而制造商单独补救与零售商单独补救的效果差异不大。

（3）对于服务因素引起的服务失误，对搜索型和体验型商品来说，零售商对负面评论进行补救对已购消费者的感知公平三维度、期望不一致、持续信任和重复购买意愿等方面的影响都要优于制造商的补救。

第五，对于潜在消费者，感知有用性、感知易用性与初始信任和产品态度呈显著正相关关系，感知风险与初始信任和产品态度呈显著负相关关系，初始信任和产品态度与首次购买意愿呈显著正相关关系，而感知有用性、感知易用性和感知风险与首次购买意愿不相关。感知有用性、感知易用性和感知风险完全通过初始信任和产品态度影响潜在消费者的首次购买意愿。

第六，对于已购消费者，结果公平、程序公平和互动公平与持续信任和满意度呈显著正相关关系，期望不一致与持续信任和满意度呈显著正相关关系，持续信任和满意度与重复购买意愿呈显著正相关关系。

现将不同主体反馈情境对消费者购买意愿影响的比较效果用表7-1简要表示。

表7-1　　　　不同主体反馈情境对消费者购买意愿影响比较

消费者类型	商品类型	服务失误类型	服务补救主体比较	总体效果
潜在消费者	搜索型	产品因素	制造商 VS 零售商	制造商补救比零售商补救效果好
			制造商与零售商 VS 零售商	制造商与零售商共同补救比零售商单独补救效果好
			制造商与零售商 VS 制造商	制造商与零售商共同补救比制造商单独补救效果好
		服务因素	制造商 VS 零售商	零售商补救比制造商补救效果好
	体验型	产品因素	制造商 VS 零售商	制造商补救比零售商补救效果好
			制造商与零售商 VS 零售商	制造商与零售商共同补救比零售商单独补救效果好
			制造商与零售商 VS 制造商	制造商与零售商共同补救比制造商单独补救效果好
		服务因素	制造商 VS 零售商	零售商补救比制造商补救效果好

续表

消费者类型	商品类型	服务失误类型	服务补救主体比较	总体效果
已购消费者	搜索型	产品因素	制造商 VS 零售商	制造商补救比零售商补救效果略好
			制造商与零售商 VS 零售商	制造商与零售商共同补救比零售商单独补救效果好
			制造商与零售商 VS 制造商	制造商与零售商共同补救比制造商单独补救效果好
		服务因素	制造商 VS 零售商	零售商补救比制造商补救效果好
	体验型	产品因素	制造商 VS 零售商	制造商补救与零售商补救区别不大
			制造商与零售商 VS 零售商	制造商与零售商共同补救比零售商单独补救效果好
			制造商与零售商 VS 制造商	制造商与零售商共同补救比制造商单独补救效果好
		服务因素	制造商 VS 零售商	零售商补救比制造商补救效果好

第二节 管理启示

本书相关研究结论，对于服务补救领域研究具有一定的理论贡献，并且对于B2C电商企业对消费者发布在网站上的负面评论进行补救，以赢得潜在消费者的首次购买意愿和已购消费者的重新满意和持续信任从而引起其重复购买意愿有重要的实践意义。

一 B2C企业应重视负面评论并给予相应补救

现在，消费者在购买商品时会首先参考商品在线评论（宋晓兵等，2011）。本书采用实证研究方法和模拟实验方法研究了网络购物消费者在使用商品在线评论时的行为习惯，发现评论的情感倾向（好评、中评或差评）对消费者的感知有用性影响显著，并且从阅读评论的平均时间上看，消费者阅读负面评论的时间最长，表明网购消费者十分重视负面评论，而负面的在线评论容易损害品牌形象，对消费者感知有用性产生影响（Sen S. & Lerman D.，2007），影响消费者对商家的初始信任（单初和鲁耀斌，2010），增加感知风险，并将大大降低潜在消费者选择该品牌商品的可能性（Lundeen、Hannon & McKerma-Harmon, 1995），因此，避免负面评论对消费者造成的不良影响，企业应重视负面评论并及时对负面评论进行补救，以减少对潜在消费者的负面影响，促使其形成首次购买意愿，提升商品销量并且使得已购消费者能够对企业产生持续信任和满意度，形成重复购买意愿，使其成为企业的忠实顾客。

二 根据不同的服务失误类型，建议不同的主体进行补救

根据本书研究，不同服务失误类型、不同反馈主体进行补救时对消费者的影响有显著差异。

对于潜在消费者来说，希望能从其他消费者的商品评论中搜寻关于产品质量或网站服务的真实信息，以制定自己的购买决策，而其他消费者关于产品因素方面的负面评论有可能是因为自己对解决方案不了解、自己操作失误等原因引起的，这时如果有制造商（厂家）进驻给予专业的解答和补救，会比零售商（网站客服）补救给予潜在消费者关于产品更多有用的信息，让潜在消费者感到企业的诚意，减少其感知风险，进而增加其对企业初始信任，从而促进其形成首次购买意愿。因为潜在消费者愿意购买商品是基于商品能够满足自己预期的基础上，并不愿意发生退换货的麻烦事宜。如果能在制造商的专业答复

基础上加上零售商的补救，会给潜在消费者更多的安全感知保障，会减少其感知风险，从而比只有制造商补救对潜在消费者的首次购买意愿影响更大。

对已购消费者来说，遭遇产品因素的服务失误后，会对产品产生很大的失望，制造商的补救虽然能让其感受到企业的重视并且有可能会寻求到解决方案，但是也仍然会希望企业提供退换货的承诺，因此，制造商和零售商同时进行补救能够给消费者增加选择补救的方式，会减少已购消费者的怨言，增加其公平感知，从而对企业形成持续信任和满意度，最终使其成为企业忠诚顾客而形成重复购买意愿。

对于因服务因素产生的服务失误，零售商会比制造商更加专业和了解情况，因此零售商的补救会更加有效。

综合起来，本书建议，对于由产品因素引起的服务失误，应由制造商进行补救，制造商和零售商同时进行补救的效果会更好；对于由服务因素引起的服务失误，应由零售商来进行补救。

三　补救信息应增加专业性

本书研究证实，对于潜在消费者来说，所获信息的感知有用性、感知易用性和感知风险对其初始信任和产品态度都有显著影响，而初始信任和产品态度对首次购买意愿有显著正向影响。因此，在对负面评论进行补救时应尽可能给出详尽、专业的答复，以增强消费者的感知有用性和感知易用性，减少消费者对产品或服务的风险感知，从而最终对首次购买意愿产生影响，增加商品的销量。

四　补救措辞应谦虚、礼貌

经本书研究，已购消费者的感知公平和期望不一致对持续信任和满意度均有显著正向影响，而持续信任和满意度又对重复购买意愿有显著正向影响，而感知公平包括结果公平、程序公平和互动公平三个维度，除了最终补救结果令消费者满意外，在与消费者互动过程中的态度也尤为重要，因此，企业在对负面评论进行服务补救时应注意措辞的谦虚、礼貌等，如承认失误、真诚道歉、给予详细解答和提供适当补偿等，化解消费者的负面情绪，积极解决问题，以重获消费者信任和满意，促成其成为企业忠诚顾客，形成重复购买意愿。

第三节 不足和展望

本书结合服务失误、服务补救、感知公平理论、期望不一致理论、感知风险理论和 TAM 模型，研究了不同主体反馈情境对消费者购买意愿的影响，扩充服务补救理论研究，帮助 B2C 电商企业更有效地对负面评论进行补救，最终帮助企业实现更大盈利，具有一定的理论价值和现实意义。但也存在一些不足：

（1）本书主要采用大学生和研究生为研究样本，虽然内部同质性较高，但是学生的消费水平、习惯和经验都有局限，今后再深入研究时将采用更为丰富的样本。

（2）本书采用模拟情境实验法，通过书面描述让被试者感知模拟的情境，并测量被试者的相应反应。虽然通过实验老师讲解，努力将被试者带入模拟情境，但与现实情境仍会有所偏差，今后深入研究时将真正开发模拟购物平台，并从后台采集被试者的行为数据。

参考文献

《2011年淘宝数据盛典》，淘宝网，http：//www.taobao.coin/go/act/sale/tbsjsAphp，2012-02-24。

《2013年中国网络购物市场研究报告》，艾瑞市场咨询有限公司2013年版。

常亚平、罗劲、阎俊：《服务补救悖论形成机理研究》，《管理评论》2012年第3期。

常亚平、姚慧平、韩丹、阎俊、张金隆：《管理评论》2009年第11期。

陈忠卫、董晓波：《服务补救理论述评》，《中外企业家》2005年第4期。

单初、鲁耀斌：《正面与负面网上评价对C2C商家初始信任影响的实证研究》，《图书情报工作》2010年第12期。

董长虹：《Matlab神经网络与应用》，国防工业出版社2005年版。

董大海、李广辉、杨毅：《消费者网上购物感知风险构面研究》，《管理学报》2005年第1期。

杜建刚、范秀成：《服务补救中情绪对补救后顾客满意和行为的影响——基于情绪感染视角的研究》，《管理世界》2007年第8期。

范秀成、刘建华：《顾客关系、信任与顾客对服务失败的反应》，《南开管理评论》2004年第6期。

郝媛媛、叶强、李一军：《基于影评数据的在线评论有用性影响因素研究》,《管理科学学报》2010 年第 8 期。

侯杰泰、温忠麟、成子娟:《结构方程模型及其应用》,中国人民大学出版社 2002 年版。

侯如靖、张初兵、易牧农:《服务补救情境下在线消费者后悔对行为意向的影响》,《经济管理》2012 年第 9 期。

黄菊:《三个购买阶段影响消费者购买意愿因素的研究——基于 HD 洗发水新产品的实证》,《西南民族大学学报》(人文社会科学版) 2011 年第 11 期。

金立印:《顾客服务补救预期:形成因素及对顾客满意的影响》,《营销科学学报》2006 年第 2 期。

井淼、王方华、周颖:《消费者网上购买行为感知风险动态模型研究》,《工业工程与管理》2005 年第 6 期。

井淼、周颖、彭娟:《论消费者购买行为中的感知风险》,《消费经济》2005 年第 5 期。

李琪、马凯、阮燕雅:《负面评论和评级的不一致性对感知有用性的影响研究——以产品类型作为调节变量》,《软科学》2014 年第 4 期。

李琪、阮燕雅:《信誉、消费者保障机制和在线评论对网上消费者首次购买意愿的影响研究》,《经济经纬》2014 年第 4 期。

陆海霞、吴小丁、苏立勋:《差评真的那么可怕吗?——负面线上评论对消费者购买行为的影响研究》,《北京社会科学》2014 年第 5 期。

马双、王永贵、张璟:《服务补救后顾客满意驱动机制的实证研究——基于电子商务背景下对感知风险和购物经验调节效应的剖析》,《山西财经大学学报》2011 年第 4 期。

Philip Kotle:《营销管理》,上海人民出版社 2006 年版。

荣泰生:《AMOS 与研究方法》,重庆大学出版社 2010 年版。

宋晓兵、丛竹、董大海:《网络口碑对消费者产品态度的影响机理研究》,《管理学报》2011 年第 4 期。

宋亦平、王晓艳：《服务失误归因对服务补救效果的影响》，《南开管理评论》2005 年第 4 期。

汪涛、李燕萍：《虚拟社区中推荐者特征对推荐效果的影响》，《商业经济与管理》2007 年第 11 期。

王增民、胡伟、潘煜：《服务补救理论综述及运作策略探讨》，《管理现代化》2014 年第 4 期。

韦福祥：《对服务补救若干问题的探讨》，《天津商学院学报》2002 年第 1 期。

温碧燕、汪纯孝、岑成德：《服务公平性、顾客消费情感与顾客和企业的关系》，《中山大学学报》（社会科学版）2004 年第 2 期。

温忠麟、张雷、侯杰泰、刘红云：《中介效应检验程序及其应用》，《心理学报》2004 年第 5 期。

吴明隆：《结构方程模型——AMOS 的操作与应用》，重庆大学出版社 2014 年版。

吴明隆：《问卷统计分析实务——SPSS 操作与应用》，重庆大学出版社 2010 年版。

谢礼珊、申文果、梁晓丹：《顾客感知的服务公平性与顾客公民行为关系研究——基于网络服务环境的实证研究》，《管理评论》2008 年第 6 期。

闫俊、胡少龙、常亚平：《基于公平视角的网络环境下服务补救对顾客忠诚的作用机理研究》，《管理评论》2013 年第 10 期。

杨铭、祁巍、闫相斌、李一军：《在线商品评论的效用分析研究》，《管理科学学报》2012 年第 5 期。

殷国鹏：《消费者认为怎样的在线评论更有用？——社会性因素的影响效应》，《管理世界》2012 年第 12 期。

殷国鹏、刘雯雯、祝珊：《网络社区在线评论有用性影响模型研究——基于信息采纳与社会网络视角》，《图书情报工作》2012 年第 16 期。

于丹、董大海、金玉芳、李广辉：《基于消费者视角的网上购物感知风险研究》，《营销科学学报》2006年第2期。

詹志方、王辉：《消费者电视购物感知风险维度研究》，《消费经济》2009年第4期。

张初兵、侯如靖、易牧农：《网络服务补救后感知公平、情绪与行为意向的关系——基于关系质量的调节中介模型》，《山西财经大学学报》2014年第1期。

张杰：《服务补救满意研究》，《企业经济》2012年第5期。

张圣亮、高欢：《服务补救方式对消费者情绪和行为意向的影响》，《南开管理评论》2011年第2期。

张圣亮、张文光：《服务补救程度对消费者情绪和行为意向的影响》，《北京理工大学学报》（社会科学版）2009年第6期。

赵丽娜、韩冬梅：《基于BP神经网络的在线评论效用影响因素研究》，《情报科学》2015年第6期。

赵丽娜、韩冬梅：《基于不同商品类型的在线评论感知有用性实证》，《决策与统计》2015年第16期。

赵丽娜、韩冬梅：《基于社交媒体的在线评论感知有用预测模型》，《微型机与应用》2015年第1期。

郑秋莹、范秀成：《网上零售业服务补救策略研究——基于公平理论和期望理论的探讨》，《管理评论》2007年第10期。

钟舒凌：《B2C企业竞争行为与策略的博弈分析》，《时代金融》2012年第21期。

Ahluwalia, R., Burnkrant, R. E., Unnava, H. R., "Consumer Response to Negative Publicity: The Moderating Role of Commitment", *Journal of Marketing Research*, Vol. 37, No. 2, 2000, pp. 203–214.

Ajzen, Icek, "The Theory of Planned Behavior", *Organizational Behavior & Human Decision Processes*, Vol. 50, No. 2, 1991, pp. 179–211.

Alba, J., Lynch, J., Weitz, B., et al., "Interactive Home Shopping: Consumer, Retailer, and Manufacturer Incentives to Participate in Electronic Marketplaces", *Journal of Marketing*, Vol. 61, No. 3, 1997, p. 38.

Ambrose, M., Hess, R. L., Ganesan, S., "The Relationship Between Justice and Attitudes: An Examination of Justice Effects on Event and System-related Attitudes", *Organizational Behavior and Human Decision Processes*, No. 103, 2007, pp. 21 – 36.

Anderson, J. C., Gerbing, D. W., "Structural Equation Modeling in Practice: A Review and Recommended Two-step Approach", *Psychological Bulletin*, Vol. 103, 1988, pp. 411 – 423.

Andreassen, T. W., "Antecedents to Satisfaction with Service Recovery", *European Journal of Marketing*, No. 34, 2000, pp. 156 – 175.

Aron O'Cass, Tino Fenech, "Web Retailing Adoption: Exploring the Nature of Internet Users Web Retailing Behavior", *Journal of Retailing and Consumer Service*, Vol. 10, No. 2, 2003, pp. 81 – 94.

Bansal, H. S., Voyer, P. A., "Word of Mouth Processes within a Services Purchase Decision Context", *Journal of Service Research*, Vol. 3, No. 2, 2000, pp. 166 – 177.

Bauer, R. A., "Consumer Behavior as Risk Taking", In: Hancock, R. S., Ed., Dynamic Marketing for a Changing World, Proceedings of the 43rd. *Conference of the American Marketing Association*, 1960, pp. 389 – 398.

Baron, R. M., Kenny, D. A., "The Moderator and Mediator Variable Distinction in Social Psychological Research: Conceptual, Strategic, and Statistical Considerations", *Journal of Personality and Social Psychology*, Vol. 51, No. 6, 1986, pp. 1173 – 1182.

Baumeister, R. F., Dhavale, D., Tice, D. M., "Responding to Major Threats to Self-esteem: A Preliminary, Narrative Study of ego-shock", *Journal of Social and Clinical Psychology*, Vol. 22, No. 1, 2003, pp. 79 – 96.

Bell, C. R., Zemke, R. E., "Service Breakdown: The Road to Recovery", *Management Review*, Vol. 76, No. 10, 1987, pp. 32 – 35.

Bennett, P. D., Harrell, G. D., "The Role of Confidence in Understanding and Predicting Buyers' Attitudes and Purchase Intentions", *Journal of Consumer Research*, Vol. 2, No. 2, 1975, pp. 110 – 17.

Bentler, P. M., *EQS Structural Equations Program Manual*, Los Angeles, CA: BMDP, 1989.

Berry, L. L., "Relationship Marketing of Services-Growing Interest, Emerging Perspectives", *Journal of the Academy of Marketing Science*, Vol. 23, No. 4, 1995, pp. 236 – 245.

Berscheid, Ellen, Snyder, Mark, Omoto, Allen, M., "The Relationship Closeness Inventory: Assessing the Closeness of Interpersonal Relationships", *Journal of Personality and Social Psychology*, Vol. 57, No. 5, 1989, p. 792.

Besty, H. B., Sijun, W., Janet, P. T., "The Role of Cumulative Online Purchaseing Experience in Service Recovery Management", *Journal of Interactive Marketing*, Vol. 19, No. 3, 2005, pp. 54 – 66.

Bettman, James, R., "Perceived Risk and Its Components: a Model and Empirical Test", *Journal of Marketing Research*, Vol. 10, May, 1973, pp. 184 – 190.

Bhatnagar Amit, Misra Sanjog, Rao, H. R., "On Risk, Convenience, and Internet Shopping Behavior", *Communications of the ACM*, Vol. 43, No. 11, 2000, pp. 98 – 105.

Bies, R. J., Moag, J. S., "Interactional Communication Criteria of Fairness", *Research in Organizational Behavior*, Vol. 9, 1986, pp. 289 – 319.

Bitner, M. J., Booms, B. H. & Tetreault, M. H., "The Service Encounter: Diagnosing Favorable and Unfavorable Incidents", *Journal of Marketing*, Vol. 54, No. 1, 1990, pp. 71 – 85.

Bitner, M. J., "Evaluating Service Encounters: The Effects of Physical Surroundings and Employee Responses", *Journal of Marketing*, Vol. 103, 1990, pp. 69 – 82.

Bituer, M. J., Booms, B. H., Mohr, L. A., "Critical Service Encounter: The Employee's Viewpoint", *Journal of Marketing*, Vol. 58, No. 4, 1994, pp. 95 – 106.

Blodgett, J. G, Granbois, D. H., Walter, R. G., "The Effects of Perceived Justice on Complaints Negative Word-of-Mouth Behavior and Repatronage Intentions", *Journal of Retailing*, No. 69, 1997, pp. 399 – 427.

Bone, P. F., "Word-of-mouth Effects on Short-term and Long-term Product Judgments", *Journal of Business Research*, Vol. 32, No. 3, 1995, pp. 213 – 223.

Boshoff, C., "A reassessment and Refinement of Recovsat: an Instrument to Measure Satisfaction with Transaction-specific Service Recovery", *Managing Service Quality*, Vol. 15, No. 5, 2005, pp. 410 – 425.

Boshoff, C., "An Experimental Study of Service Recovery Options", *International Journal of Service Industry Management*, Vol. 8, No. 2, 1997, pp. 110 – 130.

Boshoff, C., "An Instrument to Measure Satisfaction: Transaction-Specific Service Recovery", *Journal of Service Research*, Vol. 1, No. 3, 1999, pp. 236 – 249.

Bougie, R., Pieters, R., Zeelenberg, M., "Angry Customers don't Come back, they Get back: The Experience and Behavioral Implications of Anger and Dissatisfaction in Services", Vol. 31, No. 4, 2003, pp. 377 - 393.

Bougie, R., Pieters, R. & Zeelenberg, M., "Angry Customers Don't Come Back, They Get Back: the Experience and Behavioral Implications of Anger and Dissatisfaction in Services", *Academy of Marketing Science*, Vol. 31, No. 4, 2003, pp. 377 - 393.

Bristor, J. M., "Enhanced Explanations of Word of Mouth Communications: The Power of Relationships", *Research in Consumer Behavior*, No. 4, 1990, pp. 51 - 83.

Carlsmith, J. M., Ellsworth, P. C., Aronson, E., "Methods of Research in Social Psychology", *Reading, MA: Addison-Wesley Publishing*, 1976, pp. 125 - 130.

Cases, A. S., "Perceived Risk and Risk-reduction Strategies in Internet Shopping", *The International Review of Retail, Distribution and Consumer Research*, Vol. 12, No. 4, 2002, pp. 375 - 394.

Chang, D., Wang, T., "Consumer Preferences for Service Recovery Options after Delivery Delay When Shopping Online", *Social Behavior and Personality: an International Journal*, Vol. 40, No. 6, 2012, pp. 1033 - 1043.

Chatterjee, P., Patrali, R., "Online Reviews-Do Consumers Use Them?", *Association for Consumer Research*, 2001, pp. 129 - 133.

Chau, P. Y. K., Au, G., Tam, K. Y., "Impact of Information Presentation Modes on Online Shopping: An Empirical Evaluation of a Broadband Interactive Shopping Service", *Journal of Organizational Computing and Electronic Commerce*, Vol. 10, No. 1, 2000, pp. 1 - 20.

Chen, S. C., Dhillon, G. S., "Interpreting Dimensions of Consumer Trust E-Commerce", *Information Technology and Management*, No. 4, 2003, pp. 303 – 318.

Cheung, C. M. K., Lee, M. K O., "Trust in Internet Shopping: Instrument Development and Validation Through Classical and Modern Approaches", *Strategies for Ecommerce Success*, 2002, p. 126.

Chia-Chi, Chang, "Choice, Perceived Control, and Customer Satisfaction: the Psychology of Online Service Recovery", *Cyber Psychology & Behavior*, Vol. 11, No. 3, 2008, pp. 321 – 328.

Churchill, G. A., Suprenant, C., "An Investigation into the Determinants of Customer Satisfaction", *Journal of Marketing Research*, No. 19, 1982, pp. 491 – 504.

Clemmer, E. C., "An Investigation into the Relationship of Fairness and Customer Satisfaction with Service", In R. Cropanzano (Eds.), *Justice in the Workplace: Approaching Fairness in Human Resource Management*, 1993.

Clemmer, E. C., "Fair service", *Adv Serv Mark Manage*, No. 5, 1996, pp. 109 – 126.

Clemmer, E. C., "The Role of Fairness in Customer Satisfaction with Service", Unpublished doctoral dissertation, University of Maryland, College Park, MD, 1988.

Collier, J. E., Bienstock, C. C., "Measuring Service Quality in E-retailing", *Journal of Service Research*, Vol. 8, No. 3, 2006, pp. 260 – 275.

Corbitt, B. J., Theerasak Thanasankit, Han Yi, "Trust and E-commerce: a Study of Consumer Perceptions", *Electronic Commerce Research and Applications*, Vol. 2, No. 3, 2003, pp. 203 – 215.

Corritore, L. C., Kracher, B., Wiedenbeck, S., "On-line Trust: Concepts, Evolving Themes, a Model, Int", *Human-Commputer Studies*, No. 58, 2003, pp. 737 – 758.

Cox, D. F., "Risk Handling in Consumer Behavior-an Intensive Study of 2 Cases", In D. F. Cox (ed), *Risk Taking and Information Handling in Consumer Behavior*, Boston: Harvard University Press, 1967, pp. 33 – 81.

Crosby, L. A., Evans, K. R., Cowles, D., "Relationship Quality in Services Selling: An Interpersonal Influence Perspective", *Journal of Marketing*, Vol. 54, No. 3, 1990, pp. 68 – 81.

Cunningham, S. M., "The Major Dimensions of Perceived Risk", In: Cox, D. F. (ed.) *Risk Taking and Information Handling in Consumer Behavior*, Harvard University Press, 1967, pp. 82 – 108.

Davis, F. D., Venkatesh, V., "A Critical Assessment of Potential Measurement Biases in the Technology Acceptance Model: Three Experiments", *International Journal of Human-Computer Studies*, Vol. 45, No. 1, 1996, pp. 19 – 45.

Davis, F. D., "User Acceptance of Information Technology: System Characteristics, User Perceptions and Behavioral Impacts", *International Journal of Man Machine Studies*, Vol. 38, No. 3, 1993, pp. 475 – 487.

Davis, F. D., Perceived Usefulness, Perceived Ease of Use, and User Acceptance of Information, *MIS Quarterly*, 1989, 9, pp. 319 – 341.

Davis, F. D., "A Technology Acceptance Model for Empirically Testing newend-user Information System: Theory and Results", Doctoral dissertation, MIT Sloan School of Management, Cambridge, 1985.

Deutsch, M., *Distributive justice: A social-psychological perspective*, New Haven, CT: Yale University Press, 1985.

Dipayan Biswas, Abhijit Biswas, Neel Das, "The Differential Effects of Celebrity and Expert Endorsements on Consumer Risk Perceptions, The Role of Consumer Knowledge, Perceived Congruency, and Product Technology Orientation", *Journal of Advertising*, Vol. 35, No. 2, 2006, pp. 17 – 31.

Dodds, W. B., Monroe, K. B., Grewal, D., "Effects of Price, Brand, and Store Information on Buyers' Product Evaluations", *Journal of Marketing Research*, Vol. 28, No. 3, 1991, pp. 307 – 319.

Doney, P. M., Joseph, P. C., "An Examination of the Nature of Trust in Buyer-Seller Relationships", *Journal of Marketing*, Vol. 61, April, 1997, pp. 35 – 51.

Dowling, G. R., Staelin, R., "A Model of Perceived Risk and Intended Risk-handling Activity", *Journal of Consumer Research*, Vol. 21, June, 1994, pp. 119 – 134.

Eisend, M., "Two-Sided Advertising: A Meta-Analysis", *International Journal of Research in Marketing*, No. 23, 2006, pp. 18 – 198.

Featherman M. S., Pavlou P. A., "Predicting E-services Adoption: A Perceived Risk Facets Perspective", *International Journal of Human-Computer Studies*, Vol. 13, No. 59, 2003, pp. 451 – 474.

Fishbein, M., Ajzen, I., "Belief, Attitude, Intention and Behavior: an Introduction to Theory and Research", *Contemporary Sociology*, Vol. 41, No. 4, 1975, pp. 842 – 844.

Fisk, R P., Brown, S W., Bitner, M J, "Racking the Evolution of the Services Marketing Literature", *Journal of Retailing*, Vol. 69, No. 1, 1993, pp. 13 – 60.

Folkes, V. S., "Recent Attribution Research in Consumer Behavior: A Review and New Directions", *Journal of Consumer Research*, Vol. 14,

No. 4, 1988, pp. 548 – 565.

Forbes, L. P., Kelley, S. W., Hoffman, K. D., "Typologies of E-commerce Retail Failures and Recovery Strategies", *Journal of Services Marketing*, Vol. 19, No. 5, 2005, pp. 280 – 292.

Forman, C., Ghose, A., "Wiesenfeld B. Examining the Relationship Between Reviews and Sales: The Role of Reviewer Identity Disclosure in Electronic Markets", *Information Systems Research*, Vol. 19, No. 3, 2008, pp. 291 – 313.

Fornel, C., Larcker, D., "Structural Equation Models with Unobserved Variables and Measurement error", *Journal of Marketing Research*, Vol. 18, 1981, pp. 39 – 50.

Fornell, C., "A National Customer Satisfaction Barometer: The Swedish Experience", *Journal of Marketing*, Vol. 56, No. 1, 1992, pp. 6 – 21.

Francken, D. A., "Post-purchase Customer Evaluation, Complaint Actions and Behavior", *Journal of Economic Psychology*, 1993, pp. 273 – 290.

Fred Selnes, "An Examination of the Effect of Product Performance on Brand Reputation, Satisfaction and Loyalty", *European Journal of marketing*, Vol. 27, No. 9, 1993, pp. 19 – 35.

Gao, G., Greenwood, B. N., Agarwal, R., et al., "Vocal Minority and Silent Majority: How Do Online Ratings Reflect Population Perceptions of Quality?", *Social Science Electronic Publishing*, Vol. 39, No. 3, 2015, pp. 565 – 589.

Gefen, David, Karahanna, Elena, Straub, Detmar W., "Trust and TAM in Online Shopping: An Integrated Model", *MIS Quarterly*, Vol. 27, No. 1, 2003, pp. 51 – 90.

Gefen, D., Straub, D., "The Relative Importance of Perceived Ease of

Use in IS Adoption: a Study of E-commerce Adoption", *Journal of the Association for Information System*, Vol. 1, No. 8, 2000, pp. 1 – 28.

Gefen, D., Straub, D. W., "Consumer Trust in B2C e-Commerce and the Importance of Social Presence: Experiments in e-Products and e-Services", *The International Journal of Management Science*, Vol. 32, No. 6, 2004, pp. 407 – 424.

Gefen, D., Straub, D. W., "Gender Difference in the Perception and Use of e-mail: An Extension to the Technology Acceptance Model", *MIS Quarterly*, Vol. 21, No. 4, 1997, pp. 389 – 400.

Ghose, A., Ipeirotis, P. G., "Designing Novel Review Ranking Systems: Predicting the Usefulness and Impact of Reviews", *Proceedings of the Ninth International Conference on Electronic Commerce*, New York, NY, USA: Association Computing Machinery (ACM), 2007, pp. 303 – 310.

Gilly, M. C., Graham, J. L., Wolfinbarger, M. F., Yale, L. J., "A Dyadic Study of Interpersonal Information Search", *Academy of Marketing Science*, Vol. 26, No. 2, 1998, pp. 83 – 100.

Goodwin, Cathy Ross Ivan, "Consumer Responses to Service Failures: Influence of Procedural and Interactional Fairness Perceptions", *Journal of Business Research*, No. 2, 1992, pp. 149 – 163.

Grabner-Krauter, S., Kaluscha, E. A., "Empirical Research in On-line Trust: a Review and Critical Assessment", *International Journal of Human-Computer Studies*, Vol. 58, No. 6, 2003, pp. 783 – 812.

Grewal, D., Monroe, K., Krishnan, R., "The Effects of Price Comparison Advertising on Buyers' Perceptions of Acquisition Value, Transaction Value, and Behavioral Intentions", *Journal of Marketing*, Vol. 62, No. 2, 1998, pp. 46 – 59.

Grewal, D. , Monroe, K. B. , Krishnan, R. "The Effects of Price-Comparison Advertising on Buyers' Perceptions of Acquisition Value, Transaction Value, and Behavioral Intentions", *Journal of Marketing*, Vol. 62, No. 2, 1998, pp. 46 – 59.

Gronroos, C. , *Service Management and Marketing*, Finland: Wiley, 2000.

Gronroos, C. , "Service Quality: The Six Criteria of Good Perceived Service Quality", *Review of Business*, Vol. 9, 1988a, pp. 10 – 13.

Gronroos, C. , "Service Quality: The Six Criteria of Good Perceived Service Quality", *Review of Business*, Vol. 12, No. 9, 1988b, pp. 3 – 10.

Ha, J. , Jang, S. S. , "Perceived Justice in Service Recovery and Behavioral Intentions: The Role of Relationship Quality", *International Journal of Hospitality Management*, Vol. 28, No. 3, 2009, pp. 319 – 327.

Hans Van Der Heijden, Tibert Verhagen, Marcel Creemers, "Understanding Online Purchase Intentions: Contributions from Technology and Trust Perspectives", *European Journal of Information Systems*, Vol. 12, No. 1, 2003, pp. 41 – 48.

Hart, C. W. L. , Sasser, W. E. Jr and Heskett, J. L. , "The Profitable Art of Service Recovery", *Harvard Business Review*, July-August, 1990, pp. 148 – 156.

Haubl, G. , Trifts, V. , "Consumer Decision Making in Online Shopping Environments: The Effects of Interactive Decision Aids", *Marketing Science*, Vol. 19, No. 1, 2000, pp. 4 – 21.

Hays, J. M. , Hill, A. V. , "A Longitudinal Study of the Effect of a Service Guarantee on Service Quality", *Production and Operations Management*, Vol. 10, No. 4, 2001, pp. 405 – 423.

Herr, P. M. , Kardes, F. R. , Kim, J. , "Effects of Word-of-mouth and Product-attribute Information on Persuasion: An Accessibility-diagnosticity Perspective", *Journal of Consumer Research*, Vol. 17, No. 3, 1991, pp. 454-462.

Heskett, J. L., Sasser, W. E., Leonard, A. J., "The Service Profit Chain: how Leading Companies Link Profit and Growth to Loyalty, Satisfaction, and Value", *Schlesinger Free Press*, 1997.

Hoffman, D. L., Novak, T. P., "Marketing in Hypermedia Computer-Mediated Environments: Conceptual Foundations", *Journal of Marketing*, Vol. 60, 1996, pp. 50-68.

Hoffman, K. D., Kelley, S. W., Rotalsky, H. M., "Tracking Service Failures and Employee Recovery Efforts", *The Journal of Services Marketing*, Vol. 9, No. 2, 1995, pp. 49-61.

Hoffman, Donna, L., Thomas, P. Novak, Marcos Peralta, "Building Consumer Trust in Online Environments: The Case for Information Privacy", *Communications of the ACM*, Vol. 42, No. 4, 1998, pp. 80-85.

Holloway, B. B., Beatty, S. E., "Satisfiers and Dissatisfiers in the Online Environment a Critical Incident Assessment", *Journal of Service Research*, Vol. 10, No. 4, 2008, pp. 347-364.

Holloway, B. B., Beatty, S. E., "Service Failure in Online Retailing: A Recovery Opportunity", *Journal of Service Research*, Vol. 6, No. 1, 2003, pp. 92-105.

Holloway, B. B., Wang, S. J., Parish, J. T., "The Role of Cumulative Online Purchasingexperience in Service Recovery Management", *Journal of Interactive Marketing*, Vol. 19, No. 3, 2005, pp. 54-66.

Homans, C. G., "A Life of Synthesis: Notes References", *The American Behavioral Scientist*, Vol. 12, No. 1, 1968, p. 2.

Howard, J. A., Sheth, J. N., *The Theory of Buyer Behavior*, John Wily Sons Wiley, New York, 1969.

Hsin, M. H., et al., "Assessing Price Elasticity for Private Labels and National Brands by Store Locations", *Journal of Revenue & Pricing Management*, Vol. 11, No. 2, 2012, pp. 175–190.

Huang, P., Lurie, N. H. & Mitra, S., "Searching for Experience on the Web: An Mmpirical Examination of Consumer Behavior for Search and Experience Goods", *Journal of Marketing*, Vol. 73, No. 2, 2009, pp. 55–69.

Huppertz, J. W., Arenson, S. J., Evans, R. H., "An Application of Equity Theory to Buyer-seller Exchange Situations", *Journal of Marketing Research*, Vol. 15, No. 2, 1978, pp. 250–260.

Ian MacInnes, Yifan Li, William Turcik, "Reputation and Dispute in eBay Transactions", *International Journal of Electronic Commerce*, Vol. 10, No. 1, 2005a, pp. 27–54.

Ian Macinnes, "Causes of Disputes in Online Auctions", *Electronic Markets*, Vol. 15, No. 2, 2005b, pp. 146–157.

Igbaria, M., Zinatelli, N., Cragg, P., et al., "Personal Computing Acceptance Factors in Small Firms: A Structural Equation Model", *MIS Quarterly*, Vol. 21, No. 3, 1997, pp. 279–305.

Jacoby, J., Kaplan, L., "The Components of Perceived Risk", *Advances in Consumer Research*, Vol. 3, 1972, pp. 382–383.

Jarvenpaa, N., Tractinsky, M. V., "Consumer Trust in an Internet Store", *Information Technology and Management*, Vol. 1, No. 1–2, 2000, pp. 45–71.

Jarvenpaa, S. L., Leidner, D. E., "Communication and Trust in Global Virtual Teams", *Organization Science*, Vol. 10, No. 6, 1999, pp. 791–815.

Jarvenpaa, S. L., Todd, P. A., "Consumer Reactions to Electronic Shopping on the World Wide Web", *Internet Journal of Electronic Commerce*, Vol. 1, No. 2, 1997, pp. 59 – 88.

Jarvenpaa, S. L., Ttactinsky, N., Saarinen, L., "Consumer Trust in an Internetstore: Across-cultural Validation", *Journal of Computer Mediated Communication*, Vol. 5, No. 2, 1999, pp. 411 – 435.

Jeffrey, G., Blodgett, D. H., Granbois, R. G., "The Effects of Perceived Justice on Complainants Negative Word of Mouth Behavior and Repatronage Intentions", *Journal of Retailing*, Vol. 69, No. 4, 1993, pp. 399 – 428.

Jeffrey, G., Blodgett, D. H., Stephen, S. T., "The Effects of Distributive, Procedural, and Interactional Justice on Postcomplaint Behavior", *Journal of Retailing*, Vol. 73, No. 2, 1997, pp. 185 – 210.

Johnson, D., Grayson, K., "Cognitive and Affective Trust in Service Relationships", *Journal of Business Research*, Vol. 58, No. 4, 2005, pp. 500 – 507.

Johnson-George, C., Swap, W. C., "Measurement of Specific Interpersonal Trust: Construction and Validation of A Scale to Assess Trust in A Specific Other", *Journal of Personality & Social Psychology*, Vol. 43, No. 6, 1982, pp. 1306 – 1317.

Johnston, T. C., Hewa, M. A., "Fixing Service Failures", *Industrial Marketing Management*, Vol. 26, 1997, pp. 467 – 473.

Kaiser, H., "An Index of Factorial Simplicity", *Psychometrika*, Vol. 39, 1974, pp. 31 – 36.

Kanawattanachai, P., Yoo, Y., "Dynamic Nature of Trust in Virtual Teams", *Journal of Strategic Information Systems*, Vol. 11, No. 3, 2002, pp. 187 – 213.

Keaveney, S. M., "Customer Switching Behavior in Service Industries: An

ExPloratory Study", *Journal of Marketing*, Vol. 59, No. 4, 1995, pp. 71 –82.

Kelley, S. W., Davis, M. A., "Antecedents to Customer Expectations for Service Recovery", *Journal of the Academy of Marketing Science*, Vol. 22, No. 1, 1994, pp. 52 –61.

Kelley, S. W., Hoffman, K. D., Davis, M. A., "A Typology of Retail Failures and Recoveries", *Journal of Retailing*, Vol. 69, No. 4, 1993, pp. 429 –452.

Kim, J. K., "An Empirical Study on Consumer First Purchase Intention in Online Shopping: Integrating Initial Trust and TAM", *Electron Commer Res*, No. 12, 2012, pp. 125 –150.

Kim, S. M., Pantel, P., Chklovski, T., et al, "Automatically Assessing Review Helpfulness", *Proceedings of the Conference Empirical Methods in Natual Language Processing*, Morristown, NJ, USA: Association for Computational Linguistics, 2006, pp. 423 –430.

Klein, L., "Evaluating the Potential of Interactive Media Through a New Lens: Search Versus Experience Goods", *Journal of Business Research*, Vol. 41, No. 3, 1998, pp. 195 –203.

Komiak, S., Benbasat, I., "The Effects of Personalization and Familiarity on Trust and Adoption of Recommendation Agents", *MIS Quarterly*, Vol. 30, No. 4, 2006, pp. 941 –996.

Komiak, S., Benbasat, I., "Understanding Customer Trust in Agent-mediated Electronic Commerce, web-mediated Electronic Commerce, and Traditional Commerce", *Information Technology and Management*, Vol. 5, No. 1 –2, 2004, pp. 181 –207.

Korgaonkar, Pradee, P. K., Wolin, L. D., "A Multivariate Analysis of WebUsage", *Journal of Advertising Research*, Vol. 3, No. 4, 1999, pp. 53 – 68.

Kotler, P., Armstrong, John Saunders, *Principles of Marketing*, Printice Hall International Editions, 1996.

Koufaris, M., Hampton-Sosa, W., "4The Development of Initial Trust in an Online Company by New Customers", *Information & Management*, Vol. 1, No. 3, 2004, pp. 377 – 397.

Koufaris, M., Kambil, A., Labarbera, P. A., "Consumer Behavior in Web-Based Commerce: An Empirical Study", *International Journal of Electronic Commerce*, Vol. 6, No. 2, 2002, pp. 115 – 138.

Kowatsch, T., Maass, W., "In-store Consumer Behavior: How Mobile Recommendation Agents Influence Usage Intentions, Product Purchases, and Store Preferences", *Computers in Human Behavior*, Vol. 26, No. 4, 2010, pp. 697 – 704.

Kuhlmeter, D., Knight, G., "Antecedents to Internet-based Purchasing: A Multinational Study", *Internatianal Marketing Review*, Vol. 22, No. 4, 2005, pp. 460 – 469.

Kuo, Y., Wu, C., "Satisfaction and Post-purchase Intentions with Service Recovery of Online Shopping Websites: Perspectives on Perceived Justice and Emotions", *International Journal of Information Management*, Vol. 32, No. 2, 2012, pp. 127 – 138.

Laczmak, R. N., DeCarlo, T. E., Ramaswami, S. N., "Consumers' Responses to Negative Word-of-mouth Communication: An Attribution Theory Perspective", *Journal of Consumer Psychology*, 2001, Vol. 11, No. 1, 2001, pp. 57 – 73.

Lau, G. T., Ng, S., "Individual and Situational Factors Influencing Negative Word-of-mouth Behaviouif", *Canadian Journal of Administrative Sciences/Revue Canadiemie des Sciences del'Administration*, Vol. 8,

No. 3, 2001, pp. 163 – 178.

Lee Matthew, K. O., Tuthan, E., "A Trust Model for Consumer Internet Shopping", *International Journal of Electronic Commerce*, Vol. 6, No. 1, 2001, pp. 75 – 91.

Lee, W. N., "The Effect of Information Overload on Consumer Choice Quality in an on-line Environment", *Psychology & Marketing*, Vol. 21, No. 3, 2004, pp. 159 – 183.

Lee, T. G., "Trust in Complementary Medicine: The Case of Cranial Osteopathy", *The Sociological Review*, Vol. 50, No. 1, 2002, pp. 48 – 68.

Lei Da Chen, Justin Tan, "Technology Adaptation in E-Commerce: Key Determinants of Virtual Stores Acceptance", *European Management Journal*, Vol. 22, No. 1, 2004, pp. 74 – 86.

Liu, J., Cao, Y., Lin, C. Y., Huang, Y., Zhou, M., "Low-quality product review detection in opinion summarization", Proceedings of the 2007 Joint Conference on Empirical Methods in Natural Language Processing and Computational Natural Language Learning, Prague, June, 2007, pp. 334 – 342.

Lloyd, C. Harris, Mark, M. H. Goode, "The Four Levels of Loyalty and the Pivotal Role of Trust: a Study of Online Service Dynamics", *Journal of Retailing*, Vol. 80, No. 2, 2004, pp. 139 – 158.

Lundeen, H., Hannon, L., McKerma-Harmon, K., "Service Recovery in Commercial Management", *Journal of Property Management*, No. 60, 1995, p. 30.

Mattila, A. S., "The Impact of Relationship Type on Customer Loyalty in a Context of Service Failures", *Journal of Service Research* Vol. 2, 2001, pp. 91 – 101.

Maxham James III, "Service recovery's influence on consumer satisfaction, positive word-of-mouth, and purchase intentions", *Journal of Business Research*, Vol. 54, No. 1, 2001, pp. 11 – 24.

Maxham, J. G., Netemeyer, R. G., "A Longitudinal Study of Complaining Customers'Evaluations of Multiple Service Failures and Recovery Effort", *Journal of Marketing*, Vol. 66, No. 4, 2002a, pp. 57 – 71.

Maxham, J. G., Netemeyer, R. G., "Modeling Customer Perceptions of Complaint Handling Over Time: the Effects of Perceived Justice on Satisfaction and Intent", *Journal of Retailing*, Vol. 78, No. 1, 2002, pp. 239 – 252.

Mayer, R. C., Davis, J. H., Schoorman F. D., "An Integrative Model of Organizational Trust", *Academy of Management Review*, Vol. 20, No. 3, 1995, pp. 709 – 734.

McAllister, D., "Affect-based and Cognition-based Trust as Foundations for Interpersonal Cooperation in Organizations", *Academy of Management Journal*, No. 38, 1995, pp. 24 – 59.

McCollough, M. A., Bharadwaj, S. G., "The Recovery Paradox: An Examination of Consumer Satisfaction in Relation to Disconfirmation, Service Quality and Attribution-based Theories", *Marketing Theory and Application*, Vol. 65, No. 4, 1992, pp. 102 – 107.

McCollough, M. A., Berry, L. L., Yadav, M. S., "An Empirical Investigation of Customer Satisfaction After Service Failure and Recovery", *Journal of Service Research*, Vol. 3, No. 2, 2000, pp. 121 – 137.

Mccoll-Kennedy, J. R., Sparks, B. A., "Application of Fairness Theory To Service Failures and Service Recovery", *Journal of Service Research*, Vol. 5, No. 3, 2003, pp. 251 – 266.

Mccoll-Kennedy, J. R., Sparks, B. A., "The Application of Procedural Justice Principles to Service Recovery Attempts: Outcomes for Customer Satisfaction", *Advances in Consumer Research*, 1998.

Mcknight, D. H., Carter, M., Thatcher, J. B., et al., "Trust in a Specific Technology: An Investigation of Its Components and Measures", *ACM Transactions on Management Information Systems*, Vol. 2, No. 2, 2011, p. 12.

McKnight, D. H., Choudhury, V., Kacmar, C., "Developing and Validating Trust Measures for e-commerce: an Integrative Typology", *Information Systems Research*, Vol. 13, No. 3, 2002, pp. 334 – 359.

Mcknight, D. H., Cummings, L. L., Chervany, N. L., "Initial Trust Formation in New Organizational Relationships", *Academy of Management Review*, Vol. 23, No. 3, 1998, pp. 472 – 490.

Meuter, M. A., Ostrom, R. I., Roundtree, M. J., Bitner, "Self-Service Technologies: Understanding Customer Satisfaction with Technology-Based Service Encounters", *Journal of Marketing*, Vol. 64, No. 3, 2000, pp. 50 – 64.

Mitchell, V. W., "Consumer Perceived Risk: Conceptualisations and Models", *European Journal of Marketing*, Vol. 33, No. 1/2, 1998, pp. 163 – 195.

Morgan, R. M., Shelby, D., Hunt, "The Commitment-Trust Theory of Relationship Marketing", *Journal of Marketing*, 1994, 58 (July), 20 – 38.

Mowen, J. C., "Consumer Store Choice and Sales Taxes: Retailing, Public Policy, and Theoretical Implication", *Journal of Retailing*, Vol. 66, No. 2, 1990, pp. 222 – 243.

Mudambi, S. M., Schuff, D., "What Makes a Helpful Online Review? A Study of Customer Reviews on Amazon. com", *MIS Quarterly*, Vol. 34, No. 1, 2010, pp. 185 – 200.

Mullet, G. M., Karson, M. J., "Analysis of Purchase Intent Scales Weighted by Probability of Actual Purchase", *Journal of Marketing Research*, No. 52, 1985, pp. 35 – 42.

Murray, K. B., Schlacter, J. L., "The Impact of Services Versus Goods on Consumers' Assessment of Perceived Risk and Variability", *Journal of the Academy of Marketing Science*, Vol. 18, No. 1, 1990, pp. 51 – 66.

Nelson, P., "Advertising as Information", *Journal of Political Economy*, Vol. 81, No. 4, 1974, pp. 729 – 754.

Nelson, P., "Information and Consumer Behavior", *Journal of Political Economy*, Vol. 78, No. 20, 1970, pp. 311 – 329.

Nena Lim, "Consumer's Perceived Risk: Sources Versus Consequences", *Electronic Commerce Research and Applications*, Vol. 2, No. 3, 2003, pp. 216 – 228.

Oliver, R. L., "Measurement and Evaluation of Satisfaction Processes in Retail Settings", *Journal of Retailing*, Vol. 3, 1981, pp. 25 – 48.

Oliver, R. L., "A Cognitive Model of the Antecedents and Consequences of Satisfaction Decisions", *Journal of the Marketing Research*, No. 17, 1980, pp. 460 – 469.

Oliver, R. L., Satisfaction: A Behavioral Perspective on the Conswner, New York: McGraw-Hill, 1997.

Ozgen, O., Duman, S. K., "Pre-recovery and Post-recovery Emotions in the Service Context: a Preliminary Study", *Managing Service Quality*, Vol. 22, 2012, pp. 592 – 605.

Parasuraman, A., Zeithaml, V. A., and Berry, L. L., "Refinement and Reassessment of the Servqual", *Journal of Retailing*, Vol. 67, 1991, pp. 446 – 449.

Park, D. H., Lee, J., Han, I., "The Effect of on-line Consumer Reviews on Consumer Purchasing Intention: The Moderating Role of Involvement", *International Journal of Electronic Commerce*, Vol. 11, No. 4, 2007, pp. 125 – 148.

Parka, D. H., Kim, S., "The Effects of Consumer Knowledge on Message Processing of Electronic Word-of-mouth via Online Consumer Reviews", *Electronic Commerce Research and Applications*, Vol. 7, No. 4, 2008, pp. 399 – 410.

Pavlou, P. A., Gefen, D., "Building Effective Online Marketplaces with Institution-based Trust", *Information Systems Research*, No. 15, 2004, pp. 37 – 59.

Pavlou, P., Dimoka, A., "The Nature and Role of Feed-back Text Comments in Online Marketplaces: Implications for Trust Building, Price Premiums, and Seller Differentiation", *Information Systems Research*, Vol. 17, No. 4, 2006, pp. 392 – 414.

Peter, J. P., Olson, J. C., *Consumer Behavior and Marketing Strategy* (4th ed.), Boston: McGraw-Hill College, 1996.

Peter, J. P., Tarpey, L. X., "A Comparative Analysis of three-consumer Decision Strategies", *Journal of Consumer Research*, No. 2, 1975, pp. 29 – 37.

Philip Kotler, Rackham, N., Krishnaswamy, S., "Ending the war between Sales & Marketing", *Harvard Business Review*, Vol. 84, No. 7 – 8, 2006, pp. 68.

Philip Kotler, The Prosumer Movement: a New Challenge for Marketers", *Advances in Consumer Research*, Vol. 13, No. 1, 1986, pp. 510 – 513.

Reichheld, F. F., Sasser, W. E., "Zero Defections: Quality Comes to Services", *Harvard Business Review*, Vol. 68, No. 5, 1990, pp. 105 – 111.

Resnik, A., Harmon, R. R., "Consumer Complaints and Managerial Response: a Holistic Approach", *Journal of Marketing*, Vol. 47, 1983, pp. 86 – 97.

Richard, E. Petty, John, T. Cacioppo, "Issue Involvement as a Moderator of the Effects on Attitude of Advertising Content and Context", *Advances in Consumer Research*, Vol. 1, 1981, pp. 20 – 24.

Robertson, N., McQuilken, L., Kandampully, J., "Consumer Complaints and Recovery through Guaranteeing Self – service Technology", *Journal of Consumer Behaviour*, Vol. 11, No. 1, 2012, pp. 21 – 30.

Roselius, T. R., "Consumer Rakings of Risk Reduction Methods", *Journal of Marketing*, Jan., 1971, pp. 56 – 61.

Ruyter, K., Wetzels, M., "Customer Equity Considerations in Service Recovery: Across-industry Perspective", *International Journal of Service Industry Management*, Vol. II, No. I, 2000, pp. 91 – 108.

Salam, A. F., Rao, H. R., Pegels, C. C., "An Investigation of Consumer-perceived Risk on Electronic Commerce Transaction: The Role of Institutional Trust and Economic Incentive in a Social Exchange Framework", 1998, pp. 355 – 357.

Sandra, M., Forsythe, Bo Shi, "Consumer Patronage and Risk Perception in Internet Shopping", *Journal of Business Research*, No. 56, 2003, pp. 867 – 875.

Sangjae Lee, Joon Yeon Choeh, "Predicting the Helpfulness of Online Reviews Using Multilayer Perceptron Neural Networks", *Expert Systems with Applications*, Vol. 41, No. 2014, 2014, pp. 3041 – 3046.

Schoefer, K., Ennew, C., "The Impact of Perceived Justice on Consumers' Emotional Responses to Service Complaint Experiences", *Journal of Services Marketing*, Vol. 19, No. 5, 2005, pp. 261 – 270.

Schultz, D. P. , "The Human Subject in Psychological Research", *Psychological Bulletin*, Vol. 72, No. 3, 1969, pp. 214 – 28.

Schurre, P. H. , Julie, L. , Ozanne, "Influences on Exchange Processes: Buyers' Preconceptions of a Sellers' Trustworthiness and Bargaining Toughness", *Journal of Consumer Research*, Vol. 11, March, 1985, pp. 939 – 953.

Schwenk, C. , "Information, Cognitive Biases, and Commit-ment to a Course of Action", *Academy of Management Review*, Vol. 11, No. 2, 1986, pp. 298 – 310.

Sen, S. , Lerman, D. , "Why Are You Telling Me This? An Examination into Negative Consumer Reviews on the Web", *Journal of Interactive Marketing*, Vol. 21, No. 4, 2007, pp. 76 – 94.

Severt, D. E. , "The Customer's Path to Loyalty: A Partial Test of the Relationships of Prior Experience, Justice and Customer Satisfaction", *Doctor Paper*, 2002.

Shim, S. , Eastlick, et al. , "An online prepurchase intentions model: The role of intention to search", *Journal of Retailing*, Vol. 77, No. 3, 2001, pp. 397 – 416.

Sia, C. L. , Lim, K. H. , Leung, K. , et al. , "Web Strategies to Promote Internet Shopping: Is Cultural-customization Needed?", *MIS Quarterly*, Vol. 33, No. 3, 2009, pp. 491 – 512.

Sjoberg, L. , "The Risks of Risk Analysis", *Acta Psychologica*, Vol. 45, August, 1980, pp. 301 – 21.

Smith, D. , Menon, S. , Sivakumar, K. , "Online Peer and Editorial Recommendations, Trust, and Choice in Virtual Markets", *Journal of Interactive Marketing*, Vol. 19, No. 3, 2005, pp. 15 – 37.

Smith, A. K. , Botlon, R. N. , Wagner, J. , "A Model of Customer Satisfaction with Service Encounters Involving Failure and Recovery", *Journal of Marketing Research*, Vol. 3, 1999, pp. 365 – 372.

Smith, A. K., Botlon, R. N., "An Experimental Investigation of Ongoing Customer Reactions to Service Failure and Recovery Encounter: Paradox or Peril?", *Journal of Service Research*, Vol. 1, 1998, pp. 65 – 81.

Smith, A. K., Botlon, R. N., "The Effect of Customers' Emotional Responses to Service Failures on their Recovery Effort Evaluations and Satisfaction judgments", Vol. 30, No. 1, 2002, pp. 5 – 23.

Sousa, R., Voss, C. A., "The Effects of Service Failures and Recovery on Customer Loyalty in E-services", *International Journal of Operations & Production Management*, Vol. 29, No. 8, 2009, pp. 834 – 864.

Stigle, G. J., "The economics of information", *Journal of Political Economy*, Vol. 69, No. 3, 1961, pp. 213 – 225.

Stone, R. N., Winter, F. W., "Risk: is it Still Uncertainty Times Consequences?", in Belk R. W. et al., (Eds), *Proceedings of the American Marketing Association*, 1987, pp. 261 – 5.

Susan, M. Mudambi, David Schuff, "What Makes a Help-ful Online Review? A Study of Customer Reviews on Amazon. com", *MIS Quarterly*, Vol. 1, No. 34, 2010, pp. 185 – 200.

Sussman, S. W., Siegal, W. S., "Informational Influence in Organizations: An Integrated Approach to Knowledge Adoption", *Information Systems Research*, Vol. 14, No. 1, 2003, pp. 47 – 65.

Swan, J. E., Bowers, M. R., Richardson, L. D., "Customer Trust in the Salesperson: An Integrative Review and Meta-Analysis of the Empirical Literature", *Journal of Business Research*, No. 44, 1999, pp. 93 – 107.

Tax, S., Brown, S., Chandrashekaran, "Customer Evaluations of Service

Complaint Experiences: Implications for Relationship Marketing", *Journal of Marketing*, No. 62, 1998, pp. 60 – 76.

Tax, S. S., Brown, S. W., Chandrashekaran, M., "Customer Evaluations of Service Complaint Experiences: Implications for Relationship Marketing", *Journal of Marketing*, Vol. 62, No. 2, 1998, pp. 60 – 76.

Tax, S. S., Brown, S. W., "Recovering and Learning From Service Failure", *Sloan Management Review*, Vol. 40 (Fall), 1998, pp. 75 – 88.

Thibaut, J., Walker, L., "Procedural justice: A Psychological analysis", *Hillsdale, – NJ: Lawrence Erlbaum Associations*, 1975.

Tse, D. K., Wiltonp, C., "Models of Consumer Satisfaction: An Extension", *Journal of Marketing Research*, No. 25, 1988, pp. 201 – 212.

Tversky, A., Kahneman, D., "Judgment Under Uncer-tainty: Heuristics and Biases", *Science*, Vol. 185, No. 4157, 1974, pp. 1124 – 1131.

Urban, G. L., Sultan, F., William Qualls, "Design and Evaluation of a Trust-Based Advisor on the Internet", *MIT Sloan School of Management Working Paper*, Available: http://ebusiness.mit.edu/research/papers/forum, 1999.

Valla, J. P., "The Concept of Risk in Industrial Buying Behavior", Workshop on Organizational Buying Behavior, 1982.

Vellido, P. L., Meehan, K., "Quantitative Characterization and Prediction of Online Purchasing Behavior: a Latent Variable Approach", *International Journal of Electronic Commerce*, Vol. 4, No. 4, 2000, pp. 83 – 104.

Venkatesh, V., Davis, F. D., "A Theoretical Extension of the Technology Acceptance Model: Four Longitudinal Field Studies", *Management Science*, Vol. 45, No. 2, 2000, pp. 186 – 204.

Vijayasarathy, L. R., "Predicting Consumer Intentions to Use On-line

Shopping: the Case for an Augmented Technology Acceptance Model", *Information & Management*, Vol. 41, 2004, pp. 747 – 762.

Vincent-Wayne Mitchell, "Consumer Perceived Risk: Conceptualisations and Models", *European Journal of Marketing*, Vol. 33, No. 1/2, 1999, pp. 163 – 195.

Webster, C., Sundaram, D. S., "Service Consumption Criticality in Failure Recovery", *Journal of Business Research*, Vol. 41, No. 2, 1998, pp. 153 – 159.

Westbrook, R. A., "A Rating Scale for Measuring Product/Service Satisfaction", *Journal of Marketing*, Vol. 44, No. 4, 1980, pp. 68 – 72.

Yang, Y. T., "A Study of Purchase Intention Behavior to Consumers on Innovation Technology Smart Phone in Technology Acceptance Model and Theory of Reason Action", *Graduate Institute of Management Sciences*, Nan Hua University, Taiwan, 2009.

Yousafzai, S. Y., Foxall, G. R., Pallister, J. G., "Technology Acceptance: a Meta-analysis of the TAM: Part 2", *Journal of Modelling in Management*, Vol. 2, No. 3, 2007, pp. 281 – 304.

Zaichkowsky, J. L., "The personal Involvement Inventory: Reduction, Revision, and Application to Advertising", *Journal of Advertising*, 1994, pp. 59 – 70.

Zeithaml, V. A., Parasuraman, A., Malhotra, A., "Service Quality Delivery through Web Sites: A Critical Review of Extant Knowledge", *Journal of the Academy of Marketing Science*, Vol. 30, No. 4, 2002, pp. 362 – 37.

Zeithaml, V. A., "Consumer Perceptions of Price, Quality and Value: a Means-end Model and Synthesis of Evidence", *Journal of Marketing*, Vol. 52, No. 3, 1988, pp. 2 – 22.

附　　录

附录 A　实验产品选择问卷

问卷 A　羽绒服涉入度调查

尊敬的女士/先生：

您好！非常感谢您能填写本调查问卷。这是一份学术性的研究问卷，旨在了解网络电商面对差评时的服务补救对消费者的影响，各题的答案没有正确与错误之分，我只是想了解您的真实想法和喜好，问卷结果仅作学术用途，决不另作他用或向第三方披露。敬请您安心填答。衷心感谢您的参与和帮助！

以下问题是为了了解羽绒服给您的感受，请您根据自己的感受在 1—7 七个分值中选择一个，每题只能有一个答案！

问题：羽绒服对您而言是：

```
重要  1  2  3  4  5  6  7  不重要
       有关的        无关的
       对我有意义的   对我无意义的
       有价值的      无价值的
       有趣的        无趣的
       令人兴奋的    不令人兴奋的
       吸引人的      不吸引人的
       迷人的        不迷人的
       需要的        不需要的
       令人投入的    不令人投入的
```

基本信息：

1. 您的性别：○男　○女

2. 您的年龄：○20 岁以下　○20—25 岁　○26—30 岁　○31—35 岁　○36 岁及以上

3. 您的受教育程度：○本科　○硕士　○博士　○其他

4. 您所在地域：

5. 您的网购次数：○1—5 次　○6—10 次　○11—20 次　○21 次及以上

6. 您每月购物金额：○0—200 元　○201—500 元　○501—1000 元　○1001 元及以上

问卷 B　图书涉入度调查

问卷 B 与问卷 A 类似，为简便起见，只附上问卷 B 的问题。

问题：图书对您而言是：

问卷 C　化妆品涉入度调查

问卷 C 与问卷 A 类似，为简便起见，只附上问卷 C 的问题。

问题:化妆品对您而言是:

问卷 D　手机涉入度调查

问卷 D 与问卷 A 类似,为简便起见,只附上问卷 D 的问题。
问题:手机对您而言是:

问卷 E　笔记本电脑涉入度调查

问卷 E 与问卷 A 类似,为简便起见,只附上问卷 E 的问题。
问题:化妆品对您而言是:

问卷 F　数码相机涉入度调查

问卷 F 与问卷 A 类似,为简便起见,只附上问卷 F 的问题。
问题:化妆品对您而言是:

附录 B　潜在消费者调查问卷

问卷 A　手机产品问题制造商反馈调查

尊敬的女士/先生:

您好!首先,非常感谢您能填写本调查问卷。本人是上海财经大学信息管理与工程学院的博士研究生,目前正在进行"电商差评补救对消费者的影响研究",急需了解您对差评补救的看法。本问卷题项的答案没有正确与错误之分,问卷结果仅作学术用途,不会泄露给第三方,所以请您放心填写问卷。

请您仔细阅读下面情境描述，假设这是您的亲身经历，请您根据自己的感受回答各项问题！

设想您想网购一台800元左右的手机。通过搜索比较，最后决定在一个您有购买类似产品经历的B2C网站上购买。在比较几款产品的款式、性能和价格之后，发现其中一款产品满足您所有的期望。在决定下单之前，您查看了该产品的在线评论，发现好评和差评之比约为40:1。请您认真阅读以下3条差评以及厂家代表的反馈，并回答后面的问题。

1. 垃圾软件一大堆……系统更新3次还要更新……什么是什么啊……我买东西可是第一次给差评啊！

厂家产品经理反馈：您好，非常抱歉给您添麻烦了，内置软件大部分可以删除，请您在应用页面长按屏幕后，点击"×"图标进行卸载；另外，打开设置，点击应用，然后点击全部应用，然后点击系统更新，选择强行停止，只要不再重新开机就不会弹出系统更新了。如果您的手机在使用中有任何问题，欢迎您联系我们客服人员，我们会第一时间为您处理。感谢您对我们产品的支持！

2. 买了几台手机就这次买到次品，天天死机，卡屏。

厂家产品经理反馈：尊敬的用户您好，非常抱歉给您添麻烦了，您可以通过以下方式排除：（1）确认是否在特定的环境才会出现死机，如果使用某个第三方软件出现这个问题，可能是软件运行错误导致，建议将其卸载后安装其他版本尝试。（2）如偶尔死机是正常现象，安卓系统在长时间运行的情况下可能会出现该现象。（3）手机系统是否为最新版本，可备份资料将手机系统升级至最新版本后观察使用。若仍出现此问题，可联系我们的客服人员协助处理。感谢您对我们产品的支持！

3. 手机超级轻，送来之后不能开机，晃一下，里边的配件都摔的哗哗响，超级烂！

厂家产品经理反馈：尊敬的客户您好，新手机尚未安装电池，电池在手机包装盒夹层内，您摇晃手机响动是电池安装位置的干燥剂，您打开手机后盖取掉干燥剂安装电池即可。如果您的手机在使用中有任何问题，欢迎您联系我们客服人员，我们会第一时间为您处理，感谢您对我们产品的支持！

下面请您选择您最认同的数字，其中1代表"完全不同意"，2代表"不同意"，3代表"有点不同意"，4代表"一般"，5代表"有点同意"，6代表"同意"，7代表"完全同意"。

1. 厂家的反馈能让我获得更多关于产品或服务的信息
    1   2   3   4   5   6   7
2. 厂家的反馈能让我知道出现问题时该如何去补救
    1   2   3   4   5   6   7
3. 厂家的反馈能帮助我更快地做出购买决策
    1   2   3   4   5   6   7
4. 厂家的反馈能使我更容易地做出购买决策
    1   2   3   4   5   6   7
5. 对我来说，能掌握厂家提出的解决问题的方法
    1   2   3   4   5   6   7
6. 对我来说，按照厂家反馈去处理问题是容易的
    1   2   3   4   5   6   7
7. 厂家的处理方法是难操作的
    1   2   3   4   5   6   7
8. 我觉得产品性能、服务等方面存在风险
    1   2   3   4   5   6   7
9. 我觉得商品的质量、服务等方面的问题会造成经济损失
    1   2   3   4   5   6   7

10. 产品售后服务不够完善，在产品维修、退换货方面会浪费时间

   1 2 3 4 5 6 7

11. 我选择的这个网店的产品是值得信赖的

   1 2 3 4 5 6 7

12. 我信任该产品的售后服务

   1 2 3 4 5 6 7

13. 我相信网店的产品和服务质量

   1 2 3 4 5 6 7

14. 我喜欢这个网店的产品

   1 2 3 4 5 6 7

15. 购买该网店的产品让我放心

   1 2 3 4 5 6 7

16. 我很关注该网店的新产品

   1 2 3 4 5 6 7

17. 我觉得这款手机很好

   1 2 3 4 5 6 7

18. 我喜欢这款手机

   1 2 3 4 5 6 7

19. 我希望拥有这款手机

   1 2 3 4 5 6 7

20. 我会购买这款手机

   1 2 3 4 5 6 7

21. 如果要购买该产品，我有可能会考虑在该网店购买

   1 2 3 4 5 6 7

22. 我将来有可能会购买该网店的产品

   1 2 3 4 5 6 7

23. 如果需要购买相关产品，我愿意在该网店购买
   1　　　2　　　3　　　4　　　5　　　6　　　7

基本信息：

1. 您的性别：○男　○女

2. 您的年龄：○20 岁以下　○20—25 岁　○26—30 岁　○31—35 岁　○36 岁及以上

3. 您的受教育程度：○本科　○硕士　○博士　○其他

4. 您所在地域：

5. 您的网购次数：○1—5 次　○6—10 次　○11—20 次　○21 次及以上

6. 您每月购物金额：○0—200 元　○201—500 元　○501—1000 元　○1001 元及以上

问卷 B　手机产品问题零售商反馈调查

问卷 B 与问卷 A 类似，为简便起见，只附上问卷 B 的情境设计。

设想您打算网购一件价格在 800 元左右的手机，您对商品的要求是能满足打电话、发短信、上网等基本要求的简单智能手机，您通过查找比较，最后决定在一个您之前买过类似产品的 B2C 网站上购买其自营产品，在比较几款商品的款式、性能和价格之后，发现其中一款商品满足您所有的期望。在决定下单之前，您查看了该商品的在线评论，发现好评和差评之比约为 40∶1。请您认真阅读以下 3 条差评以及网站代表的反馈，并回答后面的问题。

1. 垃圾软件一大堆……系统更新 3 次还要更新……什么是什么啊……我买东西可是第一次给差评啊！

网站客服反馈：尊敬的用户您好，非常抱歉给您带来了不便！若商品出现质量问题，请登录网站，选择"返修/退换货"，进入后按操

作提示填写申请,填写时请尽量详细说明,以便售后人员尽快处理。祝您购物愉快!

2. 买了几台手机就这次买到次品,天天死机,卡屏。

网站客服反馈:尊敬的用户您好,非常抱歉给您带来了不便!若商品出现质量问题,请登录网站,选择"返修/退换货",进入后按操作提示填写申请,填写时请尽量详细说明,以便售后人员尽快处理。祝您购物愉快!

3. 手机超级轻,送来之后不能开机,晃一下,里边的配件都摔的哗哗响,超级烂!

网站客服反馈:尊敬的用户您好,非常抱歉给您带来了不便!若商品出现质量问题,请登录网站,选择"返修/退换货",进入后按操作提示填写申请,填写时请尽量详细说明,以便售后人员尽快处理。祝您购物愉快!

问卷 C 手机产品问题制造商、零售商反馈调查

问卷 C 与问卷 A 类似,为简便起见,只附上问卷 C 的情境设计。

设想您打算网购一件价格在 800 元左右的手机,您对商品的要求是能满足打电话、发短信、上网等基本要求的简单智能手机,您通过查找比较,最后决定在一个您之前买过类似产品的 B2C 网站上购买其自营产品,在比较几款商品的款式、性能和价格之后,发现其中一款商品满足您所有的期望。在决定下单之前,您查看了该商品的在线评论,发现好评和差评之比约为 40∶1。请您认真阅读以下 3 条差评以及厂家代表和网站代表的反馈,并回答后面的问题。

1. 垃圾软件一大堆……系统更新 3 次还要更新……什么是什么啊……我买东西可是第一次给差评啊!

厂家产品经理反馈:您好,非常抱歉给您添麻烦了,内置软件大

部分可以删除，请您在应用页面长按屏幕后，点击"×"图标进行卸载；另外，打开设置，点击应用，然后点击全部应用，然后点击系统更新，选择强行停止，只要不再重新开机就不会弹出系统更新了。如果您的手机在使用中有任何问题，欢迎您联系我们客服人员，我们会第一时间为您处理。感谢您对我们产品的支持！

网站客服反馈：尊敬的用户您好，非常抱歉给您带来了不便！若商品出现质量问题，请登录网站，选择"返修/退换货"，进入后按操作提示填写申请，填写时请尽量详细说明，以便售后人员尽快处理。祝您购物愉快！

2. 买了几台手机就这次买到次品，天天死机，卡屏。

厂家产品经理反馈：尊敬的用户您好，非常抱歉给您添麻烦了，您可以通过以下方式排除：（1）确认是否在特定的环境才会出现死机，如果使用某个第三方软件出现这个问题，可能是软件运行错误导致，建议将其卸载后安装其他版本尝试。（2）如偶尔死机是正常现象，安卓系统在长时间运行的情况下可能会出现该现象。（3）手机系统是否为最新版本，可备份资料将手机系统升级至最新版本后观察使用。若仍出现此问题，可联系我们的客服人员协助处理。感谢您对我们产品的支持！

网站客服反馈：尊敬的用户您好，非常抱歉给您带来了不便！若商品出现质量问题，请登录网站，选择"返修/退换货"，进入后按操作提示填写申请，填写时请尽量详细说明，以便售后人员尽快处理。祝您购物愉快！

3. 手机超级轻，送来之后不能开机，晃一下，里边的配件都摔的哗哗响，超级烂！

厂家产品经理反馈：尊敬的客户您好，新手机尚未安装电池，电池在手机包装盒夹层内，您摇晃手机响动是电池安装位置的干燥剂，您打开手机后盖取掉干燥剂安装电池即可。如果您的手机在使用中有任何问题，欢迎您联系我们客服人员，我们会第一时间为您处理，感谢您对我们产品的支持！

网站客服反馈：尊敬的用户您好，非常抱歉给您带来了不便！若商品出现质量问题，请登录网站，选择"返修/退换货"，进入后按操作提示填写申请，填写时请尽量详细说明，以便售后人员尽快处理。祝您购物愉快！

问卷 D　羽绒服产品问题制造商反馈调查

问卷 D 与问卷 A 类似，为简便起见，只附上问卷 D 的情境设计。

设想您打算网购一件价格在 800 元左右的羽绒服，您对衣服的要求是保暖、款式新颖、有毛领，您通过查找比较，最后决定在一个您之前买过类似产品的 B2C 网站上购买其自营产品，在比较几款商品的款式、性能和价格之后，发现其中一款商品满足您所有的期望。在决定下单之前，您查看了该商品的在线评论，发现好评和差评之比约为 40∶1。请您认真阅读以下 3 条差评以及厂家代表的反馈，并回答后面的问题。

1. 款式不错，就是羽绒有点薄。

厂家品牌经理反馈：尊敬的用户您好，感谢您选择了我们。网上买东西不只是为了方便，品质尤其重要。您买的这款充绒量125—145克，是市场上别的羽绒服远远达不到的，它的温暖在这个冬天您能亲身感受到。如果您还有任何问题，欢迎您联系我们，我们会第一时间为您处理。感谢您对我们产品的支持！

2. 其他都还好，就是毛领会掉毛。

厂家品牌经理反馈：尊敬的用户您好，感谢您选择了我们。关于您说的掉毛，请一定安心放心，真毛领才会掉毛，假毛是拽也不会掉的。而且您刚买，是会有些浮毛，您可以轻轻擦拭，这个属正常现象，您可以在很多大商场或专业人士那里得到同样的答案。如果您还有任何问题，欢迎您联系我们，我们会第一时间为您处理。感谢您对我们产品的支持！

3. 毛领绝对不是狐狸毛，一天卖成千上万件要杀多少只狐狸才够做衣服的。

厂家品牌经理反馈：尊敬的客户您好，感谢您选择了我们。我们以企业良心承诺：只卖真毛领，假一罚百。受我们的委托，浙江省嘉兴市皮毛和制鞋工业研究所测试中心对我们的毛领进行了专业检验，《检验报告编号 W-2014-1021》，查询码 201411062，验证码 8548802221，您可以查询，做良心企业才可以长足发展，我们专注羽绒服 23 年，感谢一路有您的支持！如果您还有任何问题，欢迎您联系我们，我们会第一时间为您处理。

问卷 E　羽绒服产品问题零售商反馈调查

问卷 E 与问卷 A 类似，为简便起见，只附上问卷 E 的情境设计。

设想您打算网购一件价格在 800 元左右的羽绒服，您对衣服的要求是保暖、款式新颖、有毛领，您通过查找比较，最后决定在一个您之前买过类似产品的 B2C 网站上购买其自营产品，在比较几款商品的款式、性能和价格之后，发现其中一款商品满足您所有的期望。在决定下单之前，您查看了该商品的在线评论，发现好评和差评之比约为 40∶1。请您认真阅读以下 3 条差评以及网站代表的反馈，并回答后面的问题。

1. 款式不错，就是羽绒有点薄。

网站客服反馈：尊敬的用户您好，非常抱歉给您带来了不便！我处销售商品全部为正品，若您对商品不满意，请登录网站，选择"返修/退换货"，进入后按操作提示填写申请，填写时请尽量详细说明，以便售后人员尽快处理。祝您购物愉快！

2. 其他都还好，就是毛领会掉毛。

网站客服反馈：尊敬的用户您好，非常抱歉给您带来了不便！我处销售商品全部为正品，若您对商品不满意，请登录网站，选择"返修/退换货"，进入后按操作提示填写申请，填写时请尽量详细说明，以便售后人员尽快处理。祝您购物愉快！

3. 毛领绝对不是狐狸毛，一天卖成千上万件要杀多少只狐狸才够做衣服的。

网站客服反馈：尊敬的用户您好，非常抱歉给您带来了不便！我处销售商品全部为正品，若您对商品不满意，请登录网站，选择"返修/退换货"，进入后按操作提示填写申请，填写时请尽量详细说明，以便售后人员尽快处理。祝您购物愉快！

问卷 F　羽绒服产品问题制造商、零售商反馈调查

问卷 F 与问卷 A 类似，为简便起见，只附上问卷 F 的情境设计。

设想您打算网购一件价格在 800 元左右的羽绒服，您对衣服的要求是保暖、款式新颖、有毛领，您通过查找比较，最后决定在一个您之前买过类似产品的 B2C 网站上购买其自营产品，在比较几款商品的款式、性能和价格之后，发现其中一款商品满足您所有的期望。在决定下单之前，您查看了该商品的在线评论，发现好评和差评之比约为 40∶1。请您认真阅读以下 3 条差评以及厂家代表和网站代表的反馈，并回答后面的问题。

1. 款式不错，就是羽绒有点薄。

厂家品牌经理反馈：尊敬的用户您好，感谢您选择了我们。网上买东西不只是为了方便，品质尤其重要。您买的这款充绒量 125—145 克，是市场上别的羽绒服远远达不到的，它的温暖在这个冬天您能亲

身感受到。如果您还有任何问题，欢迎您联系我们，我们会第一时间为您处理。感谢您对我们产品的支持！

网站客服反馈：尊敬的用户您好，非常抱歉给您带来了不便！我处销售商品全部为正品，若您对商品不满意，请登录网站，选择"返修/退换货"，进入后按操作提示填写申请，填写时请尽量详细说明，以便售后人员尽快处理。祝您购物愉快！

2. 其他都还好，就是毛领会掉毛。

厂家品牌经理反馈：尊敬的用户您好，感谢您选择了我们。关于您说的掉毛，请一定安心放心，真毛领才会掉毛，假毛是拽也不会掉的。而且您刚买，是会有些浮毛，您可以轻轻擦拭，这个属正常现象，您可以在很多大商场或专业人士那里得到同样的答案。如果您还有任何问题，欢迎您联系我们，我们会第一时间为您处理。感谢您对我们产品的支持！

网站客服反馈：尊敬的用户您好，非常抱歉给您带来了不便！我处销售商品全部为正品，若您对商品不满意，请登录网站，选择"返修/退换货"，进入后按操作提示填写申请，填写时请尽量详细说明，以便售后人员尽快处理。祝您购物愉快！

3. 毛领绝对不是狐狸毛，一天卖成千上万件要杀多少只狐狸才够做衣服的。

厂家品牌经理反馈：尊敬的客户您好，感谢您选择了我们。我们以企业良心承诺：只卖真毛领，假一罚百。受我们的委托，浙江省嘉兴市皮毛和制鞋工业研究所测试中心对我们的毛领进行了专业检验，《检验报告编号 W-2014-1021》，查询码201411062，验证码8548802221，您可以查询，做良心企业才可以长足发展，我们专注羽绒服23年，感谢一路有您的支持！如果您还有任何问题，欢迎您联系我们，我们会第一时间为您处理。

网站客服反馈：尊敬的用户您好，非常抱歉给您带来了不便！我处销售商品全部为正品，若您对商品不满意，请登录网站，选择"返修/退换货"，进入后按操作提示填写申请，填写时请尽量详细说明，以便售后人员尽快处理。祝您购物愉快！

问卷 G　手机服务问题制造商反馈调查

问卷 G 与问卷 A 类似，为简便起见，只附上问卷 G 的情境设计。

您打算网购一台价格在 800 元左右的手机，您对产品的要求是能满足打电话、发短信、上网等基本要求的简单智能手机，您通过查找比较，打算在一个您之前买过类似产品的 B2C 网站上购买其自营产品，从产品介绍上看，有一款手机无论从款式、性能、价钱上都能满足你所有的期望。然后，您查看了该产品的在线评论，在线评论中有好评也有差评，好评和差评的比例约为 40∶1。请您认真阅读以下 3 条差评以及厂家代表的反馈，并回答后面的问题。

1. 手机性价比高，但赠品一个都没有，单单一个机子，有点失望。

厂家产品经理反馈：您好，非常抱歉，给您带来了不便！建议您联系网站客服确认处理，如果您的手机在使用中有任何问题，欢迎您联系我们客服人员，我们会第一时间为您处理。祝您购物愉快！

2. 我明明订的是白色的，却给我送来了一台黑色，真不知道是怎么发货的！

厂家产品经理反馈：您好，非常抱歉，给您带来了不便！建议您联系网站客服确认处理，如果您的手机在使用中有任何问题，欢迎您联系我们客服人员，我们会第一时间为您处理。祝您购物愉快！

3. 东西不错，老妈很喜欢，但是快递很慢，服务态度很差，还不肯送上楼。

厂家产品经理反馈：您好，非常感谢您对我们产品的支持与认可，给您带来的不便深感抱歉，物流问题我们会尽快向网站反馈，如果您的手机在使用中有任何问题，欢迎您联系我们客服人员，我们会第一时间为您处理。祝您购物愉快！

问卷 H　手机服务问题零售商反馈调查

问卷 H 与问卷 A 类似，为简便起见，只附上问卷 H 的情境设计。

您打算网购一台价格在 800 元左右的手机，您对产品的要求是能满足打电话、发短信、上网等基本要求的简单智能手机，您通过查找比较，打算在一个您之前买过类似产品的 B2C 网站上购买其自营产品，从产品介绍上看，有一款手机无论从款式、性能、价钱上能满足你所有的期望。然后，您查看了该产品的在线评论，在线评论中有好评也有差评，好评和差评的比例约为 40∶1。请您认真阅读以下 3 条差评以及网站代表的反馈，并回答后面的问题。

1. 手机性价比高，但赠品一个都没有，单单一个机子，有点失望。

网站客服反馈：您好，非常抱歉，给您带来了不便！赠品需要您点击"赠送"按钮的，具体以您订单页面信息为准，如果您的手机在使用中有任何问题，欢迎您联系我们，我们会第一时间为您处理。祝您购物愉快！

2. 我明明订的是白色的，却给我送来了一台黑色，真不知道是怎么发货的！

网站客服反馈：尊敬的用户您好，非常抱歉给您带来了不便！这是我们客服人员的失误，我们会及时为您调换，如果您的手机在使用中有任何问题，欢迎您联系我们，我们会第一时间为您处理。祝您购物愉快！

3. 东西不错，老妈很喜欢，但是快递很慢，服务态度很差，还不肯送上楼。

网站客服反馈：您好，非常感谢您对我们产品的支持与认可，给您带来的不便深感抱歉，物流问题我们会尽快向物流部门反馈，对问题进行核实和处理，如果您的手机在使用中有任何问题，欢迎您联系我们，我们会第一时间为您处理。祝您购物愉快！

问卷 I 羽绒服服务问题制造商反馈调查

问卷 I 与问卷 A 类似，为简便起见，只附上问卷 I 的情境设计。

设想您打算网购一件价格在 800 元左右的羽绒服，您对衣服的要求是保暖、款式新颖、有毛领，您通过查找比较，最后决定在一个您之前买过类似产品的 B2C 网站上购买其自营产品，在比较几款商品的款式、性能和价格之后，发现其中一款商品满足您所有的期望。在决定下单之前，您查看了该商品的在线评论，发现好评和差评之比约为 40∶1。请您认真阅读以下 3 条差评以及厂家代表的反馈，并回答后面的问题。

1. 衣服性价比高，但赠品一个都没有，单单一件衣服，有点失望。

厂家品牌经理反馈：尊敬的用户您好，非常抱歉，给您带来了不便！建议您联系网站客服确认处理，如果您还有任何问题，欢迎您联系我们客服人员，我们会第一时间为您处理。祝您购物愉快！

2. 我明明订的是白色的，却给我送来了一件黑色的，真不知道是怎么发货的！

厂家品牌经理反馈：尊敬的用户您好，非常抱歉，给您带来了不便！建议您联系网站客服确认处理，如果您还有任何问题，欢迎您联系我们客服人员，我们会第一时间为您处理。祝您购物愉快！

3. 衣服不错，老妈很喜欢，但是快递很慢，服务态度很差，还不肯送上楼。

厂家品牌经理反馈：您好，非常感谢您对我们产品的支持与认可，给您带来的不便深感抱歉，物流问题我们会尽快向网站反馈，如果您还有任何问题，欢迎您联系我们客服人员，我们会第一时间为您处理。祝您购物愉快！

问卷 J　羽绒服服务问题零售商反馈调查

问卷 J 与问卷 A 类似，为简便起见，只附上问卷 J 的情境设计。

设想您打算网购一件价格在 800 元左右的羽绒服，您对衣服的要求是保暖、款式新颖、有毛领，您通过查找比较，最后决定在一个您之前买过类似产品的 B2C 网站上购买其自营产品，在比较几款商品的款式、性能和价格之后，发现其中一款商品满足您所有的期望。在决定下单之前，您查看了该商品的在线评论，发现好评和差评之比约为 40∶1。请您认真阅读以下 3 条差评以及网站代表的反馈，并回答后面的问题。

1. 衣服性价比高，但赠品一个都没有，单单一件衣服，有点失望。

网站客服反馈：您好，非常抱歉，给您带来了不便！赠品需要您点击"赠送"按钮的，具体以您订单页面信息为准，如果您还有任何问题，欢迎您联系我们，我们会第一时间为您处理。祝您购物愉快！

2. 我明明订的是白色的，却给我送来了一件黑色的，真不知道是怎么发货的！

网站客服反馈：尊敬的用户您好，非常抱歉给您带来了不便！这是我们客服人员的失误，我们会及时为您调换，如果您还有任何问题，欢迎您联系我们，我们会第一时间为您处理。祝您购物愉快！

3. 衣服不错，老妈很喜欢，但是快递很慢，服务态度很差，还不肯送上楼。

网站客服反馈：您好，非常感谢您对我们产品的支持与认可，给您带来的不便深感抱歉，物流问题我们会尽快向物流部门反馈，对问题进行核实和处理,如果您还有任何问题,欢迎您联系我们,我们会第一时间为您处理。祝您购物愉快!

附录C 已购消费者调查问卷

问卷A 手机产品问题制造商反馈调查(已购消费者)

尊敬的女士/先生:

您好!首先,非常感谢您能填写本调查问卷。本人是上海财经大学信息管理与工程学院的博士研究生,目前正在进行"电商差评补救对消费者的影响研究",急需了解您对差评补救的看法。本问卷题项的答案没有正确与错误之分,问卷结果仅作学术用途,不会泄露给第三方,所以请您放心填写问卷。

请您仔细阅读下面情境描述,假设这是您的亲身经历,请您根据自己的感受回答各项问题!

设想您通过网络在一个有过购买经验的B2C网站上买了一台价格在800元左右的手机,购买之前您已经比较了款式、性能和价格,认为这款手机满足您所有的期望。收到货物后您有些不满意,于是在商品评论处发布了一条差评,然后得到了厂家代表的反馈,请您根据阅读厂家代表反馈后自己的感受,回答下面的问题。

您发布的差评:买了几台手机就这次买到次品,天天死机,卡屏。

厂家产品经理反馈:尊敬的用户您好,非常抱歉给您添麻烦了,您可以通过以下方式排除:(1)确认是否在特定的环境才会出现死机,如果使用某个第三方软件出现这个问题,可能是软件运行错误导致,建议将其卸载后安装其他版本尝试。(2)如偶尔死机是正常现象，安卓系统在长时间运行的情况下可能会出现该现象。（3）手机系统是否为最新版本，可备份资料将手机系统升级至最新版本后观察使用。若仍出现此问题，可联系我们的客服人员协助处理。感谢您对我们产品的支持！

下面请您选择您最认同的数字，其中1代表"完全不同意"，2代表"不同意"，3代表"有点不同意"，4代表"一般"，5代表"有点同意"，6代表"同意"，7代表"完全同意"。

1. 我得到了我需要的结果
   1   2   3   4   5   6   7
2. 根据我提出的问题，我得到的结果是合适的
   1   2   3   4   5   6   7
3. 我得到的结果是公平的
   1   2   3   4   5   6   7
4. 我没有得到我想要的结果
   1   2   3   4   5   6   7
5. 在处理我的问题时，厂家显示了足够的灵活性
   1   2   3   4   5   6   7
6. 当我提出问题后，厂家积极应对
   1   2   3   4   5   6   7
7. 在解决问题时，厂家是礼貌的
   1   2   3   4   5   6   7
8. 厂家和我的沟通方式是合适的
   1   2   3   4   5   6   7
9. 对我的问题，厂家、网站就相关的处理过程向我进行了详细的解释
   1   2   3   4   5   6   7

10. 厂家对我的问题做出的道歉、解释、补偿等比我期望的好

   1 2 3 4 5 6 7

11. 厂家帮助我解决问题，超过了我的期望

   1 2 3 4 5 6 7

12. 厂家对我的问题的最终回应超过了我的期望

   1 2 3 4 5 6 7

13. 通过交易，我觉得这个网店的产品是值得信赖的

   1 2 3 4 5 6 7

14. 通过交易，我信得过该产品的售后服务

   1 2 3 4 5 6 7

15. 通过交易，我仍然相信网店的产品和服务质量

   1 2 3 4 5 6 7

16. 通过交易，我喜欢这个网店的产品

   1 2 3 4 5 6 7

17. 通过交易，我觉得购买该网店的产品让我放心

   1 2 3 4 5 6 7

18. 我会继续关注该网店的新产品

   1 2 3 4 5 6 7

19. 我对厂家提供的信息和服务感到满意

   1 2 3 4 5 6 7

20. 我认为厂家对我提出的抱怨做出了较好的回应

   1 2 3 4 5 6 7

21. 总体来说，我对于此次针对差评的补救经历感到满意

   1 2 3 4 5 6 7

22. 我会继续光顾这家网店

   1 2 3 4 5 6 7

23. 如果需要，我会继续购买该产品

   1 2 3 4 5 6 7

24. 以后如果需要同类商品，我会首选这个网店

   1 2 3 4 5 6 7

25. 我愿意对该网店和产品做出积极评价

   1 2 3 4 5 6 7

26. 我愿意向亲人或朋友推荐该网店和产品

   1 2 3 4 5 6 7

基本信息：

1. 您的性别：○男　○女

2. 您的年龄：○20 岁以下　○20—25 岁　○26—30 岁　○31—35 岁　○36 岁及以上

3. 您的受教育程度：○本科　○硕士　○博士　○其他

4. 您所在地域：

5. 您的网购次数：○1—5 次　○6—10 次　○11—20 次　○21 次及以上

6. 您每月购物金额：○0—200 元　○201—500 元　○501—1000 元　○1001 元及以上

问卷 B　手机产品问题零售商反馈调查（已购消费者）

问卷 B 与问卷 A 类似，为简便起见，只附上问卷 B 的情境设计。

设想您通过网络在一个有过购买经验的 B2C 网站上买了一台价格在 800 元左右的手机，购买之前您已经比较了款式、性能和价格，认为这款手机满足您所有的期望。收到货物后您有些不满意，于是在商品评论处发布了一条差评，然后得到了网站代表的反馈，请您根据阅读网站代表反馈后自己的感受，回答下面的问题。

您发布的差评：买了几台手机就这次买到次品，天天死机，卡屏。

网站客服反馈：尊敬的用户您好，非常抱歉给您带来了不便！若商品出现质量问题，请登录网站，选择"返修/退换货"，进入后按操作提示填写申请，填写时请尽量详细说明，以便售后人员尽快处理。祝您购物愉快！

问卷 C 手机产品问题制造商、零售商反馈调查（已购消费者）

问卷 C 与问卷 A 类似，为简便起见，只附上问卷 C 的情境设计。

设想您通过网络在一个有过购买经验的 B2C 网站上买了一台价格在 800 元左右的手机，购买之前您已经比较了款式、性能和价格，认为这款手机满足您所有的期望。收到货物后您有些不满意，于是在商品评论处发布了一条差评，然后得到了厂家代表和网站代表的反馈，请您根据阅读厂家代表和网站代表反馈后自己的感受，回答下面的问题。

您发布的差评：买了几台手机就这次买到次品，天天死机，卡屏。

厂家产品经理反馈：尊敬的用户您好，非常抱歉给您添麻烦了，您可以通过以下方式排除：（1）确认是否在特定的环境才会出现死机，如果使用某个第三方软件出现这个问题，可能是软件运行错误导致，建议将其卸载后安装其他版本尝试。（2）如偶尔死机是正常现象，安卓系统在长时间运行的情况下可能会出现该现象。（3）手机系统是否为最新版本，可备份资料将手机系统升级至最新版本后观察使用。若仍出现此问题，可联系我们的客服人员协助处理。感谢您对我们产品的支持！

网站客服反馈：尊敬的用户您好，非常抱歉给您带来了不便！若商品出现质量问题,请登录网站,选择"返修/退换货",进入后按操作提示填写申请,填写时请尽量详细说明,以便售后人员尽快处理。祝您购物愉快!

问卷 D　羽绒服产品问题制造商反馈调查

问卷 D 与问卷 A 类似,为简便起见,只附上问卷 D 的情境设计。

设想您通过网络在一个有过购买经验的 B2C 网站上买了一台价格在 800 元左右的羽绒服,购买之前您已经比较了款式、性能和价格,认为这件羽绒服满足您所有的期望。收到货物后您有些不满意,于是在商品评论处发布了一条差评,然后得到了厂家代表的反馈,请您根据阅读厂家代表反馈后自己的感受,回答下面的问题。

您发布的差评:毛领绝对不是狐狸毛,一天卖成千上万件要杀多少只狐狸才够做衣服的。

厂家品牌经理反馈:尊敬的客户您好,感谢您选择了我们。我们以企业良心承诺:只卖真毛领,假一罚百。受我们的委托,浙江省嘉兴市皮毛和制鞋工业研究所测试中心对我们的毛领进行了专业检验,《检验报告编号 W - 2014 - 1021》,查询码 201411062,验证码 8548802221,您可以查询,做良心企业才可以长足发展,我们专注羽绒服 23 年,感谢一路有您的支持!如果您还有任何问题,欢迎您联系我们,我们会第一时间为您处理。

问卷 E　羽绒服产品问题零售商反馈调查

问卷 E 与问卷 A 类似,为简便起见,只附上问卷 E 的情境设计。
设想您通过网络在一个有过购买经验的 B2C 网站上买了一台价格

在 800 元左右的羽绒服，购买之前您已经比较了款式、性能和价格，认为这件羽绒服满足您所有的期望。收到货物后您有些不满意，于是在商品评论处发布了一条差评，然后得到了厂家代表的反馈，请您根据阅读厂家代表反馈后的自己感受，回答下面的问题。

您发布的差评：毛领绝对不是狐狸毛，一天卖成千上万件要杀多少只狐狸才够做衣服的。

网站客服反馈：尊敬的用户您好，非常抱歉给您带来了不便！我处销售商品全部为正品，若您对商品不满意，请登录网站，选择"返修/退换货"，进入后按操作提示填写申请，填写时请尽量详细说明，以便售后人员尽快处理。祝您购物愉快！

问卷 F　羽绒服产品问题制造商、零售商反馈调查

问卷 F 与问卷 A 类似，为简便起见，只附上问卷 F 的情境设计。

设想您通过网络在一个有过购买经验的 B2C 网站上买了一台价格在 800 元左右的羽绒服，购买之前您已经比较了款式、性能和价格，认为这件羽绒服满足您所有的期望。收到货物后您有些不满意，于是在商品评论处发布了一条差评，然后得到了厂家代表的反馈，请您根据阅读厂家代表反馈后自己的感受，回答下面的问题。

您发布的差评：毛领绝对不是狐狸毛，一天卖成千上万件要杀多少只狐狸才够做衣服的。

厂家品牌经理反馈：尊敬的客户您好，感谢您选择了我们。我们以企业良心承诺：只卖真毛领，假一罚百。受我们的委托，浙江省嘉兴市皮毛和制鞋工业研究所测试中心对我们的毛领进行了专业检验，《检验报告编号 W - 2014 - 1021》，查询码 201411062，验证码 8548802221，

您可以查询,做良心企业才可以长足发展,我们专注羽绒服 23 年,感谢一路有您的支持!如果您还有任何问题,欢迎您联系我们,我们会第一时间为您处理。

网站客服反馈:尊敬的用户您好,非常抱歉给您带来了不便!我处销售商品全部为正品,若您对商品不满意,请登录网站,选择"返修/退换货",进入后按操作提示填写申请,填写时请尽量详细说明,以便售后人员尽快处理。祝您购物愉快!

问卷 G 手机服务问题制造商反馈调查

问卷 G 与问卷 A 类似,为简便起见,只附上问卷 G 的情境设计。

设想您通过网络在一个有过购买经验的 B2C 网站上买了一台价格在 800 元左右的手机,购买之前您已经比较了款式、性能和价格,认为这款手机满足您所有的期望。收到货物后您有些不满意,于是在商品评论处发布了一条差评,然后得到了厂家代表的反馈,请您根据阅读厂家代表反馈后自己的感受,回答下面的问题。

您发布的差评:手机性价比高,但赠品一个都没有,单单一个机子,有点失望。

厂家产品经理反馈:您好,非常抱歉,给您带来了不便!建议您联系网站客服确认处理,如果您的手机在使用中有任何问题,欢迎您联系我们客服人员,我们会第一时间为您处理。祝您购物愉快!

问卷 H 手机服务问题零售商反馈调查

问卷 H 与问卷 A 类似,为简便起见,只附上问卷 H 的情境设计。

设想您通过网络在一个有过购买经验的 B2C 网站上买了一台价格

在800元左右的手机，购买之前您已经比较了款式、性能和价格，认为这款手机满足您所有的期望。收到货物后您有些不满意，于是在商品评论处发布了一条差评，然后得到了网站代表的反馈，请您根据阅读网站代表反馈后自己的感受，回答下面的问题。

您发布的差评：手机性价比高，但赠品一个都没有，单单一个机子，有点失望。

网站客服反馈：您好，非常抱歉，给您带来了不便！赠品需要您点击"赠送"按钮的，具体以您订单页面信息为准，如果您的手机在使用中有任何问题，欢迎您联系我们，我们会第一时间为您处理。祝您购物愉快！

问卷 I 羽绒服服务问题制造商反馈调查

问卷 I 与问卷 A 类似，为简便起见，只附上问卷 I 的情境设计。

设想您通过网络在一个有过购买经验的 B2C 网站上买了一台价格在800元左右的羽绒服，购买之前您已经比较了款式、性能和价格，认为这件羽绒服满足您所有的期望。收到货物后您有些不满意，于是在商品评论处发布了一条差评，然后得到了厂家代表的反馈，请您根据阅读厂家代表反馈后自己的感受，回答下面的问题。

您发布的差评：衣服性价比高，但赠品一个都没有，单单一件衣服，有点失望。

厂家品牌经理反馈：尊敬的用户您好，非常抱歉，给您带来了不便！建议您联系网站客服确认处理，如果您还有任何问题，欢迎您联系我们客服人员，我们会第一时间为您处理。祝您购物愉快！

问卷 J　羽绒服服务问题零售商反馈调查

问卷 J 与问卷 A 类似，为简便起见，只附上问卷 J 的情境设计。

设想您通过网络在一个有过购买经验的 B2C 网站上买了一台价格在 800 元左右的羽绒服，购买之前您已经比较了款式、性能和价格，认为这件羽绒服满足您所有的期望。收到货物后您有些不满意，于是在商品评论处发布了一条差评，然后得到了网站代表的反馈，请您根据阅读网站代表反馈后自己的感受，回答下面的问题。

您发布的差评：衣服性价比高，但赠品一个都没有，单单一件衣服，有点失望。

网站客服反馈：您好，非常抱歉，给您带来了不便！赠品需要您点击"赠送"按钮的，具体以您订单页面信息为准，如果您还有任何问题，欢迎您联系我们，我们会第一时间为您处理。祝您购物愉快！

附录 D　模拟在线购物平台部分代码

记录访问日志的主要方法（部分代码）

```
/**
 * Created by acer on 2015/4/13.
 */
(function (window, document, undefined) {
    // upLogger 对象是采集脚本对外提供的操作对象
    if (window.upLogger) {//如果不为空，直接返回，避免重复安装
```

```
            return;
        }
    var upBeaconUtil = {//日志记录工具类
        jsName:'userBehavior.js', //程序名称
        setCookie:function(sName,sValue,oExpires,sPath,sDomain,bSecure){//设置cookie信息
            var currDate = new Date(),
                sExpires = typeof oExpires = ='undefined'?'':';expires='+new Date(currDate.getTime()+(oExpires*24*60*60*1000)).toUTCString();
            document.cookie = sName+'='+sValue+sExpires+((sPath= =null)?'':(';path='+sPath))+((sDomain= =null)?'':(';domain='+sDomain))+((bSecure= =true)?';secure':'');
        },
        getCookie:function(sName){//获取cookie信息
            var regRes = document.cookie.match(new RegExp("(^| )"+sName+"=([^;]*)(;|MYM)"));
            return(regRes!=null)?unescape(regRes[2]):'-';
        },
        getRand:function(){//生产页面的唯一标示
            var currDate = new Date();
            var randId = currDate.getTime()+'-';
            for(var i=0; i<32; i++)
            {
                randId+=Math.floor(Math.random()*10);
            }
```

```
                return randId;
            },
            parseError: function (obj) {
                var retVal = '';
                for (var key in obj) {
                    retVal += key + '=' + obj[key] + ';';
                }
                return retVal;
            },
            getParam: function (obj, flag) {// 参数转化方法
                var retVal = null;
                if (obj) {
                    if (upBeaconUtil.isString(obj) || upBeaconUtil.isNumber(obj)) {
                        retVal = obj;
                    } else {
                        if (upBeaconUtil.isObject(obj)) {
                            var tmpStr = '';
                            for (var key in obj) {
                                if (obj[key] != null && obj[key] != undefined) {
                                    var tmpObj = obj[key];
                                    if (upBeaconUtil.isArray(tmpObj)) {
                                        tmpObj = tmpObj.join(',');
                                    } else {
                                        if (upBeaconUtil.isDate(tmpObj)) {
                                            tmpObj = tmpObj.getTime();
                                        }
                                    }
```

```
                                }
            tmpStr + = key + ' = ' + tmpObj + '&';
                                    }
                                }
            tmpStr = tmpStr. substring (0, tmpStr. length - 1);
            retVal = tmpStr;
        } else {
            if (upBeaconUtil. IsArray (obj)) {
                if (upBeaconUtil. length & upBeaconUtil. length > 0) {
                    retVal = obj. join (',');
                        }
                } else {
                    retVal = obj. toString ();
                        }
                    }
                }
            }

        if (! retVal) {
            retVal = ' - ';
                }


        if (flag) {
            retVal = encodeURIComponent (retVal);
            retVal = this. base64encode (retVal);
                }
        return retVal;
```

},

base64encode: function (G) {//base64 加密

var A = '"ABCDEFGHIJKLMNOPQRSTUVWXYZabcdefghijklmnopqrstuvwxyz0123456789+/'";

var C, E, z;

var F, D, B;

z = G. length;

E = 0;

C = """;

while (E < z) {

F = G. charCodeAt (E + +) & 255;

if (E = = z) {

C + = A. charAt (F > > 2);

C + = A. charAt ((F & 3) < < 4);

C + ='" = ='";

break

}

D = G. charCodeAt (E + +);

if (E = = z) {

C + = A. charAt (F > > 2);

C + = A. charAt (((F & 3) < < 4) | ((D & 240) > > 4));

C + = A. charAt ((D & 15) < < 2);

C + ='" ='";

break

}

B = G. charCodeAt (E + +);

```
            C += A.charAt(F >> 2);
            C += A.charAt(((F & 3) << 4) |
((D & 240) >> 4));
            C += A.charAt(((D & 15) << 2) |
((B & 192) >> 6));
            C += A.charAt(B & 63)
        }
        return C
    },
    getDomain: function() {//获取网站的域名
        return document.URL.substring(document.URL.indexOf("://") + 3, document.URL.lastIndexOf("/"));
    },
    isString: function(obj) {// 判断是不是String 类型
        return (obj != null) && (obj != undefined) && (typeof obj == 'string') && (obj.constructor == String);
    },
    isNumber: function(obj) {// 判断是否是数组
        return (typeof obj == 'number') && (obj.constructor == Number);
    },
    isDate: function(obj) {// 判断是否是日期
        return obj && (typeof obj == 'object') && (obj.constructor == Date);
    },
    isArray: function(obj) {//判断是否是数组
        return obj && (typeof obj == 'object') && (obj.constructor == Array);
```

},

isObject: function (obj) {//判断是否是对象
return obj && (typeof obj == 'object') && (obj. constructor == Object)

},

trim: function (str) {// 去除左右两边空格
return str. replace (/ (^\ s *) | (\ s * MYM) /, "");;
}
},

beacon_ vist_ num = isNaN (beacon_ vist_ num = + upBeaconUtil. getCookie ('up_ beacon_ vist_ count')) ? 1: beacon_ vist_ num + 1; // 从 cookie 里获取访问次数

upBeaconUtil. setCookie ('up_ beacon_ vist_ count', beacon_ vist_ num); //记录新的访问次数

var setUpBeaconId = function () {

var sUpBeaconId = upBeaconUtil. trim (upBeaconUtil. getCookie ('up_ beacon_ id'));

if (sUpBeaconId == undefined || sUpBeaconId == null || sUpBeaconId == '' || sUpBeaconId == '-') {

upBeaconUtil. setCookie ('up_ beacon_ id', (upBeaconUtil. getDomain () + '.' + (new Date ()). getTime ()));
}
} (),

beaconMethod = {

uvId: 'up_ beacon_ id', //

memId: 'up_ dw_ track',

beaconUrl: ' buy. sfu. edu. cn: 8082/product/

inpage.json',//记录访问日志的url

　　errorUrl:'127.0.0.1:8082/product/error.json',//记录错误日志的url

　　clickUrl:'buy.sfu.edu.cn:8082/product/click.json',//记录click日志的url

　　pageId:typeof _beacon_pageid!='undefined'?_beacon_pageid:(_beacon_pageid=upBeaconUtil.getRand()),//生产pageId（页面唯一标示）

　　protocol:function(){//请求的协议例如http://
　　var reqHeader=location.protocol;
　　if('file:'===reqHeader){
　　reqHeader='http:';
　　}
　　return reqHeader+'//';
　　},

　　tracking:function(){//记录访问日志的方法（对外）
　　this.beaconLog();
　　},

　　getRefer:function(){//获取上游页面信息
　　var reqRefer=document.referrer;
　　reqRefer==location.href&&(reqRefer='');
　　try{
　　reqRefer=''==reqRefer?opener.location:reqRefer;
　　reqRefer=''==reqRefer?'-':reqRefer;
　　}catch(e){
　　reqRefer='-';

```
                                  }
            return reqRefer;
                                    },
                         beaconLog: function () {// 记录访问日志方法
            try {
            var httpHeadInd = document. URL. indexOf (': //'),
            httpUrlContent = '{' + upBeaconUtil. getParam (document. URL.
substring (httpHeadInd + 2)) + '}',
            hisPageUrl = '{' + upBeaconUtil. getParam (this. getRefer ()) +
'}',
            ptId = upBeaconUtil. getCookie (this. memId),
            cId = upBeaconUtil. getCookie (this. uvId),
            btsVal = upBeaconUtil. getCookie ('b_ t_ s'),
            beanconMObj = {};
            var btsFlag = btsVal = = '-' || btsVal. indexOf ('s') = = -1;
            if (ptId ! = '-') {
                                    beanconMObj. memId = ptId;
                                    }
            if (btsFlag) {
                                    beanconMObj. subIsNew = 1;
            upBeaconUtil. setCookie ('b_ t_ s', btsVal = = '-' ? 's': (btsVal +
's'), 10000,'/');
              } else {
                                    beanconMObj. subIsNew = 0;
                                    }
            var logParams = '{' + upBeaconUtil. getParam (beanconMObj) +
'}',
```

```
            logPageId = this.pageId,
            logTitle = document.title;
            if (logTitle.length > 25) {
            logTitle = logTitle.substring (0, 25);
                            }
            logTitle = encodeURIComponent (logTitle);
            var logCharset = (navigator.userAgent.indexOf ('MSIE') ! = -1)?
document.charset: document.characterSet,
            logQuery = '{' + upBeaconUtil.getParam ({
            pageId: logPageId,
            title: logTitle,
            charset: logCharset,
            sr: (window.screen.width + ' * ' + window.screen.height)
                            }) + '}';
            var sparam = {
            logUrl: httpUrlContent,
            logHisRefer: hisPageUrl,
            logParams: logParams,
            logQuery: logQuery
                            };
            this.sendRequest (this.beaconUrl, sparam);
            } catch (ex) {
            this.sendError (ex);
                    }
                    },
                    clickLog: function (sparam) {// 记录点击日志
            try {
```

```
                        // 获得 pageId
    var clickPageId = this.pageId;
    if (! clickPageId) {// 当 pageId 值为空，重新计算 pageId
                        this.pageId = upBeaconUtil.getRand
();
    clickPageId     = this.pageId;
                    }
                        if (upBeaconUtil.isObject (sparam)) {//
当传入参数是 javascript 对象
                            sparam.pageId = clickPageId;
    } else {
                            if (upBeaconUtil.isString (sparam) &&
sparam.indexOf ('=') > 0) {// 当传入参数是字符串
    sparam + = '& pageId = ' + clickPageId;
    } else {
                                if (upBeaconUtil.isArray (spar-
am)) {// 当传入参数是数组
    sparam.push ('"pageId ='" + clickPageId);
                                sparam = sparam.join ('&'); //
数组转化为字符串
                        } else {// 其他数据类型
    sparam = {pageId: clickPageId};
                    }
                }
            }
                        this.sendRequest (this.clickUrl, spar-
am); // 发送点击日志
```

```
        } catch (ex) {
            this.sendError (ex);
        }
    },
    sendRequest: function (url, params) {// 日志发送方法
        var urlParam = '', currDate = new Date ();
        try {
            if (params) {
                urlParam = upBeaconUtil.getParam (params, false);
                urlParam = (urlParam == '') ? urlParam : (urlParam + '&');
            }
            var tmpUrlParam = 'time = ' + currDate.getTime ();
            url = this.protocol () + url + '?' + urlParam + tmpUrlParam;

            var logImage = new Image ();
            logImage.onload = function () {
                logImage = null;
            }
            logImage.src = url;
        } catch (e) {
            this.sendError (e);
        }
    },
    sendError: function (ex) {// 发送错误日志
        var errURIParams = upBeaconUtil.parseError (ex),
            errURL = this.errorUrl + '? type = send & exception = ' + encodeURI-
```

```
Component (errURIParams. toString ()),
    errImage = new Image ();
                errImage. onload = function () {
    errImage = null;
                };
                errImage. src = this. protocol () + errURL;
            }
        };
    beaconMethod. tracking ();
        window. upLogger = beaconMethod; //构建 window 的 upLogger
对象
    }) (window, document);
```

前台引入的主要方法：

```
< script type = '"text/javascript'" >
        /* <! [CDATA [ */
        // 用户行为统计代码
function recordStaticLogerr (type, msg) {
if (window. upLogger) {
upLogger. clickLog ('type = ' + type + '& clickTarget = ' + msg);
            }
        }

        // 记录 click 日志的方法
function clickLog (clog_ msg, clog_ type) {
recordStaticLogerr (clog_ type, clog_ msg);
        }
```

/*]]>*/

</script>

前台执行日志记录的引用：

<li class='item js_tabs_nav'><a href='javascript:void(0)' onclick='clickLog('good','critical')'>好评</a></li>

<li class='item js_tabs_nav'><a href='javascript:void(0)' onclick='clickLog('general','critical')'>中评</a></li>

<li class='item js_tabs_nav'><a href='javascript:void(0)' onclick='clickLog('bad','critical')'>差评</a></li>